徳川日本のナショナル・ライブラリー

日記で読む日本史16

松田泰代 著

倉本一宏 監修

臨川書店

Gobunko : The Library in Tokugawa Japan

by Yasuyo MATSUDA

目次

第一部　御文庫と日記

はじめに　図書館とは

図書館の機能は、資料を収集し、整理し、保存して、提供することである。地域や時代、図書館の種類により、図書館があつかう資料の定義は変化する。技術の進歩により整理方法や保存方法も進化する。提供する対象者も空間軸、時間軸による社会的環境により様々である。現代では、サービスを提供する対象が無条件であれば公共図書館となり、対象者の条件に優先や限定があれば大学図書館、学校図書館、議会図書館、政府関係機関の図書館、企業の図書館、会員制図書館などに分化する。あつかう資料が特定分野の内容に重点がおかれる・特化すると専門図書館に、資料種別が特化されるとフィルムセンターや点字図書館、雑誌センターなどの機関になる。

図書館があつかう資料は、内容面、あるいは媒体や形態面でその種類は増加している。媒体や形態面では、粘土板に文字を刻み自然乾燥あるいは火で焼き固められた固体を保存していた地域、パピルスの巻物を収集していた地域、糸で綴じられた貝多羅葉（椰子などの葉）を、糸で編んだ竹簡を、帛（絹布）、羊皮紙、紙、マイクロフィルム、電子磁気媒体と地域・時代で様々な媒体が出現し、現代では媒体に固定されない資料すなわち電子ジャーナルや電子ブック、リンクド・オープン・データの提供といったインターネット上の情報資源の提供まで行う場合もある。図書館資料の種類は増加している。媒体への記録方法においても文字データ、数値データ、静止画像データ、音声データ、映像データとあり、内容面においても、学術書を中心とするのか、実用書、娯楽書も収集するのか、ヤングアダルト向けにライトノベルや漫画、児童書として絵本や紙芝居など、何をどの範囲まで図書館資料として収集するかは、空間・時間に大きく影響され、そして個々の図書館の使命や目標によって図書館資料の定義はかわってくる。利用者は何を必要とし何を求めているのかが基本であって、その図書館の「利用対象は誰なのか」で図書館資料の定義は変わってくる。図書館は利用者の要求に応えるために資料を提供しているのである。

一般的に、近代的公共図書館は一八四八年のボストン公共図書館の創設をもって出現するとされる。その成立要件は、公開・無料・公費支弁・法的根拠・民主的運営とされている。この場合の公開というのはすべての公衆に開かれていることである。例えば、アウグストゥスの統治時代、パラティヌス図書館やオクタウィア図書館など、ローマ市民に公開されている図書館があった。しかし、女・子供・奴隷は市民の範疇外であった時代である。アメリカ合衆国で奴隷解放宣言がなされたのが一八六三年であり、公民権運動が盛んになったのが一九五〇年代から六〇年代である。一八四八年のボストンで公衆といった場合、本当にすべての人に開かれていたのであろうか。公民権運動に鑑みると、そこには目に見えない柵があったことは明らかではないだろうか。概念は空間と時間に影響される。

公共図書館という概念とは別に、公立図書館、私立図書館の区別があり、国立図書館の区分が存在する。設置・運営主体の観点からの区分である。この場合、国が直接経営する・国の機関に附属する・国の施設に附置する図書館が、国立図書館と区分される。この文脈では、アメリカ合衆国には議会図書館、国立医学図書館、国立農学図書館の三つの国立図書館が存在する。

それに対し、一九五八年ウイーンで開催されたユネスコ主催「欧州における国立図書館シンポジウム」での決議と勧告で現代的国立図書館の解釈がなされ、一九七〇年に第十六回ユネスコ総会で採択された「図書館統計の国際的な標準化に関する勧告」で次のように国立図書館の定義がなされた。

図書館の名称はどうであれ、ある国で刊行されたおもな出版物を網羅的に収集・保存し、かつ法律あるいは他の申し合わせによって「寄託図書館」として機能する責任ある図書館。さらにそれらは通常次に記す機能のいくつかを果たす。全国書誌の出版、その国に関する書籍を含め代表的外国文献を大量に所蔵し新刊を収集すること、全国書誌情報センターとしての機能を果たすこと、ユニオン・カタログ（総合目録）の編成、遡及全国書誌の刊行。「国立」と呼ばれても、その機能がさきの定義に合致しない図書館は「国立図書館」の範疇にいれるべきではない。

（ギ・シルヴェストル著、松本慎二訳『国立図書館のガイドライン』日本図書館協会、一九八九年　一～二頁）

現代的国立図書館の定義では、アメリカ合衆国の議会図書館が国立図書館ということになる。図書館統計上、国立医学図書館と国立農学図書館は国立図書館には分類されない。一方でヘルシンキ大学図書館やオスロー王立大学図書館も大学図書館ではあるが、納本制度や全国書誌作成に関与していることから国立図書館に分類される。

本書『徳川日本のナショナル・ライブラリー *Gobunko: The Library in Tokugawa Japan*』のナショナル・ライブラリーは、前近代的な文脈での国立図書館である。設置・運営主体の観点から、時の統治機構である政府、この事例では徳川幕府が設立・維持・管理した図書館を取り扱う。特に幕府が直接経営する・幕府の機関に附属する図書館を扱う。幕府の施設に附置する図書館である昌平坂学問所（昌平黌）の文庫は取り扱わない。昌平坂学問所の文庫は、当時の諸規則で稽古人と呼ばれていた昌平校の学生に開かれていたので、「国立学校」の図書館と考えるからである。

今回取り上げる「御文庫《ごぶんこ》」は、徳川家のプライベート・ライブラリーすなわち私文庫から、国の政治をおこなう統治機関が維持・運営した文庫とへと変化していく。変化の根拠は、幕府の組織機構に御書物奉行という役職が置かれること、その役職は他の役職との間で人事交流があること、幕府の基準（定式）で俸給・福利厚生が提供されていることなどが挙げられる。

本書では、この、時の政権が維持・管理した図書館の運営とそこで働く人々の活動を日記から読み解いていく。徳川日本の図書館、一国の図書館として、どのような運営がなされていたのか。二六五年の内の現存する一五二年分の記録を全て紹介するのは難しいが、すこしでも解明できればと願う。

一　御文庫について

徳川幕府の御文庫《ごぶんこ》は、現代では紅葉山文庫と呼ばれ、この名称で親しまれているが、本書では、原則として「御文庫」で統一する。江戸時代の名称を調査した福井保の研究結果（福井保著『紅葉山文庫』）によると、「御文庫」「官庫」「御文庫に御座候得ば」「御文庫へ相納候」「公儀御文庫の御本を以て校合」「紅葉山御文庫」等の用例をあげ、基本は「御文庫」であること、御書物方の日誌では「御蔵」と記し、「桜田之御蔵」と区別して「紅葉山下御蔵」「紅葉山下御書物蔵」と記している事例があること、徳川の霊廟のある東叡山寛永寺を「叡山」、三縁山増上寺を「緑山」とよび、そこから紅葉山の霊廟を「楓山《ふうざん》」とよんだ事例があり、「楓山官庫」と記された事例もあることを紹介している。そして、明治期の公文書では「楓山文庫」、「楓山秘閣」「楓山蔵書」等の用語が使われていることをあきらかにし、結論として「江戸時代の「紅葉山御文庫」が、明治になって、ごく自然に「紅葉山文庫」に転化し、いつの間〔原文ママ〕には固有名詞として通用したものと思われる」と結論づけている。

御文庫の沿革は、「御文庫始末記」（後述）をはじめとする様々な書物や論文で紹介されており、ここでは多くの先行文献を参考にアウトラインを描くのみにとどめる。

図1　富士見櫓　著者撮影

創生期　貴重書収集と文庫の設立

御文庫の基礎は、徳川家康によって形成される。一般的には慶長七年（一六〇二）六月に江戸城本丸に「富士見の亭」と呼ばれる文庫を設けたことを始まりとする。金沢文庫から三十三件、一六七九巻、四六九冊の書物を移したとされる。「富士見の亭」の正確な位置は不明で、近藤重蔵（正斎）は、『好書故事』の中で「慶長七年六月江戸御城の南、富士見亭に御文庫を建られ、二十四日金沢文庫の本、其の他図書を収儲せらる。是、江戸御文庫の始なり」と江戸城本丸の南と述べている。現在の富士見櫓（図1）付近ではないかと推測する研究者もいる。著者は富士見多聞に接続する櫓の方ではないかと推測するが、証明する根拠はなく、唯一言えることは、富士見櫓が慶長十一年頃創建されることから、もし「富士見の亭」が、寛永十六年に御文庫が紅葉山に移転するまで、同じ場所に設置されていたならば、場所的に二つの建物が干渉するのではないかという疑問である。解明することは、今後の課題である。また、『好書故事』には「足利学校の寒松和尚参り目録を記す」とあり、この目録編纂に対して、「御振舞下され後、御本丸に召され御帷子、御単物、銀十枚之を下され」たとある。蔵書目録が作成されて、褒美が下されていたことがわかる。

慶長十年（一六〇五）、将軍職が家康から秀忠に引き継がれ、慶長十二年（一六〇七）に家康は駿府の城へ隠退する。この際、貴重書の一部は駿府へ移されたが、富士見の亭の蔵書は秀光に譲渡された。「御文庫始末記」では、御文庫の始まりを家康が駿府に在城の時に始まるとしている。慶長十七年（一六一二）七月二十七日に、駿河より書籍三十部が送り出され、八月朔日、江戸で書物が受け取られた。この時、駿府の文庫を管理していたのが林羅山（道春）と片山宗哲（与安法印　江戸時代前期の医師）で、江戸の文庫を管理していたのが林永喜（信澄　林羅山の弟）と星野閑斎（法印）であることが、林家所蔵文書（『右文故事』巻之八　所収）でわかる。この時、家康から秀忠に贈られた三十部の書籍（表1）は、のちの文化十四年（一八一七）に「駿府御譲本」と名付けられ、貴重書取り扱いの一つのグループとして大切に取り扱われることになる。ただし、すでに散逸していて文化十四年時点で、現存する書籍は二十二部になっていた。

表1　駿府御譲本（三十部）一覧

	大御所様被進将軍様御書籍目録の書名と冊数		近藤重蔵の現存目録				福井保の調査			
1	晋書	50冊					1	晋書	（散逸）	50冊
2	玉海	80冊					2	玉海	（散逸）	80冊
3	西山文章	15冊	17	真西山文章	朝鮮版	15冊	3	真西山文章	朝鮮古活字本	15冊
4	朱子大全	62冊					4	朱子大全	（散逸）	62冊内1冊欠
5	朱子語類	74冊但し1冊欠					5	朱子語類	（散逸）	74冊
6	周礼	7冊	1	纂図互註周註	朝鮮版	7冊	6	纂図互註周註	朝鮮刊本	7冊
7	二程全書	16冊					7	二程全書	（散逸）	16冊

8	唐音	10冊	11	唐音	朝鮮版	10冊	8	唐音	朝鮮古活字本、嘉靖三十五年宣賜本	10冊
9	大学衍義	15冊	5	大学衍義	朝鮮版	15冊	9	大学衍義	朝鮮古活字本	15冊
10	牧隠集	6冊	20	牧隠詩精選	朝鮮人季穡撰	6冊	10	牧隠詩精選	朝鮮刊本	6冊
11	文章辨体	22冊	9	文章辨体	朝鮮版	22冊	11	文章辨体	朝鮮古活字本、嘉靖三十四年宣賜本	22冊
12	樊川集	4冊	13	樊川集	朝鮮版	4冊	12	樊川文集夾註	朝鮮刊本	4冊
13	靖節集	2冊	10	陶靖節集	明版	4冊	13	陶靖節集	明万暦刊本	4冊（原本2冊）
14	東萊博議	10冊	2	左伝東萊博議	朝鮮版	10冊	14	新刊詳註増補東萊先生左氏博議	朝鮮古活字本	10冊
15	南軒集	10冊	18	南軒集	朝鮮版	10冊	15	南軒文庫	朝鮮刊本	10冊
16	戦国策	3冊	4	戦国策	明版	3冊	16	戦国策	明万暦刊本	3冊
17	文山集	15冊	19	文山集	朝鮮版	15冊	17	文山文集	朝鮮古活字本	15冊
18	李白集	15冊	16	李白集	朝鮮版	15冊	18	分類補註李太白詩	朝鮮古活字本	15冊
19	陸宣公	4冊	12	陸宣公集	明版	4冊	19	陸宣公集	朝鮮古活字本	4冊
20	紫陽文集	10冊	15	紫陽文集	朝鮮版	10冊	20	紫陽文集	朝鮮古活字本	10冊
21	唐書衍義	3冊					21	唐書演義	（散逸）	3冊
22	文章正宗	13冊					22	文章正宗	（散逸）	13冊
23	湖隠集	8冊	21	湖隠雑稿	朝鮮人鄭士龍撰	8冊	23	湖陰雑稿	朝鮮嘉靖刊本	8冊
24	自警編	5冊	8	自警編	朝鮮版	5冊	24	自警編	朝鮮刊本	5冊
25	皇華集	5冊	22	皇華集	朝鮮人金安老撰	5冊	25	皇華集	朝鮮刊本	5冊
26	読杜愚得	15冊	14	読杜詩愚得	朝鮮版	15冊	26	読杜詩愚得	朝鮮古活字本	15冊
27	理学類編	2冊	6	理学類編	朝鮮版	2冊	27	理学類編	朝鮮刊本	2冊
28	楚辞	3冊	7	楚辞	朝鮮版	2冊〔3冊か〕	28	楚辞	朝鮮刊本	3冊
29	淮南子	2冊					29	淮南子	（散逸）	2冊
30	家礼儀節	4冊	3	家礼儀節	朝鮮版	4冊	30	文公家礼儀節	朝鮮刊本	4冊

元和二年（一六一六）四月、家康の薨去後、遺命を林羅山が遂行し、駿府の蔵書の内、将軍秀忠へは「本朝の旧記および希世の書」が贈られ、その残りは義直（家康九男、尾張徳川家）、頼宣（家康十男、駿河

のち紀州徳川家）、頼房（家康十一男、水戸徳川家）へ、五対五対三の比率で譲渡された。秀忠へ贈られた書物は、羅山によって『御本日記』という目録が記録され、その数は、五十一部、一一〇〇余冊、一一九軸であった。これらはのちに、「慶長御写本」「金沢文庫本」「駿府御文庫本」とわけて呼ばれるようになる。なお、江戸では内藤主馬と上田善次がこれを受領している。

発展期　プライベート・ライブラリーからナショナル・ライブラリーへ

寛永十年（一六三三）十二月二十日、御書物奉行の職がもうけられ、関兵三郎、星合猪左衛門、三雲平左衛門、西尾加右衛門が命ぜられる。「御文庫始末記」では「これ司籍の官を改め置る権与なり」とあり、書籍を司る役職の始まりであると記されている。司書という言葉ではなく「司籍」という言葉が使われている。『徳川実紀』では、「この日、小納戸関兵三郎正成、納戸役星合伊左衛門具枚《ともかず》、大番三雲内記成賢、西尾加右衛門正保を書物奉行とせらる、これ創置なり」とあり、「御文庫始末記」では星合猪左衛門とあるが、星合伊左衛門と思われる。統治機構の一つの組織として位置づけられ、若年寄の支配下に置かれる。

寛永十六年（一六三九）に、霊廟の隣の宝蔵区域内に書庫となる御蔵が造営される。これが御文庫である。本丸から木々が覆い茂る地に移転することにより、類焼の被害を極力なくすことが主目的と考えられる。実際、御書物奉行が廃止される慶応二年（一八六六）まで、御書物は類焼の被害にあうことはなかった。しかし、会所は一度宝永二年（一七〇五）に焼失している。また林間の土地ゆえに湿気対策、

図２　富士見多聞から撮影した紅葉山跡地　著者撮影

図３　現存の富士見多聞　著者撮影

屋根や地面の維持管理などの労力が必要であった。紅葉山（図２）と呼ばれる地には、元和四年（一六一八）に徳川家康を祀る東照宮が造営され、寛永十四年（一六三七）には秀忠の霊廟が造営され、以降の霊廟の増営により、隣接する宝蔵区域は再整備され、御蔵は影響を受ける（参照　第二部第二章）。

宮内庁が提供している現在の皇居東御苑の地図（図４）と当時の江戸城の絵図（図５）（東京都立図書館所蔵「御城内場所分絵図」請求記号　６１５１—７—１／東６１５１—００７—００１）を比較すると、西詰橋と富士見多聞の位置関係から、現在の長屋門・総合倉庫付近に御文庫があったと推測される。絵図には、矢印で富士見多聞（御多聞）の位置を示した。この絵図には、作事方と小普請方の担当が二色で色分けされていること、家康（御宮　東照大権現）、秀忠（廿四日様　台徳院）、家光（廿様　大猷院）、家綱（八日様　厳有院）、綱吉（十日様　常憲院）、家宣（十四日様　文昭院）の霊廟が描かれていることから、享保三年（一七一八）以降に作図されたと考えられる。享保二年（一七一七）に小普請奉行が再置され、翌年、作事奉行方と小普請奉行方で江方戸城内外、御府内の幕府管下の建造物を分割しているからである。正徳二年（一七一二）に小普請奉行が解任され作事奉行が職務を兼帯していたのだが、家宣は正徳二年十月十四日に歿していることから正徳二年以前とは考えられず、享保三年（一七一八）以降の作図と推定できる。

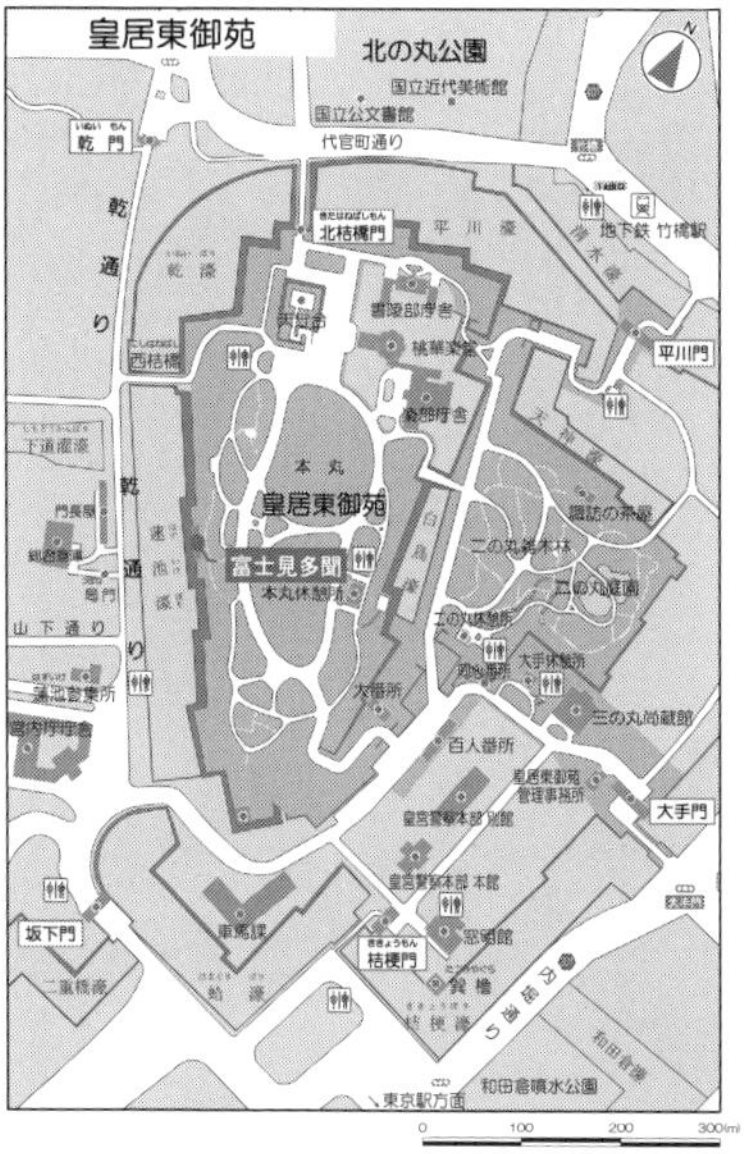

図４　皇居東御苑の地図（宮内庁ホームページ http : //www.kunaicho.go.jp/event/higashigyoen/pdf/tamon-map.pdf）

元禄六年（一六九三）十一月、御書物奉行であった荒尾平三郎、松永太郎右衛門、広戸藤右衛門の要請により、始めて下吏四人が配属されることになる。「御文庫始末記」によると「今、御書物同心と称する者、ここに始まる」とあり、「御書物方年譜覚書」（別名「図書府年譜」）では、「奉行を三人で勤めている節、奉行より願があり、

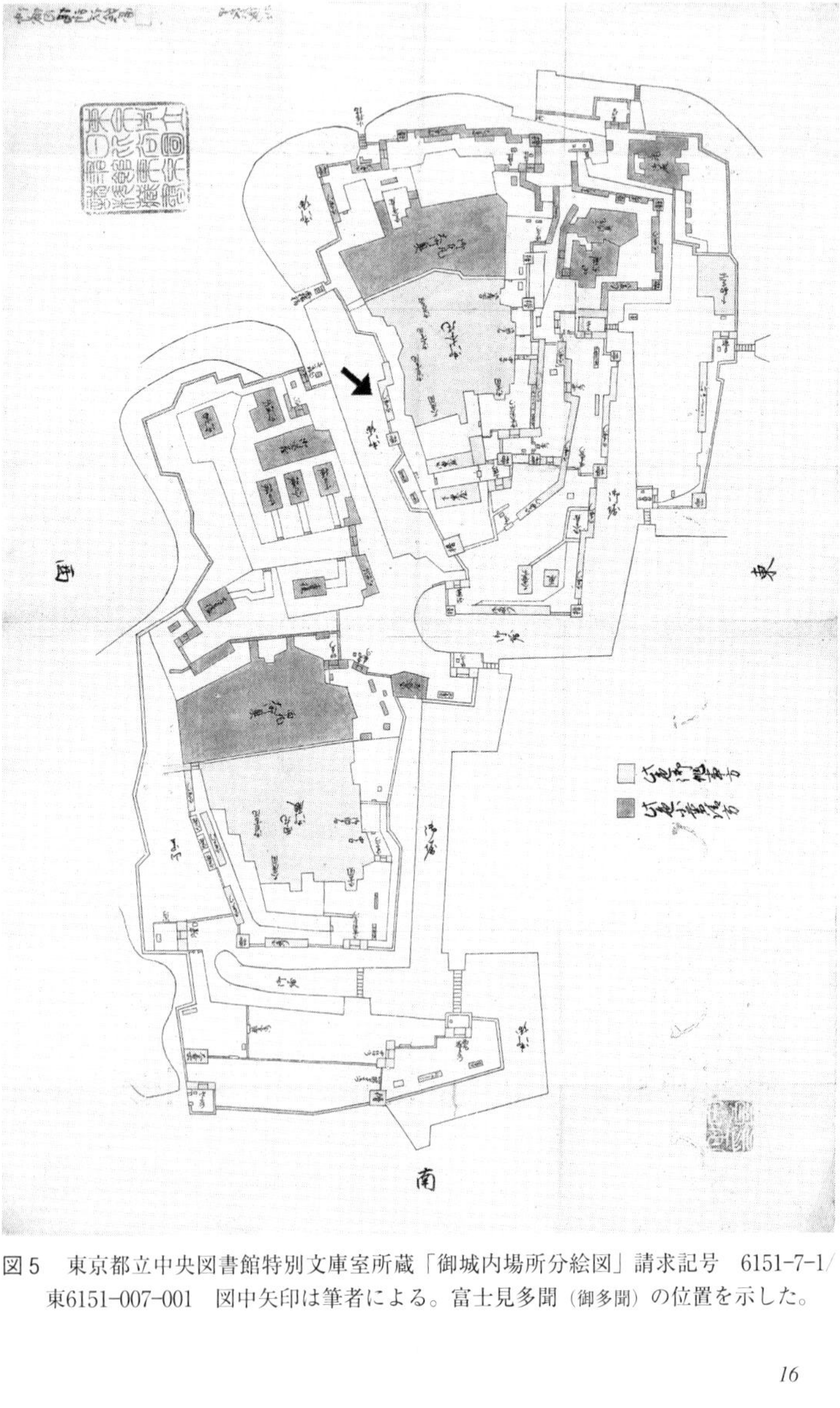

図５　東京都立中央図書館特別文庫室所蔵「御城内場所分絵図」請求記号　6151-7-1/東6151-007-001　図中矢印は筆者による。富士見多聞（御多聞）の位置を示した。

同心四人始めて仰せつけられた」と記されている。『徳川実紀』の寛永二十一年（一六四八　十二月十六日改元＝正保元年）九月九日の条に「紅葉山文庫に新に勤番を命ぜらる。紅葉山下門番より与力一人。同心二人づつ勤番すべしとなり」とあり、それまでは紅葉山下の門番から与力一人と同心二名が毎日交代で派遣されていたが、元禄六年十一月から直属の部下が四人配属されたことがわかる。同心の人数も変遷（参照　第二部第一章 図19）し、正徳五年（一七一五）には定員が十六人にまで増員されることになる。

成熟期

成熟期前期は、八代将軍徳川吉宗が主導した時代であり、成熟期後期は文化期の御書物奉行が活躍した時代である。どちらの時代も、図書館専門職として御書物奉行が活躍した時代である。

衰退期

慶応二年（一八六六）に御書物奉行が廃止になる。通常五人、最多時には六人、ときには狭間期のため四人体制だった御書物奉行が、文政二年二月三日以降、しばらくの間は通常三人、狭間期二人体制になる。その後、天保十二年（一八四一）十二月五日には四人体制に、天保十三年十月十六日から五人体制へと戻り、その後も増減を繰り返し、最後は五人で終焉を迎える。傾向として在任期間は短く細切れとなることが多く、御書物奉行というポストに駒のように人が配置される人事がなされていく。この御書物奉行の人手不足が、業務日誌欠如の一つの要因ではないかと考える。

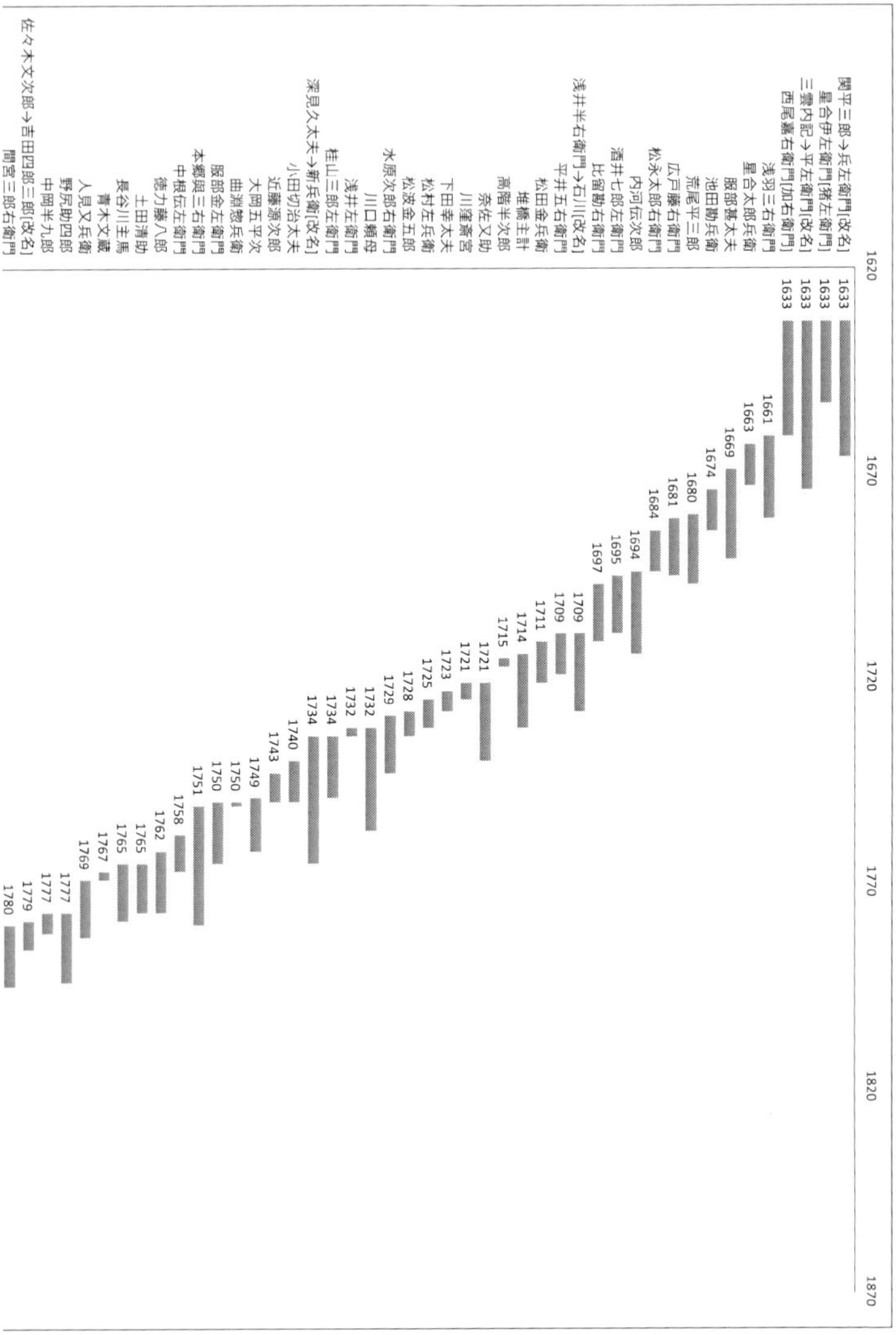
1620
1670
1720
1770
1820
1870
関平三郎→兵左衛門[改名] 1633
星合伊左衛門[猪左衛門] 1633
三雲内記→平左衛門[改名] 1633
西尾嘉右衛門[加右衛門] 1633
浅羽三右衛門 1661
星合太郎兵衛 1663
服部甚太夫 1669
池田勘兵衛 1674
荒尾平三郎 1680
広戸藤右衛門 1681
松永太郎右衛門 1684
内河伝次郎 1694
酒井七郎左衛門 1695
比留勘右衛門 1697
浅井半右衛門→石川[改名] 1709
平井五右衛門 1709
松田金兵衛 1711
堆橋主計 1714
高階半次郎 1715
奈佐又助 1721
川窪斎宮 1721
下田幸太夫 1723
松村左兵衛 1725
松波金五郎 1728
水原次郎右衛門 1729
川口頼母 1732
浅井左衛門 1732
桂山三郎左衛門 1734
深見久太夫→新兵衛[改名] 1734
小田切治太夫 1740
近藤源次郎 1743
大岡五平次 1749
曲淵惣兵衛 1750
服部金左衛門 1750
本郷與三右衛門 1751
中根伝左衛門 1758
徳力藤八郎 1762
土田清助 1765
長谷川主馬 1765
青木文蔵 1767
人見又兵衛 1769
野尻助四郎 1777
中間半九郎 1777
佐々木文次郎→吉田四郎三郎[改名] 1779
間宮三郎右衛門 1780

90名の在任期間一覧

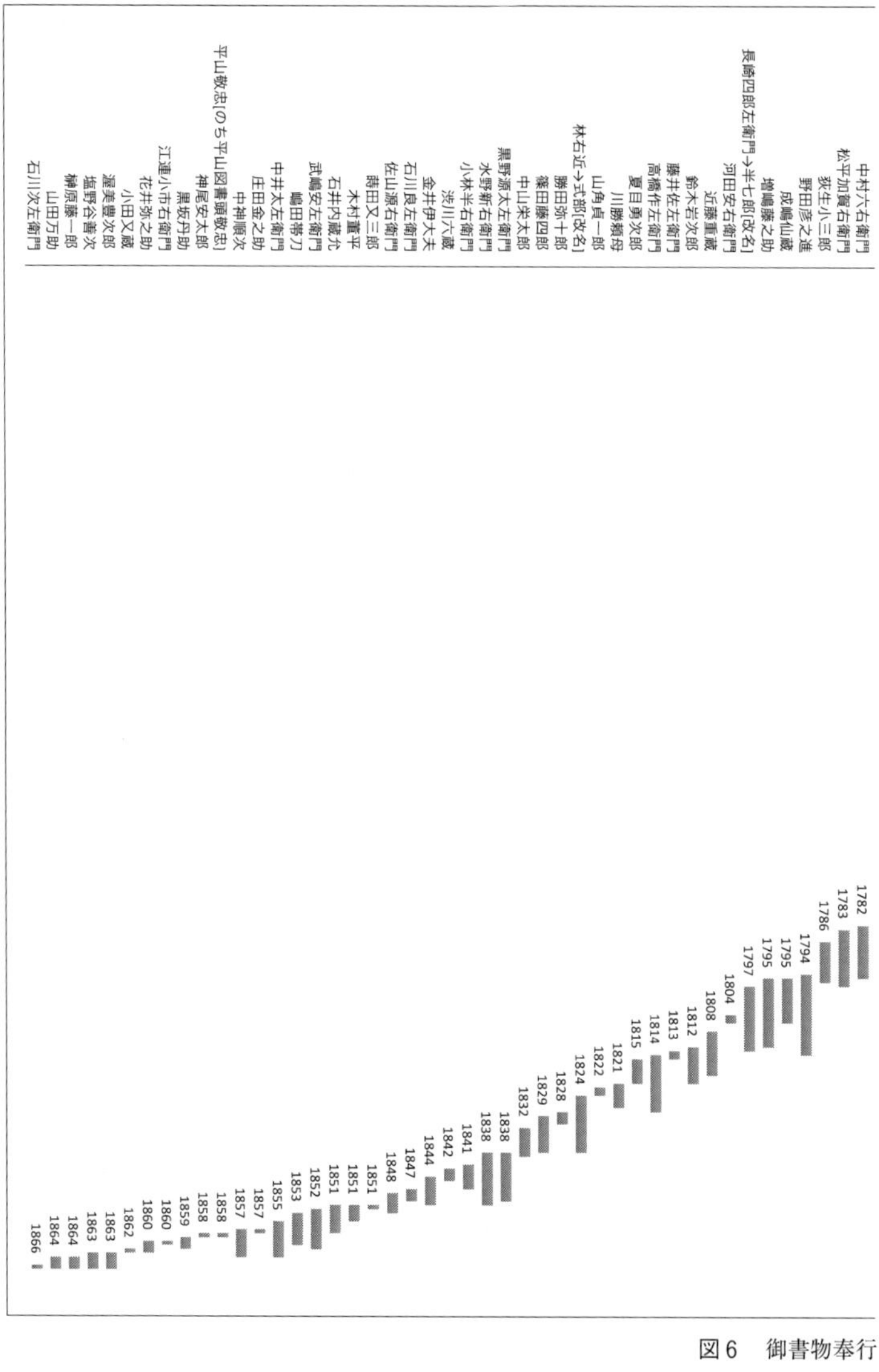
中村六右衛門
松平加賀右衛門
荻生小三郎
野田彦之進
成嶋仙蔵
増嶋藤之助
長崎四郎左衛門→半七郎[改名]
河田安右衛門
近藤重蔵
鈴木岩次郎
藤井佐左衛門
高橋作左衛門
夏目勇次郎
川勝頼母
山角貞一郎
林右近→式部[改名]
勝田弥十郎
篠田藤四郎
中山栄太郎
黒野源太左衛門
水野新右衛門
小林半右衛門
渋川六蔵
金井伊太夫
石川良左衛門
佐山源右衛門
蒔田又三郎
木村董平
石井内蔵允
武嶋安左衛門
嶋田帯刀
中井太左衛門
庄田金之助
中神順次
平山敬忠[のち平山図書頭敬忠]
神尾安太郎
黒坂丹助
江連小市右衛門
花井弥之助
小田又蔵
渥美豊次郎
塩野谷善次
榊原藤一郎
山田万助
石川次左衛門
1782
1783
1786
1794
1795
1795
1797
1804
1808
1812
1813
1814
1815
1821
1822
1824
1828
1829
1832
1838
1838
1841
1842
1844
1847
1848
1851
1851
1851
1852
1853
1855
1857
1857
1858
1858
1859
1860
1860
1862
1863
1863
1864
1864
1866

図6　御書物奉行

二　御書物奉行と日記

寛永十年（一六三三）十二月二十日に御書物奉行が始めて任命されてから、慶応二年（一八六六）十一月十七日に御役御免されるまでの約二三三年間に、九十名の御書物奉行（図6）が任命された。御書物奉行研究の文献としては、「御文庫始末記」（詳細は後述）の最後に掲載されている「奉行任職履歴」が有益である。国立公文書館所蔵『元治増補御書籍目録』（請求記号　二一九―〇一九三）（図7）は明治に作成された写本で、朱の用紙罫線柱には「太政官」とあり、その第四十三冊に「始末記」が収録されており、「始末記」の巻末に付されている「奉行任職履歴」（図8）には九十人分の情報が記載されている。明治になって補ったものと考えられる。東京大学史料編纂所が『幕府書物方日記』第三巻で「御文庫始末記」について次のように述べていることを確認しておきたい。

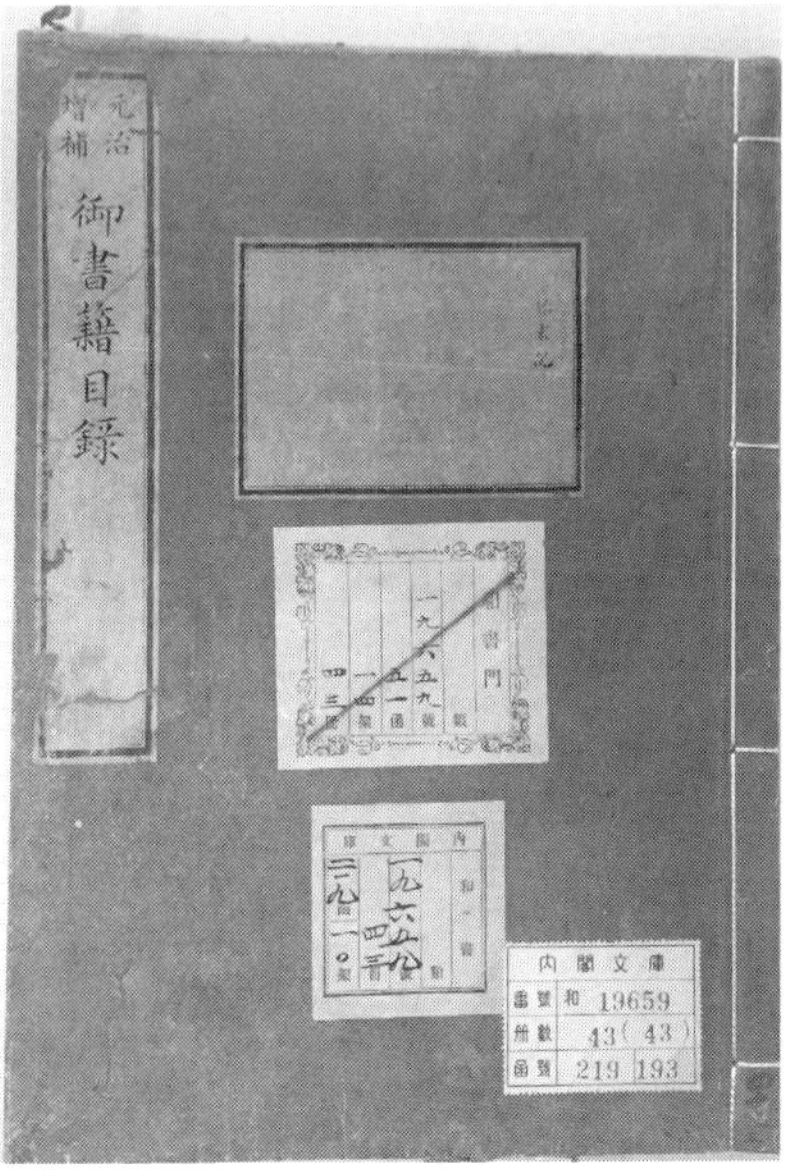

図7　国立公文書館所蔵『元治増補御書籍目録』（請求記号　219-00193）表紙

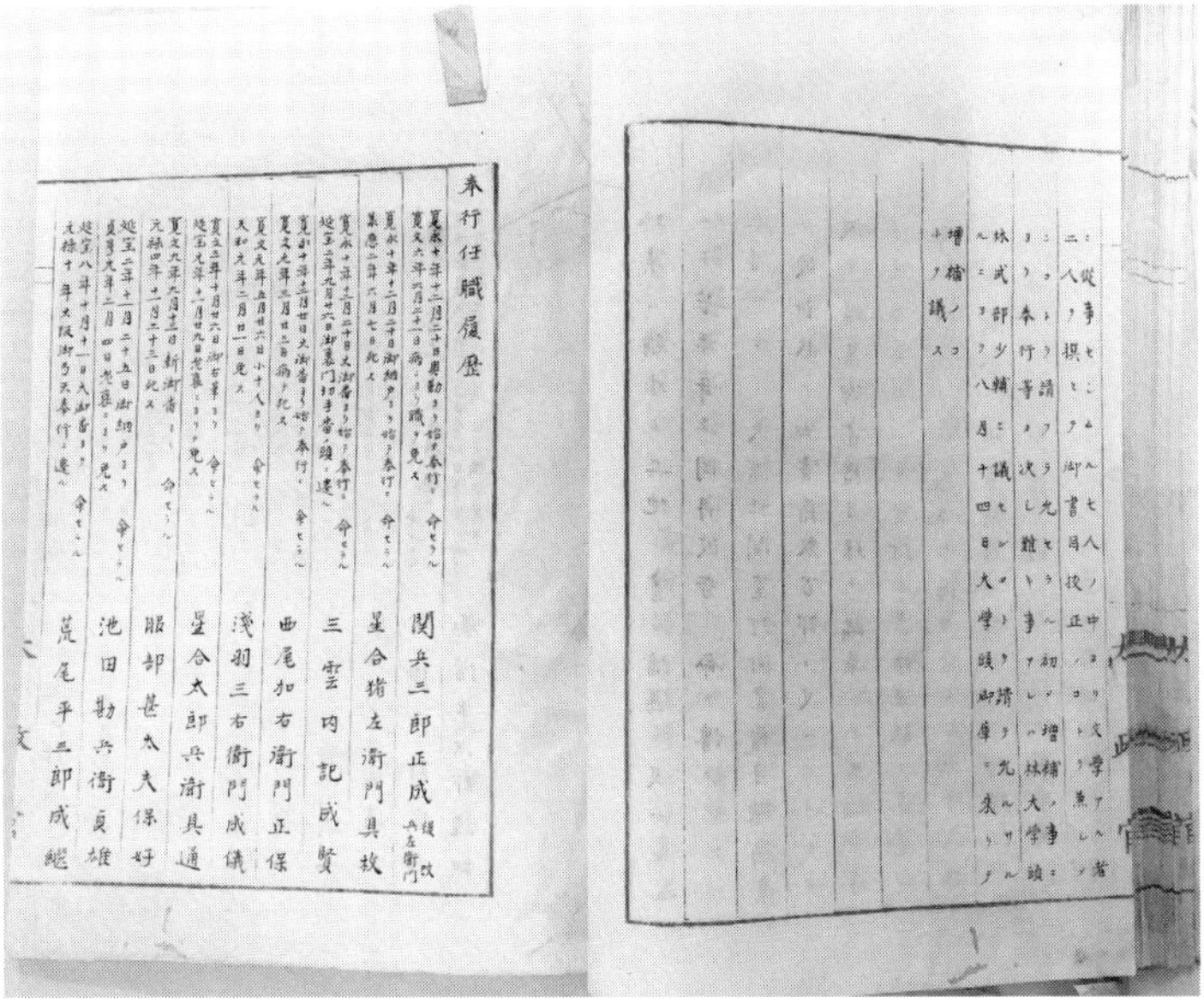

図8　国立公文書館所蔵『元治増補御書籍目録』収録「奉行任職履歴」

元治増補の御文庫始末記と、徳川家達献本のそれとを対校するに、増補本に文化年間以降の事項の追加されていることはいうまでもないことであるが、（中略）また、巻末の「奉行任職次第」は、追加の外、かなり改訂されている。今、此の異同を校するよりは、両本を別々に刊行することを適当と考え、ここに先ず徳川家達献本の御文庫始末記を「書物方日記　三」に附録として印行する。

＊旧字体・旧仮名遣いは新字体・新仮名遣いに改めた。

この徳川家達献本（国立公文書館所蔵　請求記号二一八―〇〇五八）は享和三年（一八〇三）九月十六日の内容まで記載されてお

り、巻末の「奉行任職次第」は五十一人、寛政九年（一七九七）に任命された長崎四郎左衛門までが記載されている。

御書物奉行の研究書として際立っているのが、森潤三郎著『紅葉山文庫と書物奉行』（昭和書房、一九三三）で、御書物奉行一人一人の経歴が、『寛政重修諸家譜』、「過去帳」、墓碑等を駆使して調べ上げられている。

御書物奉行の業務の一つに、自分たちの仕事の記録がある。最初は次回の虫干し（風干し）をする時のための控え、業務上の覚書のような記録から始まる。それが次第に業務日誌へと変化していく。どのように変化して行ったかを追って見る。

備忘録から業務日誌へ

現存している留牒に記録されている最初の記録は、次のような形式である。

内河伝次郎

宝永三戌年四月十日、登　城、稲対馬守殿被仰渡、奥御右筆衆ゟ、御長持三棹・木形之箱一ツ、御蔵江納ル、井出源左衛門方ゟ請取。三ツ之御長持之鍵、此方江不参。

宝永三戌年四月十日、登　城、稲垣対馬守殿仰せ渡され、奥御右筆衆より、御長持三棹・木形の箱一つ、御蔵へ納まる。井出源左衛門（奥祐筆）方より請け取る。三つの御長持の鍵、此方へ参らず。

内河伝次郎

そして、次の記録は、

林大学頭殿へ遣候御長持之覚

一　二番御長持　一棹
一　三番御長持　一棹
一　四番御長持　一棹
一　五番御長持　一棹
一　六番御長持外ニ、東武実録遣ス。六番ゟ出ル。　一棹

右五棹、宝永三戌年七月十一日、遣ス、

内河伝次郎
比留勘右衛門

と認《したた》められている。宝永三年（一七〇六）四月十日の次は、宝永三戌年七月十一日というように、日記のように毎日記録するのではなく、必要に応じて記録を書き留める形で進められていく。記録のしかた

図9－1　国立公文書館所蔵『御書物方留牒』
（請求記号　181-0028）表紙

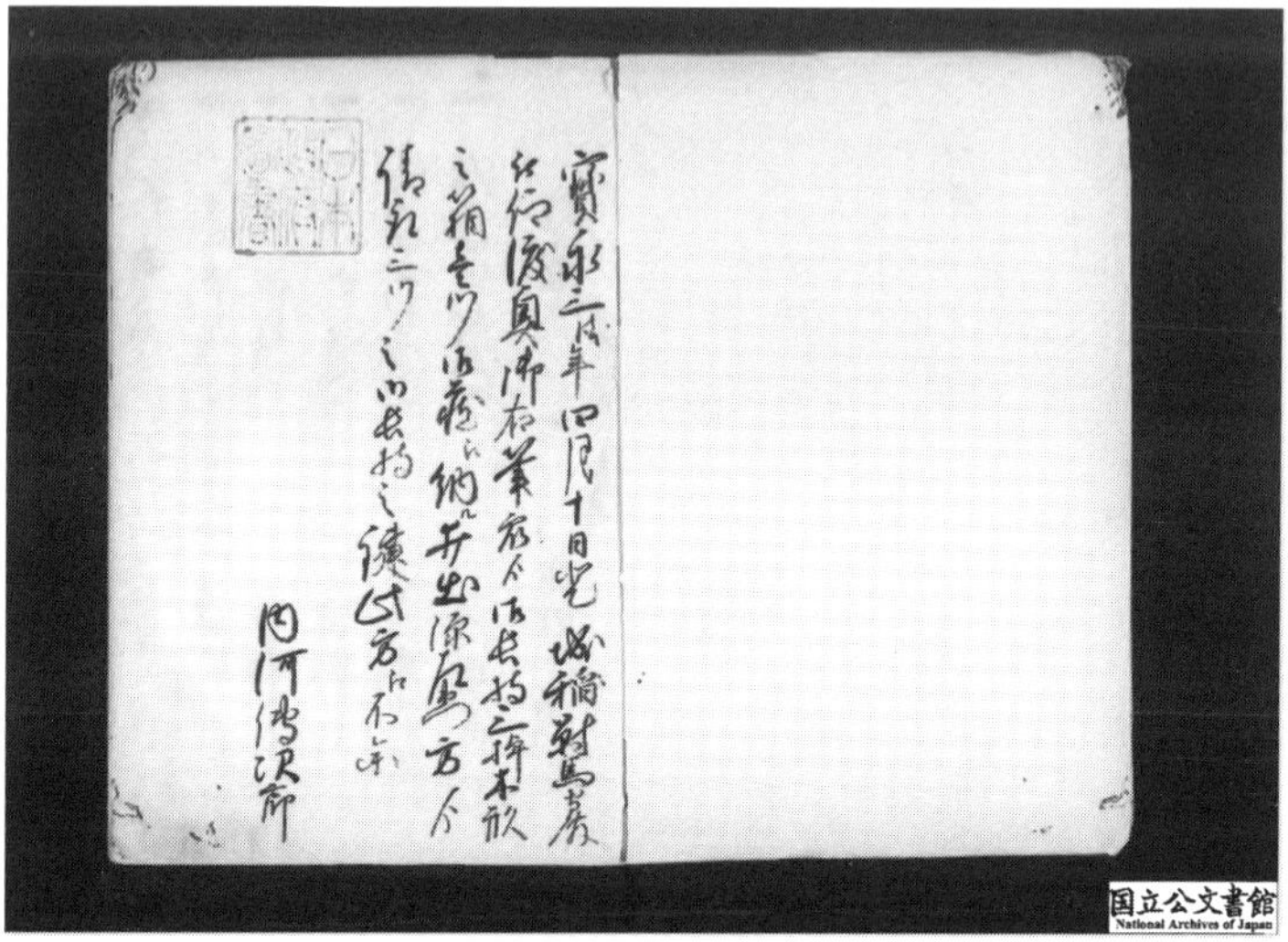

図９－２　国立公文書館所蔵『御書物方留牒』（請求記号　181-0028）宝永３年４月10日の記録

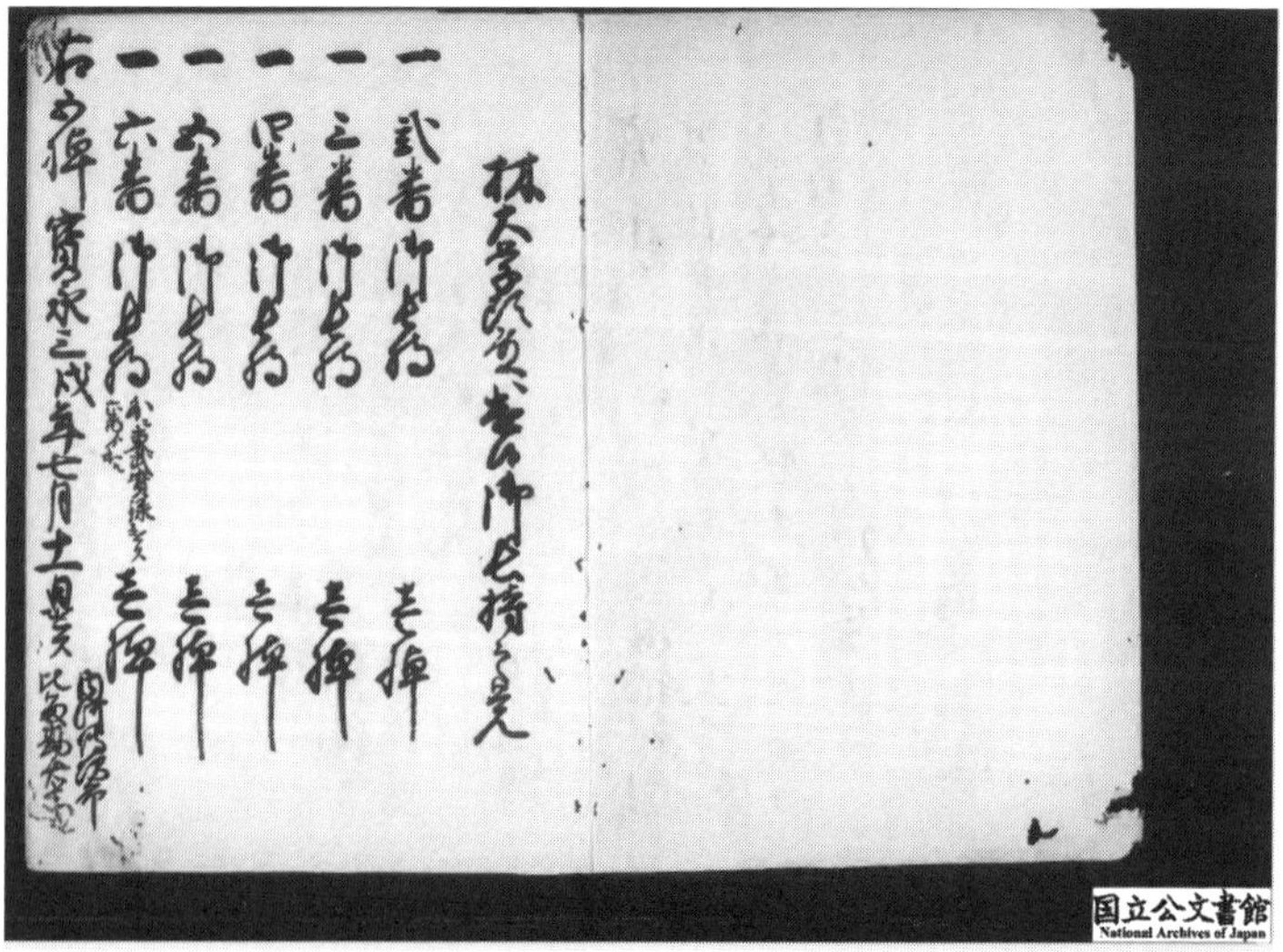

図９－３　国立公文書館所蔵『御書物方留牒』（請求記号　181-0028）宝永３年７月11日の記録

は、一つ書きで必要事項を記録し、その日の記録がなされた最後に日付とその日勤務した書物奉行の名前が記される形として、次第に定着していく。記録は、主に月番が中心となって記録している。
この記録の形式が抜本的に変わるのは、享保二十年（一七三五）正月元日からである。これは、組織の勤務体制が詰番制を導入したため、記録形式の変化がおこったと考えられる。次のように記録は変わった。

乙卯年正月大　　月番　水原次郎右衛門
　朔日　朝曇　晩雨
　　　　詰番　水原次郎右衛門
一　年始御礼、例年之通相済。三郎左衛門　新兵衛　次郎右衛門　出仕。
一　詰番書、深尾隼人江差出之。
一　類書目録二冊、会所考用之ため、新兵衛出之置。

一　年始御礼、例年の通り相済む。三郎左衛門・新兵衛・次郎右衛門出仕。
一　詰番書、深尾隼人へこれを差し出す。

一　類書目録二冊、会所考え用のため、新兵衛これを出し置く。

この事例は、年初め、月初めなので、干支「乙卯」と一ヶ月が三十日の大の月か二十九日の小の月かがわかるように月名の後に「大」と記され、月番の書物奉行名が記されているが、通常の日々の条では、月日と場合によっては天気が書き留められ、その日の詰番である書物奉行の名前が記されたあと、一つ書きで記事が綴られる形式、すなわち一般的な日記の形式となる。

そして、享保二十年（一七三五）閏三月二十七日の条には、次のように、簿冊の表紙タイトルを日記に改めるという条文が見られる。

一　此留牒外題、今日ゟ日記と改申候。

一　この留牒外題、今日より日記と改め申し候。

このことから、当時の書物奉行たちの意識では、業務に必要な事項の覚書や引き継ぎ事項の書き留めから、業務日誌という位置付けに明確に変わった、あるいは変えたことが伺える。

本書では、これらの一次文献を中心に当時の図書館に勤務する人びとの勤務環境や生活、図書館の活動について、見ていきたい。これまでの歴史記述は英雄史観で語られることが多く、すでに多くの先人

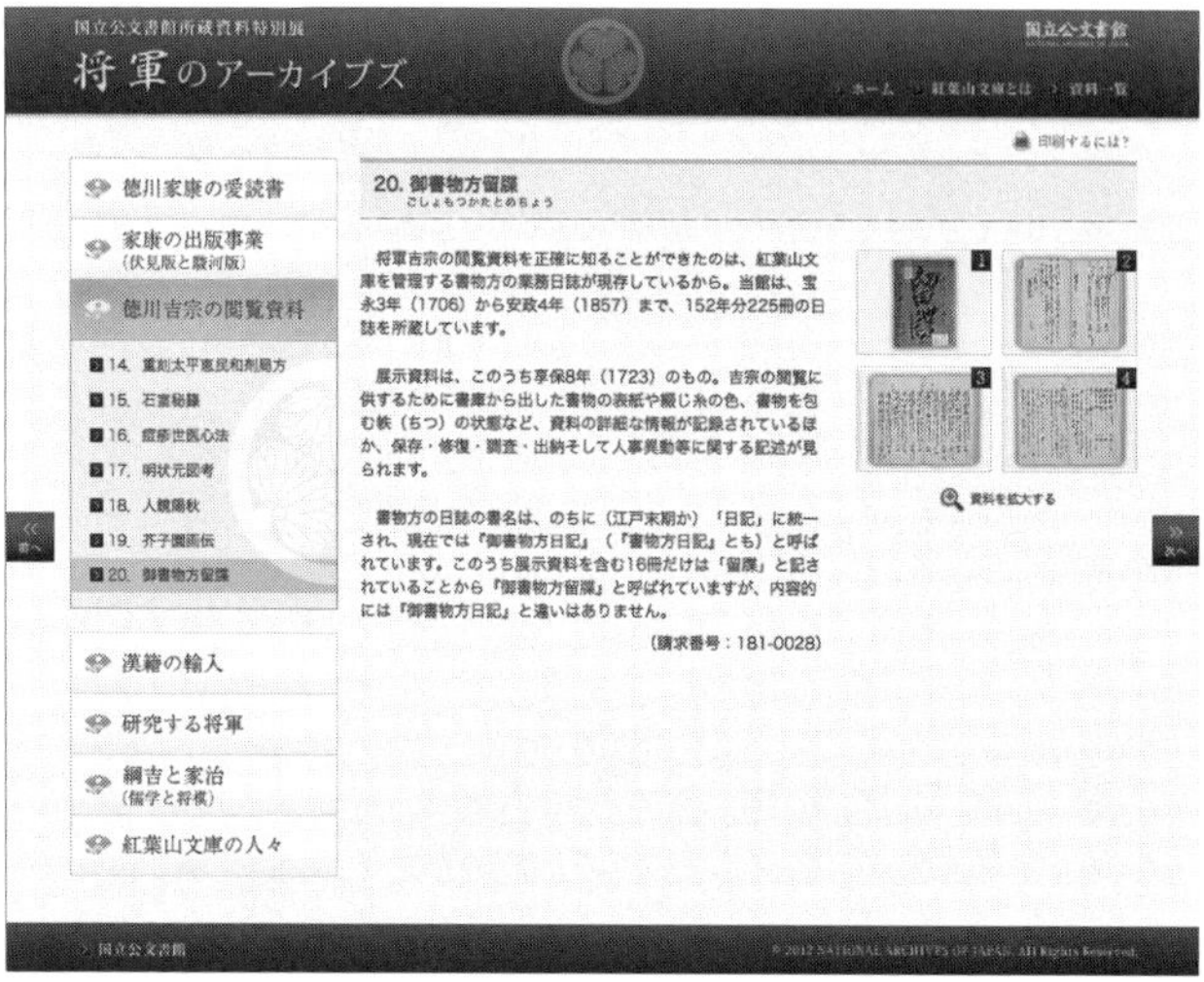

図10　国立公文書館のウェブページ「将軍のアーカイブス」より
（http : //www.archives.go.jp/exhibition/digital/shogunnoarchives/contents/20.html）

たちが紅葉山文庫についてのすばらしい研究成果を世に送り出されている。拙著では、御書物奉行や同心といった人びととの日々の歴史についての記述を試みたい。

三　史料について

御文庫は、慶長七年（一六〇二）から慶応二年（一八六六）の二六五年間存続し、その内、宝永三年（一七〇六）から安政四年（一八五七）の一五二年間の記録が現存している。「御書物方留牒」十六冊と「御書物方日記」二〇九冊で、この一五二年間の出来事が通覧できる。

国立公文書館の見解では、「御書物方留牒」と「御書物方日記」について、「『御書物方留牒』と呼ばれていますが、内容的には『御書物方日記』と違いはありません」（図10）とのことであるが、当初の「御書物方留牒」は覚を書き留めた簡略なものであった。しかし、年を経るごとに備忘録から、書物奉行から書物奉行への業務引継ぎのための日誌に変化してゆく。綿々と続く記録ではあるが、その中にも大きく二度の変化が見られる。その一つは様式の変化である。先の節でも述べたことではあるが、様式に変化があらわれるのは、享保二十年（一七三五）正月一日からである。享保十九年までは、文書的形式、すなわち記事のあとに月日を記録し、その下に奉行の氏名を署する形式であり、毎日記録されるものではなく、必要に応じて月番の奉行を中心に記録されたものであった。それに対して、享保二十年正月一日からは、日記的形式、すなわち月日、場合によっては天候の記録、その日担当した奉行の氏名を記入してから、記録が記される形式へと変化する。出勤していた奉行たちが連名で記されることもある。二つ目の大きな変化は、安永八年（一七七九）正月十五日から内容面での変化である。これまでは、奉行名しか記されていなかったが、出勤した同心の名前も併記されるようになる。勤務した職員がわかる出勤簿の機能も有するようになる。

この日記は業務上の事項だけでなく図書館で働く人々の様々な日々の生活が見えてくる。跡取り息子の出奔があり、拝領屋敷内の長屋の井戸に女性が落ちたり、殺人事件が起きたり、一五二年間の記録は静かに人生の片鱗を垣間見せてくれる。

「御書物方留牒」は十六冊で宝永三年（一七〇六）七月から享保十八年（一七三四）までの記述を収録しているのに対し、「御書物方日記」は二〇九冊で、享保四年（一七一九）から安政四年（一八五七）六月までを収録する。享保四年から享保十八年までは、「留牒」と「日記」の表紙が混在する。

「御書物方留牒」の最初の記事は、宝永三年四月十日である。書き留めた内河伝次郎は、元禄七年（一六九四）三月に富士見御番から、松永太郎右衛門が病気で御書物奉行を御役御免になった跡を引き継いで御書物奉行となった。次の記録は、宝永三年七月十一日に内河伝次郎と比留勘右衛門の連名で記録されている。比留勘右衛門は元禄十年三月に大坂御弓奉行に仰せつけられた荒尾平三郎の後任として書物方奉行の役についた。次に続く記録は、七月十三日、十四日と内河伝次郎と比留勘右衛門の連名で記録され、次の記録は、同十五日に内河伝次郎の単独記録と内河伝次郎と比留勘右衛門、酒井七郎左衛門の連名の記録となる。酒井郎左衛門は元禄七年六月に広戸藤右衛門が老衰により御役御免の跡を引き継いだ御書物奉行である。その次は、宝永四年十月二十五日の内河伝次郎と比留勘右衛門の連名の記録となる。次は宝永五年九月十四日の記録である。このようにまばらな記録で、記録内容から奉行の最大の関心事は、曝書だったのだと推測させる内容である。

正徳元年（一七一一）五月二十四日、比留勘右衛門が御役御免願を出して罷免され、後任として六月に奥御右筆から松田金兵衛が赴任する。その後、正徳二年六月から次第に記録事項がふえ、正徳三年には日誌の様相を持つようになる。享保期には「留牒」と「日記」の表紙が混在し、名称が一定せず、享保十九年以降、「日記」に落ち着く。これは先述の享保二十年閏三月二十七日の条にある「此留牒外題、今日〻日記と改申候」とも符合する。前年度の記録に硬い表紙をつけて綴じ直すにあたって、表紙を「留牒」とするか、「日記」とするか論議され、「日記」と決定したのであろう。享保十九年分から「日記」に統一される。

＊最近出版された新藤透著『図書館と江戸時代の人びと』では、「江戸後期になると表紙に「日記」と仮の題名を大書したようです」（一〇二頁）とあるが、享保二十年閏三月二十七日の条の「この留牒外題、今日より日記と改め申し候」の一文を読み落としたため、「仮の題名」と曲解したと考えられる。原史料を丁寧に読むことの重要性を、我が身の反省も含め、改めて学ばせていただいた事例である。

現在では、「御書物方日記」という名称が定着しているが、表紙には「日記」としかなかったため、明治以来これが御文庫の業務日誌とは認識されず、昭和三一年（一九五六）夏に、内閣文庫に勤務していた福井保が気づき、初めは仮に「書物奉行日記」と呼んでいたが、のちに近藤重蔵（守重）の『右文故事』で「御書物方日記」と引用されているものと同定し、昭和三六年に刊行した『内閣文庫国書分類目録』で「御書物方日記」として記録したと福井保は自著『紅葉山文庫』（郷学舎、一九八〇）で語る。以来、「御書物方日記」という書名が流通（通行）書名となる。

「御書物方留牒」十六冊と「御書物方日記」二〇九冊の計二二五冊で一五二年間の出来事が通覧できるが、厳密には「御書物方日記」の一部の簿冊が欠けているため、完全に網羅できるわけではない。「御書物方日記」の欠本部分を左に明示しておく。

宝永三年（一七〇六）から安政四年（一八五七）の一五二年間の記録の内

文政十年（一八二七）正月〜六月

文政十一年〜十三年（＝天保元年）
天保二年（一八三一）七月〜天保十二年六月
天保十三年七月〜天保十四年六月
天保十五年（＝弘化元年）〜弘化三年（一八四六）
弘化五年（＝嘉永元年）〜嘉永二年（一八四九）
嘉永四年（一八五一）正月〜六月
嘉永五年七月〜十二月
嘉永六年七月〜安政二年（一八五五）
安政三年（一八五六）七月〜十二月
安政四年（一八五七）七月〜十二月

簿冊として欠落している部分の他に、享保二十年以前は必要に応じて月番の奉行によって記録されたものであったため、記録のない日もあること、微細なことではあるが、例えば文化三年（一八〇六）四月十三日から四月二十一日は記録が欠如していることを記憶にとどめて置きたい。もちろん、宝永三年（一七〇六）四月十日以前の記録も安政四年（一八五七）七月以降の記録も残っていないことを再確認しておきたい。

＊前述の新藤透著『図書館と江戸時代の人びと』では、次のように記述されている。

宝永三年（一七〇六）から安政四年（一八五七）まで一五二年間という非常に長期間にわって書物奉行の活動が窺えます。もっとも、すべて揃っているわけではなく、文政十一・十二年（一八二八・二九）、天保元・三〜十一年（一八三〇・三二〜四〇）、弘化元〜三（一八四四〜四六）、嘉永元・二年（一八四八・四九）、安政元・二（一八五四・五五）の一九年間の日記は現存していません。（一〇一頁）

研究者としての基本姿勢の相違のため、このような記述の違いが生じると考える。人間であれば、誰しもケアレスミスや勘違いはありえるが、それは取り除いて考え、間違いは正せば良いだけである。しかし、基本姿勢の部分については個人的に違和感を持つ。例えば、安政三年の七月から十二月の簿冊が一冊欠けていようとも、安政三年の記録はある（確かに安政三年の一月から六月までの記録はある）と表現するのであろうか。「御書物方日記」が書物奉行の動向を知る重要な史料であることを鑑みて、正確な記述を望むものである。

これらの根本史料の他に、編纂された「図書府年譜」（流通書名、内題「御書物方年譜覚書」）（図11）、「御文庫始末記」、「御書籍来歴志」があり、蔵書目録として「重訂御書籍目録」、「元治増補御書籍目録」四十三冊がある。正確に表現すると「元治増補御書籍目録」四十三冊の中に「御文庫始末記」（図12）、「御書籍来歴志」（図13）が収録されている。このほかに国立公文書館に整理され保管されている関連文書がある。

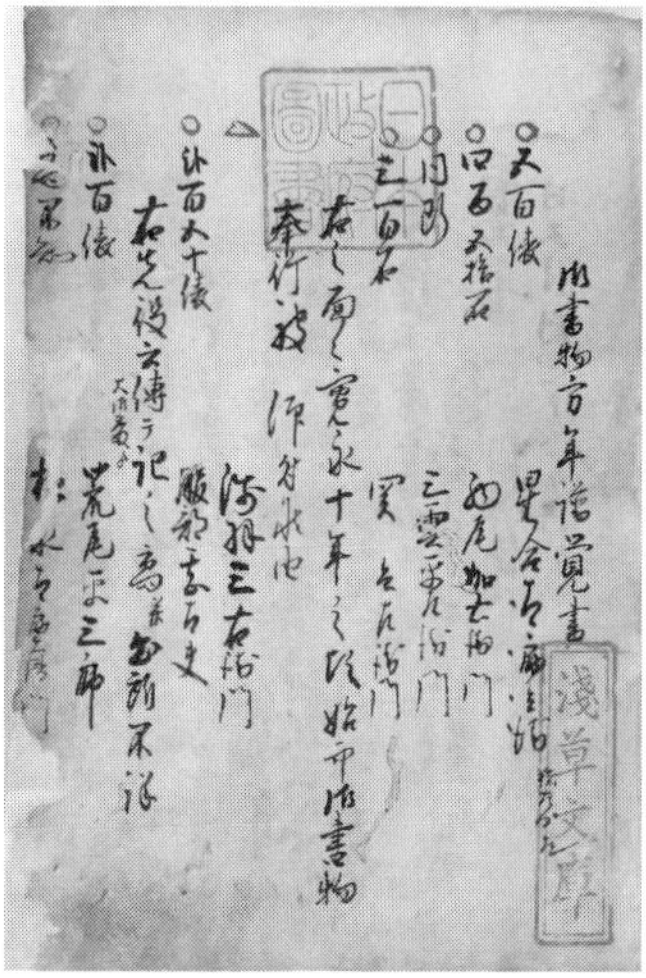

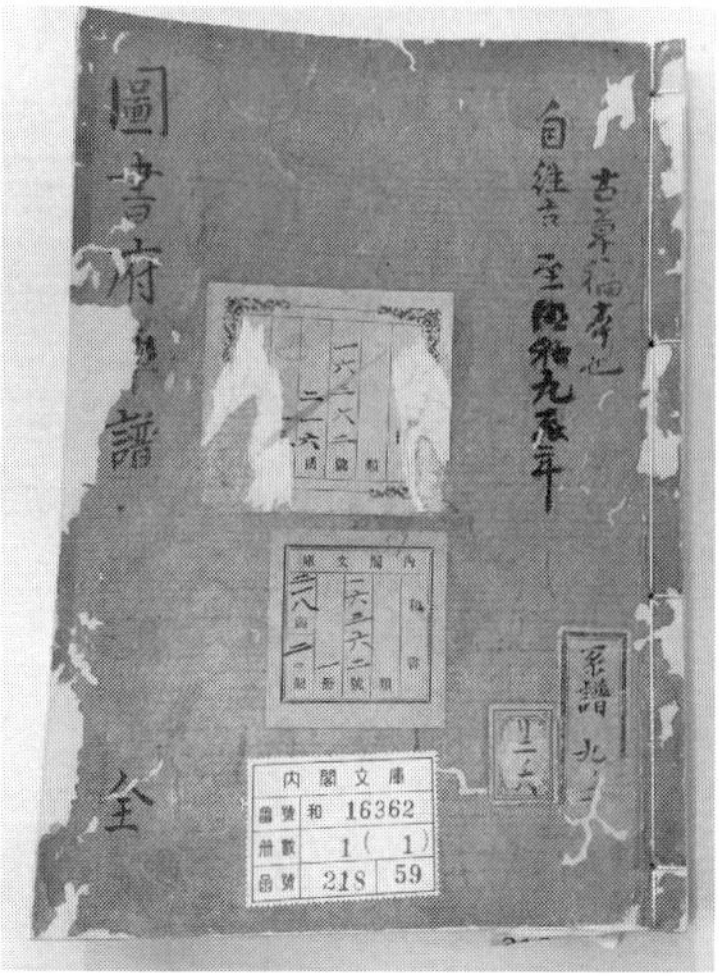

図11　国立公文書館所蔵『図書府年譜（御書物方年譜覚書）』（請求記号　21900193）
表紙と巻頭

御書物方年譜覚書

国立公文書館所蔵「図書府年譜」（請求記号218―0059）

翻刻　東京大学史料編纂所編『幕府書物方日記』七（大日本近世史料）所収

「御文庫始末記」が御文庫の全体の記録であるのに対し、この「御書物方年譜覚書」は人の記録である。人事関係の記事が中心にまとめられ、褒美の理由となる業務内容も収録されており、御書物奉行と御書物同心の動向を知るのに役立つ。

同書には寛永十年（一六三三）から明和九年（一七七二）四月二十七日までが収録されているが、東京大学史料編纂所「御書物方年譜覚書略年譜解題」によると、明和四年（一七六七）までをまとめたものに明和五年以降書き継いだものと考えられ、明和四年までの部分は転写らしい形跡があるとのことである。

御文庫始末記・御書籍来歴志

国立公文書館所蔵「御文庫始末記」（請求記号218―0058）

翻刻　東京大学史料編纂所編『幕府書物方日記』三（大日本近世史料）所収

国立公文書館所蔵「重訂御書籍来歴志」（請求記号218―0062、218―0063）

国立公文書館所蔵「元治増補御書籍目録」（請求記号219―0193）

「御書物方日記」享和三年（一八〇三）八月二十八日の条には、校正が終わった「御目録」九冊と「新規御預ヶ留書帳」二冊を持参した成嶋仙蔵に、林大学頭が「御文庫御書物之来歴を調　此度改之御目録へ御書物蔵始末記幷凡例幷来歴相添候様に」と指示したことにより制作されたことがわかる。九月十六日の条に林大学頭から摂津守へ良ろしいかとの伺いがなされ許可がおりる。「新訂御書籍目録」の附録であったが、御書籍目録の作成の折には、内容を充実させ附録として収録されたと考えられる。「元治増補御書籍目録」には、全四十三冊の最後に「御文庫始末記」が、各部（御手沢本、四部・附存部、国書部、御家部）ごとに「御書籍来歴志」がまとめられている。

「御文庫始末記」（請求記号218―0058）は収録範囲が文庫の起り（詳細な記録は元禄六年）から享和三年（一八〇三）九月十六日であるのに対し、「元治増補御書籍目録」（請求記号219―0193）の

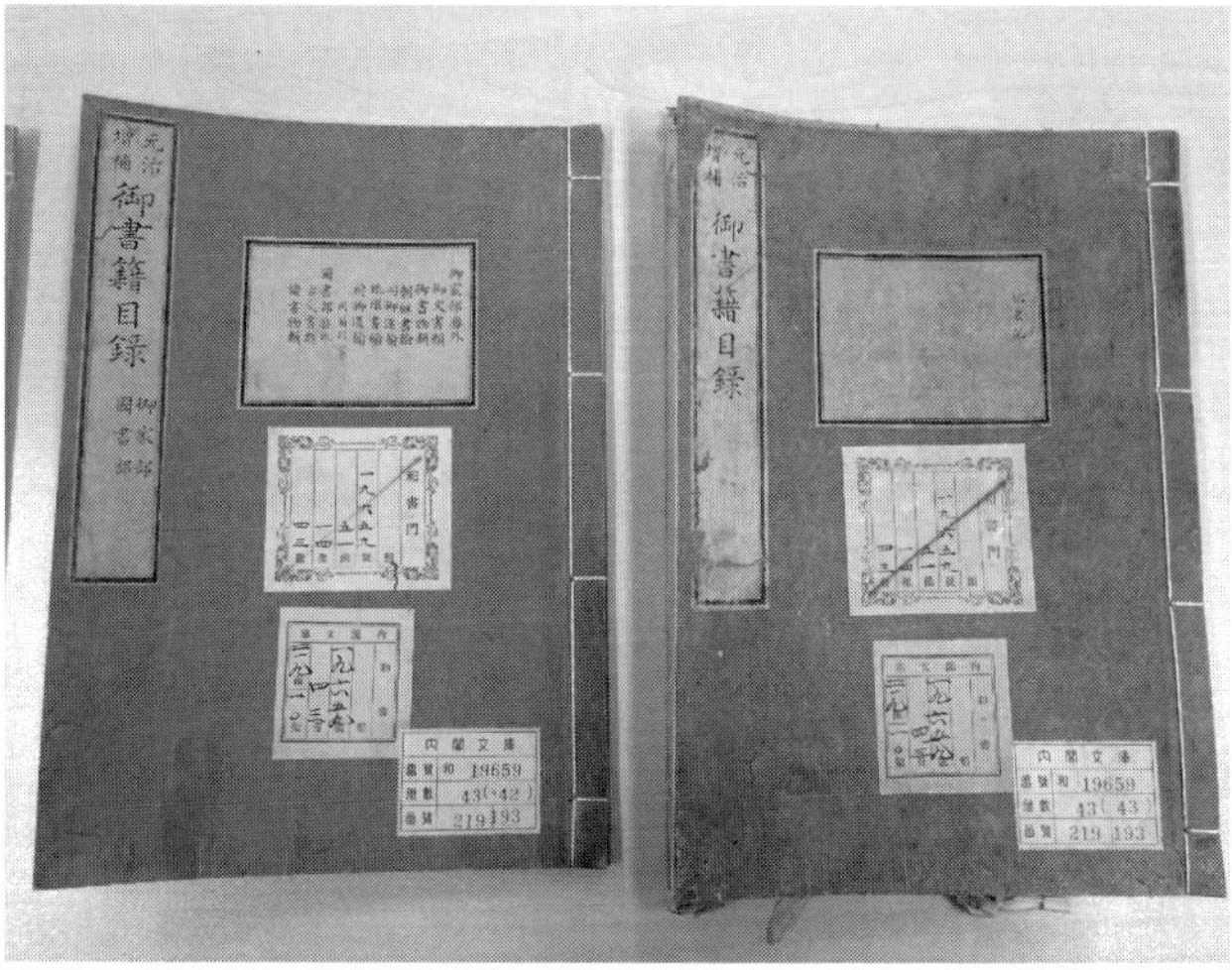

図12　国立公文書館所蔵『元治増補御書籍目録』（右）「始末記」（請求記号　219-0193）表紙

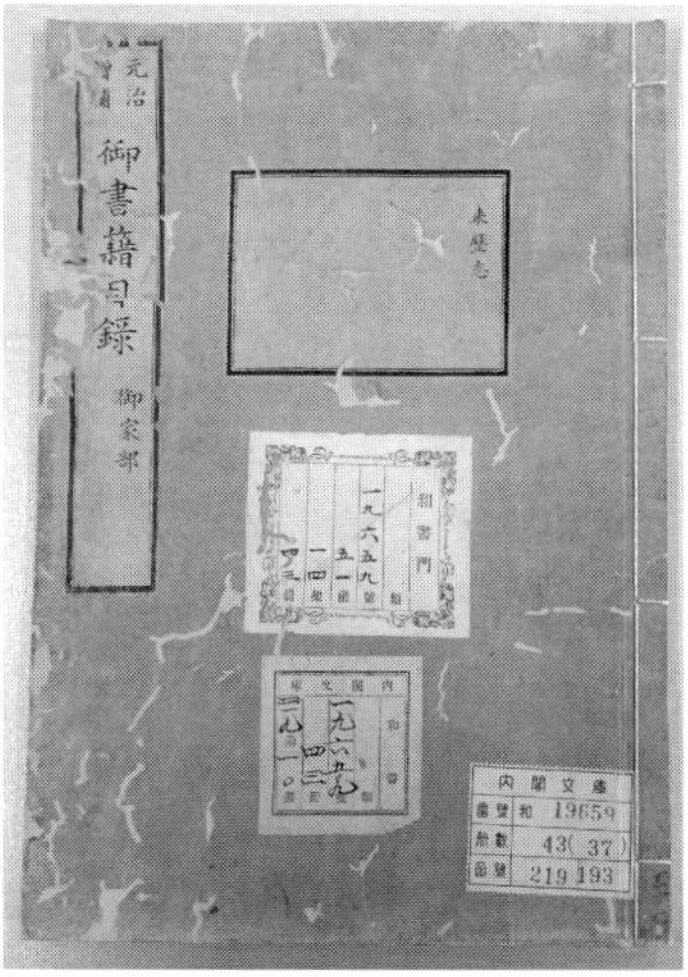

図13　国立公文書館所蔵『元治増補御書籍目録』「［御家部］来歴志」（請求記号　219-0193）表紙

「御文庫始末記」では、最後の記録は元治元年（一八六四）八月十四日まで記録されている。ありがたいことは、日記が欠本している期間の記録を垣間見られることである。例えば、天保十四年二月十一日の情報は日記が存在しないため入手できないが、「［天保］十四年二月十一日コレヨリサキ当番加番トモニ登　営シ来リシカ以来加番ハ登　営ニ及ハサル旨若年寄堀田摂津守達ス」とあることから、御書物奉行の勤番体制が天保十四年二月十一日以降当番のみに変わったことが確認できる。記載量が少ないのは残念である。

「御書籍来歴志」は、福井保によると「書物奉行が編集したので失考もある」とのことで、近藤重蔵は「本書を参照し、その誤りを正したところが多い」こと、漢籍の貴重書解題である『経籍訪古志』は、渋江抽斎、森立之らは御文庫の書物を手にとって調査できなかったため、「来歴志の誤記をそのまま踏襲している」ことを福井は指摘している。

蔵書目録

御文庫の蔵書目録は、新しいものが作成されるとそれまでの蔵書目録は焼却処分されてきた。福井保の研究［福井保　一九八〇］によると、蔵書目録の編纂は、慶長七年（一六〇二）、延宝八年（一六八〇）、享保五年（一七二〇）、享保八年（一七二三）、享保十年から十八年にかけて、明和三年（一七六六）から明和五年、寛政三年（一七九一）から寛政五年、享和二年（一八〇二）から文化二年（一八〇五）、文化十一年（一八一四）から天保七年（一八三六）、元治元年（一八六四）から慶応二年（一八六六）の十回実施されており、寛政五年に完成した目録は、「小目録」、文化二年に完成した目録を「新訂御書籍目録」、天保七年に完成した目録を「重訂御書籍目録」、最後になった目録は「元治増補御書籍目録」と題されている。規則どおり運用されていたならば、「元治増補御書籍目録」のみが現存することになる。

しかし、現存している「元治増補御書籍目録」は、明治になって太政官において転写された四十三冊であり、焼却処分されるべき「重訂御書籍目録」の清書の本一部分が存在している。福井は、「いま、内閣文庫に清書本の一部分を所蔵する。御家部、国書部等を欠き、漢籍の部のみが残存している」［福井保　一九八〇］と現存することを明らかにしている。補足するならば、御家部、国書部等も転写されたと推測されるものは現存する。京都大学附属図書館と大東急記念文庫に「楓山秘府書目」が所蔵されており、その内容は分類体系が元治増補御書籍目録と酷似していることから、「重訂御書籍目録」の御家部と国書部、及び番外部をうつしたものではないかと推測される。厳密に述べると、「元治増補御書籍目録」には、部・類の下位に属というカテゴリーが導入されている。対してそれ以前は属という用語は導入されておらず、類の下位も類という用語で処理していたという差異もある。大東急記念文庫所蔵本（以下、大東急本）が京都大学附属図書館所蔵本（以下、京大本）の親本である。それは、京大本の奥書には、「右楓山秘府書目一巻以森氏本謄写　文久三年二月　木村正辞」と「大正七年七月久原文庫蔵本ニ依リ謄写」が記されており、大東急本には「文久三木村正辞写」と国書総目録に記録されているからである。大東急記念文庫は昭和二十二年（一九四七）に久原文庫の蔵書を一括購入し引き継いでいる。文久四年（一八六四）二月二十日に改元され、元治となるので、天保七年（一八三六）完成の「重訂御書籍目録」の写しである可能性が高いと推測できる。また、京大本には内題として「重訂御書籍目録」の記述があるからである。

今後の検討課題でもあるが、「元治増補御書籍目録」の清書本（完成本）が慶応二年（一八六六）十一月十七日までに作成できなかったゆえに、本来ならば焼却処分されるべき「重訂御書籍目録」の清書本が現存していると筆者は推測している。さらに、明治になってから中書本あるいは下書きから現存する写本、すなわち国立公文書館所蔵『元治増補御書籍目録』（請求記号　二一九―〇一九三）が作成されたとすれば、第四十三冊に付されている「奉行任職履歴」に九十人分の情報を記載されていることの説明がつく。最後に着任した奉行石川次左衛門は、慶応二年三月二十一日に着任し、在任期間は約八ヶ月である。福井保が第十回目の蔵書目録の編纂期間を元治元年（一八六四）から慶応二年（一八六六）と想定するのはこの辺りに鍵があるのではないかと考える。一次史料である「御書物方日記」が現存していれば詳細がわかったであろうが、現状では右の推論にとどまらざるを得ない。

また、東大史料編纂所が『幕府書物方日記』第八巻に「重訂楓山御書籍目録」を附している。例言には、文化より後、「元治増補御書籍目録」より前のものであること、全三巻で収録した各書籍の解題はなく、太田晶二郎（東京都）所蔵写本によったこととある。前者の大東急本、京大本とは、現存する物理媒体の冊数、書目の冊数の明記に若干の違いがあり、番外部の順序立てが前後している部分もあるが、転写過程で生じた差異とも考えられる。ただ、京大本と比べるとこの目録には欠落している頁が多く、計五十部の書名（表2）が欠落している。

表2　重訂楓山御書籍目録の転写過程による欠損書名一覧

	書名	数量
1	山槐記	27冊
2	山槐記	21冊
	園太暦と薩戒記の間の欠落	20冊
3	後愚昧記	6冊
4	実衡公記	1冊
5	左経記	8冊
6	絲束記	4冊
7	大記	4冊
8	長秋記	27冊
9	長秋記	1冊
10	兵範記	30冊
11	吉記	21冊
12	明月記	83冊
13	東進記	8冊
14	三長記	9冊
15	業資日記	1冊
16	平戸記	18冊
17	後中記	1冊
18	吉黄記	2冊
19	仁部記	3冊
20	吉続記	6冊
	後撰集と一字抄の間の欠落	20冊
21	新勅撰集	2冊
22	玉葉集	1冊
23	風雅和歌集	1冊
24	古今集抄	4冊
25	古今栄雅抄集	8冊
26	古今秘注抄	3冊
27	古今聞書	1冊
28	古今秘伝	1冊
29	新古今聞書	1冊
30	新葉集	2冊
31	雲葉集	2冊
32	類題和歌集	31冊
33	明題和歌集	12冊
34	古今類句	20冊
35	名誉歌仙	1冊
36	拾遺風体集	1冊
37	新古今竟宴和歌懐紙	1軸
38	勅撰名所和哥要抄	14冊
39	歌枕名寄	18冊
40	温故抄	3冊
	大外記師淳記と出納大蔵大輔安倍親成記の間の欠落10冊	
41	大外記師右記	1冊
42	大外記師夏記	15冊
43	大外記師光記	1冊
44	大外記師當記	1冊
45	小外記康雄記	1冊
46	左大史兼文記	1冊
47	左大史匡遠記	1冊
48	左大史兼治記	2冊
49	左大史頼胤記	3冊
50	左官掌氏辰記	2冊

さらに、御文庫の新収（受入）目録の写しであるような「御文庫目録」と題された資料が、静嘉堂文庫（三冊）と東北大学狩野文庫（一冊）に所蔵されている。幸い、大庭脩によって東北大学狩野文庫本を底本に静嘉堂文庫本を参考に校訂をして翻刻〔大庭 一九七〇〕がなされている。この翻刻の解題には、静嘉堂文庫本の方が古く、蔵書印「江戸医官／喜多村氏／図書信印」の四字三行の矩形印と「青山／堂印」の二行二字の方印がその上に押してあることから、儒医喜多村栲窓から青山堂枇杷麿（書売雁金屋清吉）に譲り渡されたのではないか〔大庭 一九七〇〕との推測がなされている。

「新収目録の写しであるような」と表現したのは、分類目録ではなく、書名のいろは順排列で、その中は年代順で記録されているからである。年代は寛永十六年から享保七年まで柱立てされている。事務上の手控えのような受入簿的存在の可能性がある。

福井によって紹介された「文化三年丙寅十二月以来新収書目（翻印）」〔福井 一九七八〕は、文化三年（一八〇六）から文政四年（一八二一）十二月までの受入目録で、奥書には「右之通文化三寅年以来当午年迄新収御座候以上／午八月　御書物奉行」「文政五年壬午八月十四日写畢　中村知雄」と記されており、内容は文政四年十二月までであるが、文政五年八月十四日までが収録対象だったと考えられる。

関連文書

国立公文書館が所蔵している関連文書として次のような史料がある。（平成二十八年十二月三十一日現在）

＊分類は著者が補った。（　）内は請求番号

［総務］

御触留（180―0042）

諸向地面取調書　十三　御書物奉行幷支配（151―0246　冊次　13）

［人事］

大坂御弓奉行同御具足奉行兼帯花井弥之助儀御書物奉行可被仰付哉之旨伺覚（多011537）

御賄頭次席小普請方黒坂丹助儀御書物奉行過人可被仰付哉之旨伺覚（多011561）

御裏門切手番之頭江連小市右衛門儀御書物奉行江可被仰付哉之旨其外伺覚（多011578）

御書物奉行誓詞（多012357）

御書物奉行誓詞（多012605）

御書物同心小田鎮蔵儀海陸御備向掛窪田源大夫手附出役可被申渡書物奉行江達（多024683）

御書物同心小田鎮蔵儀海陸御備向掛窪田源大夫手附出役可被申渡達控（多024699）

御書物奉行平山謙二郎安政六未年十月以来閲歴書抜（多025795）

手付出役御免帰番之儀申上候書付（多026284）

御書物同心長谷川八郎清水小普請入之儀申上候書付（多027732）

渥美豊次郎外三名姓名書上御書物奉行名前（多031888）

榊原藤一郎御書物奉行過人被仰付候ニ付誓詞奉願候書付（多034422）

元御書物同心木村伊三次郎藤岡虎吉儀御徒被仰付候ニ付御届（多036987）

某由緒書（元禄五年御風干之節御文庫へ罷出御書物御修復御用年々相勤）（前後欠）（多701708）

書物御用出役大柳金平　明細短冊（多008486）

明細書（袋のみ）（多703216）

文久三亥年分限帳（多703617）

［御褒美］

御書物奉行渥美豊次郎御褒美願（多027665）

西丸御焼失之節紅葉山御庫見廻り等致し骨折候者三名之趣御書物奉行江可達（多025117）

御書物同心外西丸御焼失之節紅葉山文庫江罷出骨折候者御書物奉行江相達書抜（多026476）

御書物奉行え（御書物同心四人黒鍬之者一人西丸御焼失紅葉山御庫火近之節御庫戸前等目塗…（多703129）

御書物同心（火災之節）目塗致し骨折候ニ付（御褒美）被下旨書付（前欠）（多704265）

［業務事務］

御書物師出雲寺万次郎年始五節句歳暮御礼奉願候書付（多028267）

寛政系譜略図一箱差出候ニ付書付（多024233）

屋敷改御帳箱西尾寛一郎江相渡申候段御届（多025773）

樱欄筝請取申度旨書付（多026226）

拘屋敷御帳幷寺社御帳下置御張紙相改候間御書物奉行江相渡申度段書付（多036980）

［研究・調査］

和蘭勧酒歌訳（特122―0011）

弓馬雑纂　十三　御書物之内馬之事（154―0180　冊次　十三）

「御触留」は、寛政元年（一七八九）から四年、文化十年（一八一三）から十二年、文化十二年から文政元年（一八一八）、文政六年から九年、天保二年（一八三一）から三年、天保十五から弘化三年（一八四六）の六冊からなる。宝暦六年（一七五六）三月二十六日の条に、寛延二年（一七四九）二月二日に小普請入りし三月二十三日に没した御書物奉行桂山三郎左衛門の倅桂山要人から、『御触留書』の二巻（元文四年〜寛保二年）が欠本になっているので、所蔵本を借りて書写している記録がみられる。このことから鑑みて本来は欠号なく作成されていたと思われる。

偶然が幸いして残った文書群であるが、書肆出雲寺の由緒書が含まれていたり、日記には記録されていない情報が散見できる。

この他、慶応義塾大学図書館は、御書物奉行鈴木岩次郎の自筆稿本「楓山書倉邸抄」（文化十二年写七十九丁）を所蔵（請求記号　二二五―一九六―1）している。

翻刻史料

翻刻史料としては、東京大学史料編纂所が刊行している『大日本近世史料』のシリーズに『幕府書物方日記』がある。この『幕府書物方日記』は、昭和三十九年（一九六四）三月から刊行が開始され昭和六十三年（一九八八）三月までに十八冊が刊行された。宝永三年（一七〇六）から延享二年（一七四五）までの計四十五冊分が翻刻されており、完結には至っていない。その収録内容は左のとおりである。

一、宝永三年〜正徳五年
二、享保元年〜享保四年
三、享保五年〜享保六年・「御文庫始末記」

四、享保七年〜享保八年・「紅葉山惣指図　正徳四年午改之」
五、享保九年〜享保十年
六、享保十一年〜享保十二年
七、享保十三年・「御書物方年譜覚書」
八、享保十四年〜享保十五年・「重訂楓山御書籍目録」
九、享保十六年〜享保十七年
十、享保十八年〜享保十九年
十一、享保二十年
十二、元文元年
十三、元文二年
十四、元文三年
十五、元文四年
十六、元文五年〜寛保元年
十七、寛保二年〜寛保三年
十八、延享元年〜延享二年

「図書府年譜」は、「御書物方年譜覚書」として東京大学史料編纂所編『幕府方書物日記』巻七に収録されており、「御文庫始末記」は『幕府方書物日記』巻三に収録されている。各巻には、「御書物方日記」翻刻過程で編集された「人名一覧」と「書名一覧」が、第七巻には「御書物方年譜覚書」翻刻過程でまとめられた書物奉行と同心の一覧が付されている。

抄録ではあるが、「御書物方日記」延享二年（一七四五）の続きである延享三年から安政四年（一八五七）までの計一八〇冊を氏家幹人が「書物方年代記」として翻刻し、『北の丸』第四二号（平成二一年十月）～第四六号（平成二六年一月）に発表している。氏家は、「年毎の蔵書の出納や書物方に係わる特質事項を拾った」と編集方針を述べている。

根本史料と翻刻資料の関係を整理した表3を提示しておく。

御文庫始末記	丁数	御書物方年譜覚書	丁数	冊次	幕府方書物日記	冊次	書物方年代記
請求記号 a　218-0058 b　219-0193 注） a　9行／半T b　10行／半T aのほうが記述レベルが詳細	a 54 b 49						
				1	宝永三年～正徳五年		
				2	享保元年～享保四年		
				3	享保五年～享保六年・「御文庫始末記」		
		往古［寛文十年頃］～明和九年［四月二十七日］＊内題による、のちの打付書きは「図書府年譜」	53	4	享保七年～享保八年		
				5	享保九年～享保十年		
				6	享保十一年～享保十二年		
				7	享保十三年・「御書物方年譜覚書」		
				8	享保十四年～享保十五年		
				9	享保十六年～享保十七年		
				10	享保十八年～享保十九年		
				11	享保二十年		
				12	元文元年		
				13	元文二年		
				14	元文三年		
				15	元文四年		

表3　史料の対照表

西暦	元号	年	(～終年)	御文庫（紅葉山）	冊次	御書物方留牒	丁数	冊次	御書物方日記	丁数
1596～1615	慶長	元年	～20	慶長七年（1602）						
1615～1624	元和	元年	～10							
1624～1644	寛永	元年	～21							
1644～1648	正保	元年	～5							
1648～1652	慶安	元年	～5							
1652～1655	承応	元年	～4							
1655～1658	明暦	元年	～4							
1658～1661	万治	元年	～4							
1661～1673	寛文	元年	～13							
1673～1681	延宝	元年	～9							
1681～1684	天和	元年	～4							
1684～1688	貞享	元年	～5							
1688～1704	元禄	元年	～17							
1704	宝永	元年	(～8)							
1705		2								
1706		3			1	宝永三年七月十一日より八年六月二十八日、正徳元年六月二十九日、正徳二年三月二十九日、正徳三年正月二十八日	101			
1707		4								
1708		5								
1709		6								
1710		7								
1711	正徳	元年	(～6)							
1712		2								
1713		3								
1714		4			2	正徳四年正月～十二月	52			
1715		5			3	正徳五年正月～十二月	51			
1716	享保	元年	(～21)		4	正徳六年（享保元年）正月～十二月	157			
1717		2			5	享保二年正月～十二月	85			
1718		3			6	享保三年正月～十二月	74			
1719		4						1	享保四年	105
1720		5			7	享保五年正月～十二月	124			
1721		6			8	享保六年正月～十二月	109			
1722		7						2	享保七年乾	108
								3	享保七年坤	92
1723		8			9	享保八年正月～十二月	188			
1724		9						4	享保九年	163
1725		10			10	享保十年正月～十二月	143			
1726		11			11	享保十一年正月～十二月	225			
1727		12						5	享保十二年	258
1728		13						6	享保十三年	252
1729		14			12	享保十四年正月～十二月	209			
1730		15			13	享保十五年正月～十二月	232			
1731		16			14	享保十六年正月～十二月	172			
1732		17			15	享保十七年正月～十二月	219			
1733		18			16	享保十八年正月～十二月	191			
1734		19						7	享保十九年	175
1735		20						8	享保二十年乾	233
								9	享保二十年坤	151
1736	元文	元年	(～6)					10	元文元年乾	163
								11	元文元年坤	202
1737		2						12	元文二年乾	162
								13	元文二年坤	177
1738		3						14	元文三年乾	115
								15	元文三年坤	183
1739		4						16	元文四年乾	122
								17	元文四年坤	159

御文庫始末記	丁数	御書物方年譜覚書	丁数	冊次	幕府方書物日記	冊次	書物方年代記
				16	元文五年～寛保元		
				17	寛保二年～寛保三年		
				18	延享元年～延享二年		
						1	「御書物方日記」第30冊～第59冊部分
						2	「御書物方日記」第60冊～第91冊部分

西暦	元号	年	(～終年)	御文庫(紅葉山)	冊次	御書物方留牒	丁数	冊次	御書物方日記	丁数
1740		5						18	元文五年乾	153
								19	元文五年坤	215
1741	寛保	元年	(～4)					20	寛保元年乾	198
								21	寛保元年坤	158
1742		2						22	寛保二年乾	140
								23	寛保二年坤	150
1743		3						24	寛保三年乾	148
								25	寛保三年坤	138
1744	延享	元年	(～5)					26	延享元年乾	131
								27	延享元年坤	162
1745		2						28	延享二年乾	156
								29	延享二年坤	216
1746		3						30	延享三年乾	209
								31	延享三年坤	218
1747		4						32	延享四年乾	153
								33	延享四年坤	147
1748	寛延	元年	(～4)					34	寛延元年乾	139
								35	寛延元年坤	178
1749		2						36	寛延二年乾	155
								37	寛延二年坤	156
1750		3						38	寛延三年乾	133
								39	寛延三年坤	171
1751	宝暦	元年	(～14)					40	宝暦元年乾	146
								41	宝暦元年坤	196
1752		2						42	宝暦二年乾	155
								43	宝暦二年坤	151
1753		3						44	宝暦三年乾	137
								45	宝暦三年坤	161
1754		4						46	宝暦四年乾	159
								47	宝暦四年坤	164
1755		5						48	宝暦五年乾	131
								49	宝暦五年坤	160
1756		6						50	宝暦六年乾	126
								51	宝暦六年坤	165
1757		7						52	宝暦七年乾	137
								53	宝暦七年坤	144
1758		8						54	宝暦八年乾	133
								55	宝暦八年坤	127
1759		9						56	宝暦九年乾	120
								57	宝暦九年坤	170
1760		10						58	宝暦十年乾	152
								59	宝暦十年坤	158
1761		11						60	宝暦十一年乾	139
								61	宝暦十一年坤	170
1762		12						62	宝暦十二年乾	204
								63	宝暦十二年坤	161
1763		13						64	宝暦十三年乾	152
								65	宝暦十三年坤	146
1764	明和	元年	(～9)					66	明和元年乾	149
								67	明和元年坤	187
1765		2						68	明和二年乾	153
								69	明和二年坤	149
1766		3						70	明和三年乾	128
								71	明和三年坤	169
1767		4						72	明和四年乾	155
								73	明和四年坤	169
1768		5						74	明和五年乾	136
								75	明和五年坤	168

御文庫始末記	丁数	御書物方年譜覚書	丁数	冊次	幕府方書物日記	冊次	書物方年代記
						3	「御書物方日記」第92冊～第127冊部分
						4	「御書物方日記」第128冊～第169冊部分

西暦	元号	年	(～終年)	御文庫(紅葉山)	冊次	御書物方留牒	丁数	冊次	御書物方日記	丁数
1769		6						76	明和六年乾	132
								77	明和六年坤	155
1770		7						78	明和七年乾	158
								79	明和七年坤	183
1771		8						80	明和八年乾	142
								81	明和八年坤	141
1772	安永	元年	(～10)					82	安永元年乾	131
								83	安永元年坤	148
1773		2						84	安永二年乾	165
								85	安永二年坤	137
1774		3						86	安永三年乾	137
								87	安永三年坤	175
1775		4						88	安永四年乾	144
								89	安永四年坤	193
1776		5						90	安永五年乾	197
								91	安永五年坤	182
1777		6						92	安永六年乾	178
								93	安永六年坤	174
1778		7						94	安永七年乾	182
								95	安永七年坤	162
1779		8						96	安永八年乾	161
								97	安永八年坤	150
1780		9						98	安永九年乾	183
								99	安永九年坤	210
1781	天明	元年	(～9)					100	天明元年乾	205
								101	天明元年坤	190
1782		2						102	天明二年乾	226
								103	天明二年坤	258
1783		3						104	天明三年乾	190
								105	天明三年坤	212
1784		4						106	天明四年乾	219
								107	天明四年坤	152
1785		5						108	天明五年乾	151
								109	天明五年坤	170
1786		6						110	天明六年乾	166
								111	天明六年坤	229
1787		7						112	天明七年乾	183
								113	天明七年坤	191
1788		8						114	天明八年乾	146
								115	天明八年坤	142
1789	寛政	元年	(～13)					116	寛政元年乾	171
								117	寛政元年坤	149
1790		2						118	寛政二年乾	168
								119	寛政二年坤	168
1791		3						120	寛政三年乾	202
								121	寛政三年坤	179
1792		4						122	寛政四年乾	192
								123	寛政四年坤	184
1793		5						124	寛政五年乾	195
								125	寛政五年坤	179
1794		6						126	寛政六年乾	172
								127	寛政六年坤	204
1795		7						128	寛政七年乾	210
								129	寛政七年坤	232
1796		8						130	寛政八年	102
								131	寛政八年	140
								132	寛政八年	289

御文庫始末記	丁数	御書物方年譜覚書	丁数	冊次	幕府方書物日記	冊次	書物方年代記
a 享和3年9月16日まで↓							
						5	「御書物方日記」第170冊～第209冊部分

西暦	元号	年	(～終年)	御文庫(紅葉山)	冊次	御書物方留牒	丁数	冊次	御書物方日記	丁数
1797		9						133	寛政九年	241
								134	寛政九年	125
								135	寛政九年	144
1798		10						136	寛政十年乾	226
								137	寛政十年坤	244
1799		11						138	寛政十一年乾	198
								139	寛政十一年坤	196
1800		12						140	寛政十二年乾	216
								141	寛政十二年坤	197
1801	享和	元年	(～4)					142	享和元年乾	205
								143	享和元年坤	202
1802		2						144	享和二年乾	197
								145	享和二年坤	183
1803		3						146	享和三年乾	195
								147	享和三年坤	177
1804	文化	元年	(～15)					148	文化元年乾	194
								149	文化元年坤	205
1805		2						150	文化二年	164
								151	文化二年	91
								152	文化二年	108
1806		3						153	文化三年	157
								154	文化三年	87
								155	文化三年	83
1807		4						156	文化四年乾	159
								157	文化四年坤	159
1808		5						158	文化五年乾	225
								159	文化五年坤	159
1809		6						160	文化六年乾	163
								161	文化六年坤	168
1810		7						162	文化七年乾	164
								163	文化七年坤	190
1811		8						164	文化八年乾	187
								165	文化八年坤	179
1812		9						166	文化九年乾	165
								167	文化九年坤	177
1813		10						168	文化十年乾	158
								169	文化十年坤	204
1814		11						170	文化十一年乾	182
								171	文化十一年坤	188
1815		12						172	文化十二年乾	186
								173	文化十二年坤	190
1816		13						174	文化十三年乾	197
								175	文化十三年坤	272
1817		14						176	文化十四年乾	192
								177	文化十四年坤	215
1818	文政	元年	(～13)					178	文政元年乾	197
								179	文政元年坤	210
1819		2						180	文政二年乾	227
								181	文政二年坤	177
1820		3						182	文政三年乾	183
								183	文政三年坤	187
1821		4						184	文政四年乾	188
								185	文政四年坤	204
1822		5						186	文政五年乾	227
								187	文政五年坤	213
1823		6						188	文政六年乾	179
								189	文政六年坤	190
1824		7						190	文政七年乾	177
								191	文政七年坤	223

御文庫始末記	丁数	御書物方年譜覚書	丁数	冊次	幕府方書物日記	冊次	書物方年代記
b 元治元年8月14日まで ↓							
a　丁数	54						
b　丁数	49	丁数計	53				

西暦	元号	年	(～終年)	御文庫(紅葉山)	冊次	御書物方留牒	丁数	冊次	御書物方日記	丁数
1825		8						192	文政八年乾	289
								193	文政八年坤	200
1826		9						194	文政九年乾	194
								195	文政九年坤	205
1827		10							文政十年正月～六月	
								196	文政十年［坤］	202
1828		11							文政十一年	
1829		12							文政十二年	
1830	天保	元年	(～15)						文政十三年（天保元年）	
1831		2						197	天保二年［乾］	184
									天保二年七月～十二月	
1832		3							天保三年	
1833		4							天保四年	
1834		5							天保五年	
1835		6							天保六年	
1836		7							天保七年	
1837		8							天保八年	
1838		9							天保九年	
1839		10							天保十年	
1840		11							天保十一年	
1841		12							天保十二年正月～六月	
								198	天保十二年［坤］	248
1842		13						199	天保十三年［乾］	309
									天保十三年七月～十二月	
1843		14							天保十四年正月～六月	
								200	天保十四年［坤］	369
1844		15							天保十五年（弘化元年）	
1845	弘化	2	(～5)						弘化二年	
1846		3							弘化三年	
1847		4						201	弘化四年乾	222
								202	弘化四年坤	223
1848	嘉永	元年	(～7)						弘化五年（嘉永元年）	
1849		2							嘉永二年	
1850		3						203	嘉永三年乾	213
								204	嘉永三年坤	213
1851		4							嘉永四年正月～六月	
								205	嘉永四年［坤］	221
1852		5						206	嘉永五年［乾］	230
									嘉永五年七月～十二月	
1853		6						207	嘉永六年［乾］	182
									嘉永六年七月～十二月	
1854	安政	元年	(～7)						安政元年	
1855		2							安政二年	
1856		3						208	安政三年［乾］	177
									安政三年七月～十二月	
1857		4						209	安政四年［乾］	201
									安政四年七月～	
1858		5								
1859		6								
1860～1861	万延	元年	～2							
1861～1864	文久	元年	～4							
1864～1865	元治	元年	～2							
1865～1868	慶応	元年	～4	慶応二年（1856）						
1868～1912	明治	元年	～45			丁数計	2332		丁数計	37035

四　先行研究

御文庫に関する先行文献としては、次のようなものがある。（平成二十八年十二月三十一日現在）

＊拙者の調査不足で重要な文献が漏れている場合はご容赦願い、ご教示を賜りたい。

図書

磯ヶ谷紫江著　『書物奉行墓所総覧』　後苑荘、［一九四四］。
岩猿敏生著　『日本図書館史概説』　日外アソシエーツ、二〇〇七。
小野則秋著　『日本文庫史』　教育図書、一九四二。
徳川記念財団編　『徳川将軍家の学問：紅葉山文庫と昌平坂学問所』　徳川記念財団、二〇〇六。
長沢孝三著　『幕府のふみくら』　吉川弘文館、二〇一二。
福井保著　『内閣文庫書誌の研究』（日本書誌学大系、一二）　青裳堂書店、一九八〇。
福井保著　『紅葉山文庫』（東京郷学文庫）　郷学舎、一九八〇。
森潤三郎［著］　『蔵書家白藤として知られたる書物奉行鈴木岩次郎成恭の事跡』　森潤三郎、一九二五。
森潤三郎著　『紅葉山文庫と書物奉行』　昭和書房、一九三三。

論文

秋元信英　「書物奉行下田師古の事蹟」　『國學院雑誌』　七二巻一〇号、一九七一年一〇月、三八～四八頁。
朝倉治彦　「紅葉山文庫追想」　『国立国会図書館月報』　二六一、一九八二年十二月、二～七頁。

石川洋「蕃書調所に移管された紅葉山文庫洋書の考察」実学資料研究会編『実学史研究』九、一九九三年五月。

礒永和貴「紅葉山文庫収蔵「献上国絵図」の管理と利用」佛教大学文学部史学科創設三十周年記念論集刊行会編『史学論集』、一九九九年三月、一二七〜一三九頁。

市島謙吉「幕府の蔵書は如何に取扱われたか」『図書館雑誌』一四三、一九三一年一〇月。

市島謙吉「近藤正斎の半面」『図書館雑誌』三一四号。

揖斐高「徳川家康の学問・儒学と紅葉山文庫」笠谷和比古編『徳川家康：その政治と文化・芸能：徳川家康没後四百年記念論文集』宮帯出版社、二〇一六。

上野正芳「江戸幕府紅葉山文庫旧蔵唐本医書の輸入時期について――主に、内閣文庫所蔵の旧紅葉山本唐本医書についての考察」『史泉』五一、一九七七年三月、四一〜七四頁。

上野正芳「江戸幕府紅葉山文庫旧蔵唐本兵書の輸入時期について」『史泉』五二、一九八七年二月、五九〜七六頁。

大庭脩「内閣文庫の購来書籍目録」『関西大学東西学術研究所紀要』一、一九六八年三月、三三〜八四頁。

大庭脩「東北大学狩野文庫架蔵の〔旧幕府〕御文庫目録」『関西大学東西学術研究所紀要』三、一九七〇年三月、九〜九十頁＋表一枚。

大和田順子「江戸城内の将軍家図書館――」宮城県図書館編『叡智の杜』六、二〇〇九年三月、三五〜三九頁。

川崎佐知子「近衛基熈の書物交流」『和歌文学研究』九六、二〇〇八年六月、五六〜六七頁。

久保田啓一「成島信遍年譜稿」四〜十五　梅光学院大学日本文学会編『日本文学研究』三〇、一九九五年、三一、一九九六年、『広島大学文学部紀要』五六、一九九六年、『広島大学大学院文学研究科論集』六四、二〇〇四年、六五、二〇〇五年、六七、二〇〇七年、六八〜七〇、二〇〇八〜二〇一〇年、七二〜七三、二〇一二〜二〇一三年、七五、二〇一五年。

黒田涼「所蔵資料のルーツを探る！」『東京人』三二巻四号、二〇一七年四月、七〇〜七七頁。

谷本晃久「蝦夷通詞・上原熊次郎の江戸」『北海道大学文学研究科紀要』一五一、二〇一七年、一〜五二頁。

坪谷水哉「御書物奉行近藤重蔵」『図書館雑誌』二三七、一九三九年八月。

橋喜子「紅葉山文庫における幕府文書の管理」『国文学研究資料館紀要．アーカイブズ研究篇』一一、二〇一五年三月、五三～七二頁。

橋喜子「紅葉山文庫における外交関係文書の保管」『お茶の水女子大学比較日本学教育研究センター研究年報』一二、二〇一六年三月、五一～五六頁。

樋口龍太郎「紅葉山文庫物語」上、中、下『図書館雑誌』七八、一九二六年四月、八一、一九二六年七月、八三、一九二六年九月、一〇～十三頁、六～九頁、一〇～一四頁。

広庭基介「書物奉行の一考察」『図書館界』一〇巻四号、一九五八年十月、一一五～一二二頁。

福井保「楓山洋書史料」『北の丸』五、一九七五年九月、五七～七三頁。

福井保「明治六年秘閣焼失書目」『北の丸』七、一九七六年九月、一六～三〇頁。

福井保「文化三年丙寅十二月以来新収書目（翻印）」『北の丸』一〇、一九七八年三月、三六～四九頁。

松本幸一「御書物奉行」上、下『図書館雑誌』九七巻三～四号、二〇〇三年三～四月、一七六～一七八頁、二四八～二五〇頁。

柳田直美「将軍の図書館」統計研究会編『学際』、一八、二〇〇六年四月、二九～三二頁。

柳田直美「徳川家康の文蔵（ふみくら）と紅葉山文庫」『大日光』八十三、二〇一三年六月、六〇～六九頁。

山本武夫「桜田文庫と西丸書物奉行」『日本歴史』一八九、一九六四年二月、七五～八〇頁。

山本博文「将軍さまの図書館「紅葉山文庫」という徳川家の財産」『東京人』二五巻一一号、二〇一〇年九月、五八～六五頁。

追加（平成二十九年八月三十日）

新藤透著『図書館と江戸時代の人びと』柏書房、二〇一七。

第二部　日記を読む　〜図書館経営

第二部では、御文庫という組織を構成する、ヒト・モノ・カネについて、日記から垣間見ていく。ヒトには、御書物を管理する奉行と同心、利害関係者（ステークス・ホルダー）である御書物師などがあげられる。奉行に関しては、先行文献が充実しており、その研究成果の紹介にとどめ、特に今まであまりとり上げられなかった同心に焦点を当て、日々の生活や福利厚生について、日記から読み解けることを明らかにする。モノは、蔵書である御書物、施設である書庫や事務スペースの建物、書庫である御蔵と事務スペースである会所の設備などが対象となるが、ここでは、蔵書と施設について日記の記述及びその他の資料からわかったことを紹介する。御文庫は、もちろん利潤追求型組織ではなく、独立採算性の組織でもない。物品の請求や代金の支払い・受取りといった出納に関する業務はあっても、図書館経営（マネージメント）の一翼として財政をコントロールすることはなかった。とはいえ、幕府の財政逼迫により、上からの命令で、経営のスリム化（倹約）に取り組んだ事例などはあるが、今回は特に触れない。

一　組織

1　人事

御書物奉行数の推移

寛永十年（一六三三）十二月二十日、幕府の統治機構の中に御書物奉行の役職が置かれた。このことによって、徳川家の私文庫（プライベート・ライブラリー）から幕府の公的な管理下に文庫は編入されたと解釈される。この事実により、徳川日本のナショナル・ライブラリーとして御文庫を位置づけることが可能である。

福井保は著書『紅葉山文庫』の中で「紅葉山文庫の蔵書は「御書物《ごしょもつ》」と呼ばれた。「御書物」の管理者であるから「御書物奉行」と呼ばれた。「御」は書物の敬称であって書物奉行の敬称ではない」（福井、一九八〇）と述べている。御書物奉行の本質を説明する的確な表現である。「書物の御奉行」ではなく、「御書物の奉行」なのである。

今回、根本史料とする日記は、冒頭で述べたように、宝永三年（一七〇六）四月十日の記録からしか残っておらず、それ以前の記録は、宝永二年におきた会所の火災で消失したものと考えられている。また、享保二十年（一七三五）正月元日から毎日の記録に変化するが、それまでは毎日の記録ではなく、必要に応じて記録されており、当初はほぼ一年記録が無い場合など、記録の欠如が散見される。この様な状況なので、日記だけで全てを知ることは難しいものの、遡及して過去の記録を残している場合もある。日記に残されている御書物奉行についてのまとまった記録の一つを例示しておく。

寛政八年（一七九六）八月二十八日の条

一　御書物奉行之始り見出し候ニ付、以後混雑不致候様留置候。左之通。

寛永十酉年十二月廿日

大猷院様御代、始而御書物奉行

被　仰付候。惣而四人

高五百俵　星合伊左衛門

高百五拾俵　西尾加右衛門

高四百五拾俵　三雲内記

高三百俵　関兵二郎

右四人初而被　仰付候。

高不知　浅羽三右衛門

高二百五拾俵　服部甚太夫

高二百俵　大御番　荒尾平三郎　元禄十巳年大坂御弓矢奉行被　仰付。

同二百俵　松永太郎右衛門　後病気ニ付相願　御役御免。

同百拾俵　新御番　広戸藤右衛門　元禄六酉年十一月被　仰付。後老衰ニ付相願　御役御免。

同百五拾俵　富士見御番　内河伝次郎　松永太郎右衛門跡、元禄七戌年被　仰付、正徳四年七月病死。

同四百俵　御賄頭　酒井七郎右衛門　広戸藤右衛門跡、元禄六年八月十九日御役被　召放、逼塞。

同百八拾俵　中野上役　比留勘右衛門　荒尾平三郎跡、元禄七年五月廿四日御役願ニ付　御免。元禄七年ゟ正徳元年也。

左之両人、宝永六丑年十月十九日西丸御書物奉行

幷組共ニ御本丸御書物奉行一所ニ打込被　仰付、都合四人ニ成ル。但、左之両人御役料七人扶持ツ、被下置。依而、今以引付ニ成被下之。

西丸御書物奉行
高百俵
五人扶持　浅井半右衛門

西丸御書物奉行
高百五拾俵　平井五右衛門

奥御右筆
高二百俵　松田金兵衛

比留勘右衛門跡、正徳元卯年六月被　仰付。

大御番
高二百俵　椎橋主計

内河伝次郎跡、正徳四午年七月廿一日被　仰付、享保十七子年正月御船手頭江被仰付。

奥御右筆
同二百俵　高階半次郎

享保二年七月十三日願ニ付御役御免、小普請大嶋肥前守組入。

右者、正徳五未年十二月廿一日新規ニ被仰付、是ゟ
御書物奉行五人ニ成ル。

大御番太田隠岐守組
高二百俵　奈佐又助

小普請有馬内膳支配
高二百俵　川窪斎宮

奥御右筆
同二百俵　下田幸太夫
外金五拾両ツ、、被下之

大御番
同三百俵　松村彦兵衛

平井五右衛門跡、享保六丑年閏七月
被　仰、御役替後四郎兵衛ト改

松田金兵衛跡、享保六丑年閏七月
右一同ニ被　仰付、同十巳年
六月五日病死。

享保八卯年十一月廿二日被　仰付、
同十三申年四月十日病死。

川窪斎宮跡、享保十巳年七月
十一日被仰付、同十九寅年三月
御膳奉行被　仰付。

新御番大岡忠四郎組
同二百七拾俵　松波金五郎
　　下田幸太夫跡、享保十三申年五月被仰付、同十九寅年正月元方御納戸頭江被　仰付。

大御番小堀和泉守
同二百俵　水原次郎右衛門
　　浅井半右衛門跡、享保十四酉年正月被　仰付、寛保三亥年二月十四日病死。

御腰物方
同三百俵　川口頼母
　　椎橋主計跡、享保十七子年二月被仰付、宝暦七丑年十二月十五日西丸御裏御門番之頭被　仰付候。

同二百俵　浅井左衛門
　右享保十七子年五月、新規ニ被仰付、此節都合六人ニ成ル。同十九寅年六月病死、以後跡役不被　仰付。
　右之通相認メ、此後者明廿九日之所江可相認候様申渡之候。

この記録のありがたいところは、誰が誰の跡に入ったのかわかることである。例えば、最初は四人体制であったが、元禄六年（一六九三）十一月、御書物同心四人のポストが新設された時点での御書物奉行は、荒尾平三郎、松永太郎右衛門、広戸藤右衛門の三人であった。「御書物方年譜覚書」には、「右三人奉行之節、願爾依而、同心四人始而被　仰付」（右三人奉行の節、願に依って、同心四人始めて仰せ付けらる）とある。この三人の御書物奉行の後任をたどっていくことができる。

病気で引退した松永太郎右衛門の跡に内河伝次郎が、老衰で引退した広戸藤右衛門の跡に酒井七郎左衛門が、役高百俵の増加となり大坂御弓奉行へ栄転した荒尾平三郎の跡に比留勘右衛門が御書物奉行になり、その後、酒井七郎左衛門が「御役　召し放たれ、逼塞」となり、御書物奉行が二人体制になっていた。「御書物方年譜覚書」によると、宝永六年（一七〇九）九月十九日に酒井七郎左衛門が逼塞になったことがわかる。宝永六年十月十九日に浅井半右衛門と平井五右衛門が西丸御書物奉行から御本丸御書物奉行へ組ともに編入される。「左の両人、宝永六丑年十月十九日西丸御書物奉行ならびに組ともに御本丸御書物奉行一所に打ち込み　仰せつけられ、都合四人になる。ただし、左の両人御役料七人扶持ずつくだしおかる。よって、今もってひきつけになり、これを下さる」と記録されている様に、この時点で御書物奉行が合計四人になったこと、御役料として七人扶持が付けられたことが重要である。しかし、御書物奉行として御役料が付けられたことが編入されたことの証（引付）として下されたと寛政八年（一七九六）八月二十八日の日記では記述されているが、御役扶持七人扶持が実際に与えられるのは、享保六年（一七二一）九月六日のことと考えられる。「御書物方年譜覚書」の同日の条に、「四人共　御役扶持七人扶持ツ、出ル」とあるからである。この件については少し精査し、考えたい。今後の課題である。

比留勘右衛門の跡に正徳元年（一七一一）六月に松田金兵衛が、正徳四年七月に病死した内河伝次郎の跡に、正徳四年七月廿一日椎橋主計が御書物奉行になる。

松田金兵衛・椎橋主計・浅井半右衛門・平井五右衛門の四人体制から、正徳五年（一七一五）十二月二十一日に高階半次郎が入り五人体制となる。「右は、正徳五未年十二月廿一日新規に仰せつけられ、これより御書物奉行五人に成る」と記録されている。しかし、高階半次郎が享保二年（一七一七）七月十三日に「願に付き、御役御免」となり小普請入りしたことから、四人に戻ってしまう。また、享保四年十二月十日の条に「平井五右衛門病死ニ付、長門守殿へ申上候」とあり、松田金兵衛・椎橋主計・浅井半右衛門の三人になってしまった。続いて、享保六年七月五日の条の記録内容と七月二十二日の条の記録内容、墓碑から享保六年七月五日に松田金兵衛は亡くなったと考えられ、御書物奉行は二人となる。

享保六年（一七二一）閏七月二十八日の条に「左之両人衆同役ニ被　仰付候間、左様相心得」（左の両人衆同役に仰せ付けられ候あいだ、左様相心得）とあり、平井五右衛門の跡に奈佐又助が、松田金兵衛の跡に川窪斎宮が御書物奉行に命じられたことがわかる。

享保八年（一七二三）十一月二十二日の条に「今日下田幸大夫殿御書物奉行被　仰付候由ニ御座候」（今日、下田幸大夫殿御書物奉行　仰せ付けられ候よしに御座候）とある。寛政八年（一七九六）八月二十八日の条の記録（前述）では、「外金五拾両ツ、被下之」（ほか金五十両ずつこれを下される）ともあり、「文庫始末記」にも（享保八年）「十一月二十二日、奥御右筆下田幸大夫、奉行ニ命セラレ、月俸ノ別ニ毎年金五十両ヲ給フト云」と記録されている。日記からうかがえる下田幸大夫への専門的な仕事の依頼とその量からすれば、もっともな報酬であろう。下田幸大夫が御書物奉行に加わったことで、五人体制になる。

交代のため、わずかな空白期間は生まれるものの、その後十年近くは五人体制が基本となる。そして、享保十七年（一七三二）五月二日に浅井左衛門が任ぜられ、御書物奉行は六人体制になる。浅井左衛門は、享保十三年四月十日に病死した下田幸大夫の実弟である。寛政八年（一七九六）八月二十八日の条の記録（前述）では、「右享保十七子年五月新規ニ被仰付、此節都合六人ニ成ル。同十九寅年六月病死、以後跡役不被　仰付」（右、享保十七子年五月、新規に仰せ付けられ、この節都合六人に成る。同十九寅年六月病死、以後跡役仰せ付けられず）と記録されているが、

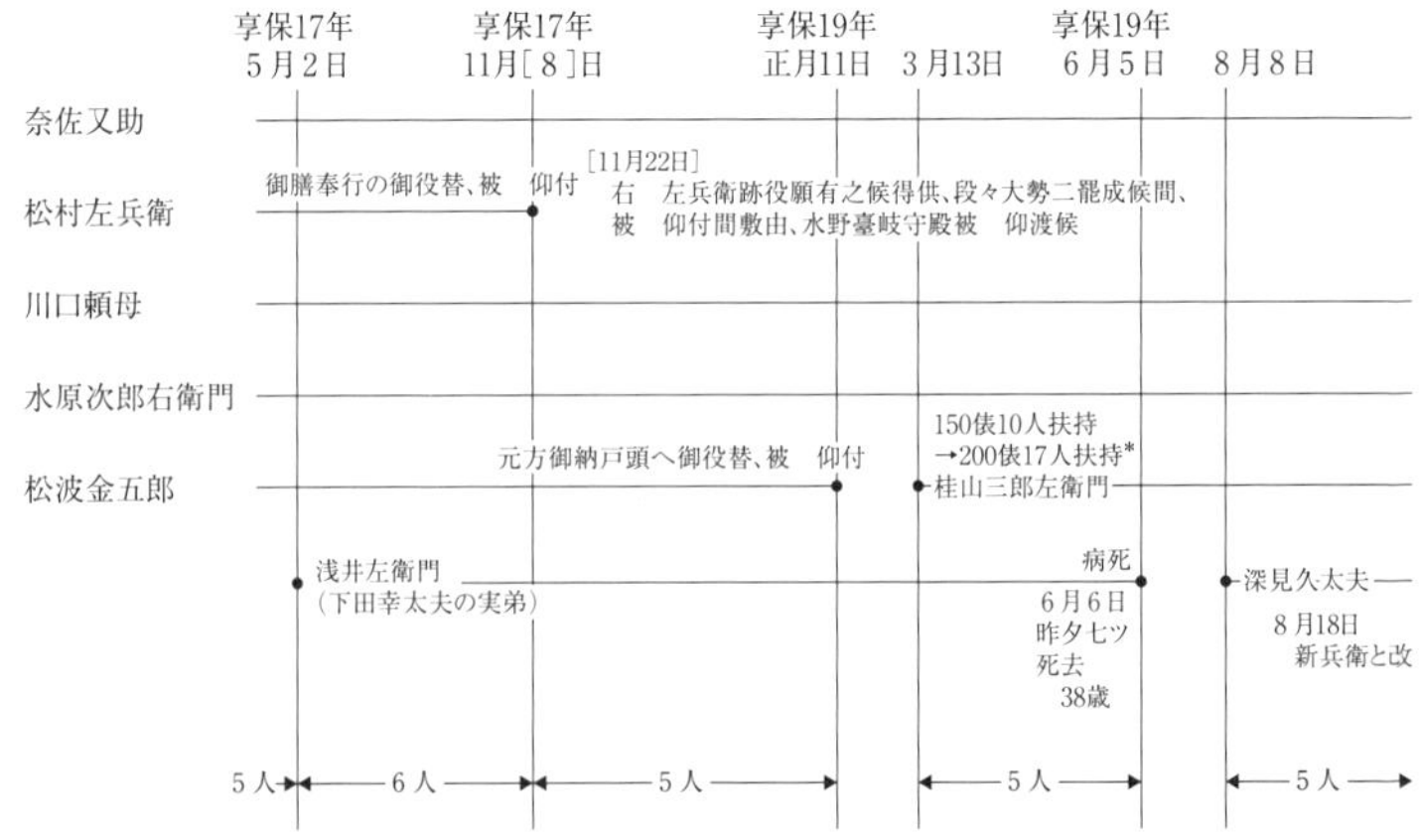

図14　御書物奉行の系譜（抄）1：享保17年–享保19年

＊只今迄、御役扶持十人扶持被下候、是ハ其儘ニ被下置、尤、場所並七人扶持も此度被下置候由、御書付を以、被仰渡候。

実際は、六人体制だったのは、享保十七年五月二日から松村左兵衛が御膳奉行へ御役替を仰せ付けられた享保十七年十一月八日までである。享保十七年十一月二十二日の条に「松村左兵衛跡役之義、同役段〻大勢ニ罷成候間、左兵衛跡役被　仰付間敷由被仰渡候、依之、先達而差出候願書御返し候」（松村左兵衛跡役の義、同役段々大勢に罷り成り候あいだ、左兵衛跡役仰せ付けられまじき由、仰せ渡され候。これに依って、先達て差し出し候願書御返し候）と、御書物奉行の職が大人数になってきたので、左兵衛の跡役は任命しないと仰せ渡され、後任の願書は返されたとのことである。そして、享保十九年（一七三四）六月六日に三十八歳で病死した浅井左衛門の跡には、同年八月八日に深見久大夫が仰せ付けられる。享保十九年八月九日の条に「昨日、深見久大夫御書物奉行被　仰付候旨、昨晩、壱岐守殿ゟ被仰下候」（昨日、深見久大夫御書物奉行仰せ付けられ候旨、昨晩、壱岐守殿より仰せ下され候）とある。深見久大夫は八月十八日に改名して、深見新兵衛と名乗る。六人目として任命された浅井左衛門の跡に御書物奉行が任命されなかったのではなく、松村左兵衛の跡に人事がなされなかったのである。記録の内容と事実がくい違っていた一つの事例である。

しかし、天明八年（一七八八）九月十六日の条の記録では、人事記録を正確に把握していることがわかる。奥祐筆組頭から御書物奉行の人数についての問い合わせがあり、その回答の写しが記録されている。回答内容は、享保二年七月より享保八年十一月まで四人、享保十七年五月より十一月まで六人で勤めていたこと、享保年中は詰番はなかったこと、享保二十年より詰番を五人で勤め、その後増減はなかったことが記されている。

享保二十年正月元日から詰番制度が導入されたことは、第一部第二章で前述しているが、寛政七年(一七九五)十月二日の条では、「同役詰番一人・加番一人つヽ、罷出可申旨摂津守殿ぇ伺書」を提出し、即刻伺いのとおりにしてよい旨の回答があり、「以来同役共、詰番一人・加番一人、日々罷り出で申すべき旨仰せ渡され、承知奉り候」と記録されていることから、寛政七年十月二日より詰番と加番の二人体制になったことがわかる。

寛政七年(一七九五)六月頃までは、交代のための空白期間(一ヶ月前後)はあるが御書物奉行は五人体制で続いてきたが、寛政八年ごろから入れ替わりが激しくなり、四人体制になっていく。寛政八年三月二十三日に荻生小三郎が病気のため辞職を願い、小普請入りを許されてから四人となる。寛政八年七月十九日の条には、「同役四人に成候段、被仰渡候事」(同役四人に成り候段、仰せ渡され候事)とのことで、「まつ此度は被仰付間敷事」(まずこのたびは仰せ付けられまじきこと)との書付を受け取っており、後任人事がなされなかったことがわかる。寛政九年四月十五日から三人、寛政九年六月五日から四人、文化元年(一八〇四)七月十八日から五人、文化三年正月二十一日に成嶋仙蔵が西丸奥儒者に移ってから四人に落ち着く。もともと成嶋仙蔵は大御番格奥詰と併任しており、御書物奉行を専任していたわけではない。

文化十一年(一八一四)二月三日から十二月二十六日まで五人に増える。ただ、増えたといっても、文化十一年二月三日から任命された高橋作左衛門(景保)は天文方と兼任であった。なお、高橋はのちにおこる文政十一年(一八二九)のシーボルト事件で捕らえられ、御書物奉行を免ぜられている。

文化十一年（一八一四）十二月二十六日に野田彦之進が幕奉行に移ったことにより、四人体制になる。文化十二年六月二十三日から七月二十三日までの間は、藤井佐左衛門が病のため辞職し、後任の夏目勇次郎が赴任するまでで、三人体制となる。文政二年（一八一九）二月三日に近藤重蔵が大坂御弓矢奉行を拝命して栄転するまでは、四人体制が続く。

近藤重蔵の後任は、御書物同心が五人増員されることで相殺され、御書物奉行の補充はおこなわれなかった。御書物奉行は三人体制になってしまう。「御文庫始末記」（元治増補御書籍目録）の弘化五年三月七日の条に「御書物奉行ノ員、文政二年ノ例ヲ以テ三人ノ定員トシ、ソノ他ニ　命セラル、者アレハ員外トスヘキ旨、若年寄遠藤但馬守達ス」とある。員外の区別はあったのか解明することは今後の課題である。文政二年（一八一九）閏四月十日の日記には次のような記録がある。

文政二年閏四月十日の条

一近江守殿御書付を以被仰渡候。近藤重蔵跡役被　仰付間敷事、幷御番同心

増人五人被　仰付候左之通。

近藤重蔵跡役之義、先此度者被　仰付間敷候事。

大御番頭
水野遠江守同心

根岸忠太
御持頭
坪内玄蕃頭同心
海賀善四郎
火消役
戸田内蔵助組同心
長岡進蔵
御先手
進鬼太郎組同心
市野金司
小普請組
松平内匠頭組
白井民五郎

右、御書物同心増人申渡候。尤向〻へ可被談候。
右ニ付、同役中者出板を以相達、明朝於拙宅受取可申段、世話役中へも申渡度候。

御書物同心に根岸忠太、海賀善四郎、長岡進蔵、市野金司、白井民五郎の五人が配属、任用されたことがわかる。

「近江守殿御書付を以って仰せ渡され候。近藤重蔵跡役仰せ付けられまじきこと、ならび御番同心増人五人仰せ付けられ候、左の通り」とあり、この場合の間敷《まじき》は打消の意志を表す助動詞「まじ」の連用形であり、近藤重蔵の後任は任命しないこと、御書物同心の増員五名を任命されたことがわかる。「近藤重蔵跡役之義、先此度者被　仰付間敷候事」（近藤重蔵跡役の義、まずこの度は仰せ付けられまじく候こと）そして「右、御書物同心増人申渡候。尤向ミへ可被談候」（右、御書物同心増人申し渡し候。もっとも向向《むきむき》へ談ぜらるべく候）と周囲へ話すよう命じられたので、同役である御書物奉行中へは、出板（回板か）をもって連絡し、明朝、拙宅で出板を受け取って、世話役中へも申し渡したいと思いますと述べている。裏を返せば、明朝までに、文書を返してください。世話役を拙者宅へ呼んでこのことを申し渡したいと思ってますので、ということであろう。

以降、御書物奉行は二人、三人を繰り返し、天保十二年（一八四一）十二月五日以降、小林半右衛門の着任から四人体制に戻り、渋川六蔵（敬直）が天文方見習いから御書物奉行として着任する天保十三年十月十六日以降、五人体制に復活する。しかし、渋川六蔵が政治的闘争に巻き込まれ、老中水野忠邦の失脚にともない、弘化二年（一八四五）三月十六日に「罪ありて免職」となり、弘化二年十月に豊後臼杵藩へお預けになる。それ以降は四人体制になる。嘉永元年（一八四八）三月九日から嘉永三年三月二日までの三年間は五人体制で落ち着くが、嘉永三年三月二日に黒野源太左衛門が老衰のため免職になって以降、嘉永三年から嘉永五年までは、嘉永元年三月九日に赴任した佐山源右衛門以外は異動が続き、非常に不安定な状態が続く。嘉永三年四月八日以降嘉永四年八月十四日まで、三人体制と二人体制を繰り返す。嘉永五年（一八五二）七月八日以降は四人体制が続くが、安政四年（一八五七）以降、入れ替わりが激しくなる。例えば、安政五年七月九日から安政六年九月十日まで御書物奉行を勤めた平山兼二郎（敬忠）は、外交問題で活躍した人物であり、安政元年に堀織部正に従って蝦夷地を巡察、同じ年のペリー再来航の対応と功績は大きかったが、安政五年からおこった安政の大獄で、御書物奉行をしていたが、失脚させられた。そのあと文久二年箱館奉行支配組頭勤方、文久三年組頭となり、慶応二年（一八六六）外国奉行に任じ、慶応三年若年寄になった人物である。安政五年七月九日に賄頭格徒目付から御書物奉行になり、安政六年九月十日には免職となる。国立公文書館に平山兼二郎の経歴の断片の文書があったので、一つの史料として紹介しておく。

「御書物奉行平山謙二郎安政六未年十月以来閲歴書抜」（請求番号　多025795）

書抜

安政六未

十月

御役御免　御書物奉行
小普請入　平山謙二郎

差扣

百五日め御免

思召有之ニ付

同年
十二月
同人
甲府勝手小普請入被
仰付之

文久二戌
九月
同人
被　召返、当地小普請入
被　仰付之

同年
十二月
同人
箱館奉行支配組頭勤方
被　仰付之

安政六年（一八五九）の日記は残っていないので、日記からたどることはできないが、御役御免となり、小普請入も許されず、百五日目に甲府へ左遷されているという状況からも、かなり厳しい処遇がなされたことがわかる。安政六年十二月から文久二年（一八六二）九月までの三年弱を甲府で過ごし、山流しの冷遇生活の後に江戸に返され、文久二年（一八六二）十二月には函館へ転勤を命じられている。平山はその後、若年寄まで昇進を果たすが、長い人生にはいろいろな時期があり、努力を怠らないことが大切だと感じさせてくれる事例の一つである。

安政四年（一八五七）から文久二年（一八六二）まで、御書物奉行数の増減が激しく、数ヶ月ではあるが（図15）、七人に膨れあがることもあった。増減が激しくなる要因の一つとして、一部の御書物奉行の任期が非常に短いことが特徴としてあげられる。文久二年閏八月以降は、ほぼ四人で落ち着き、最後は慶応二年（一

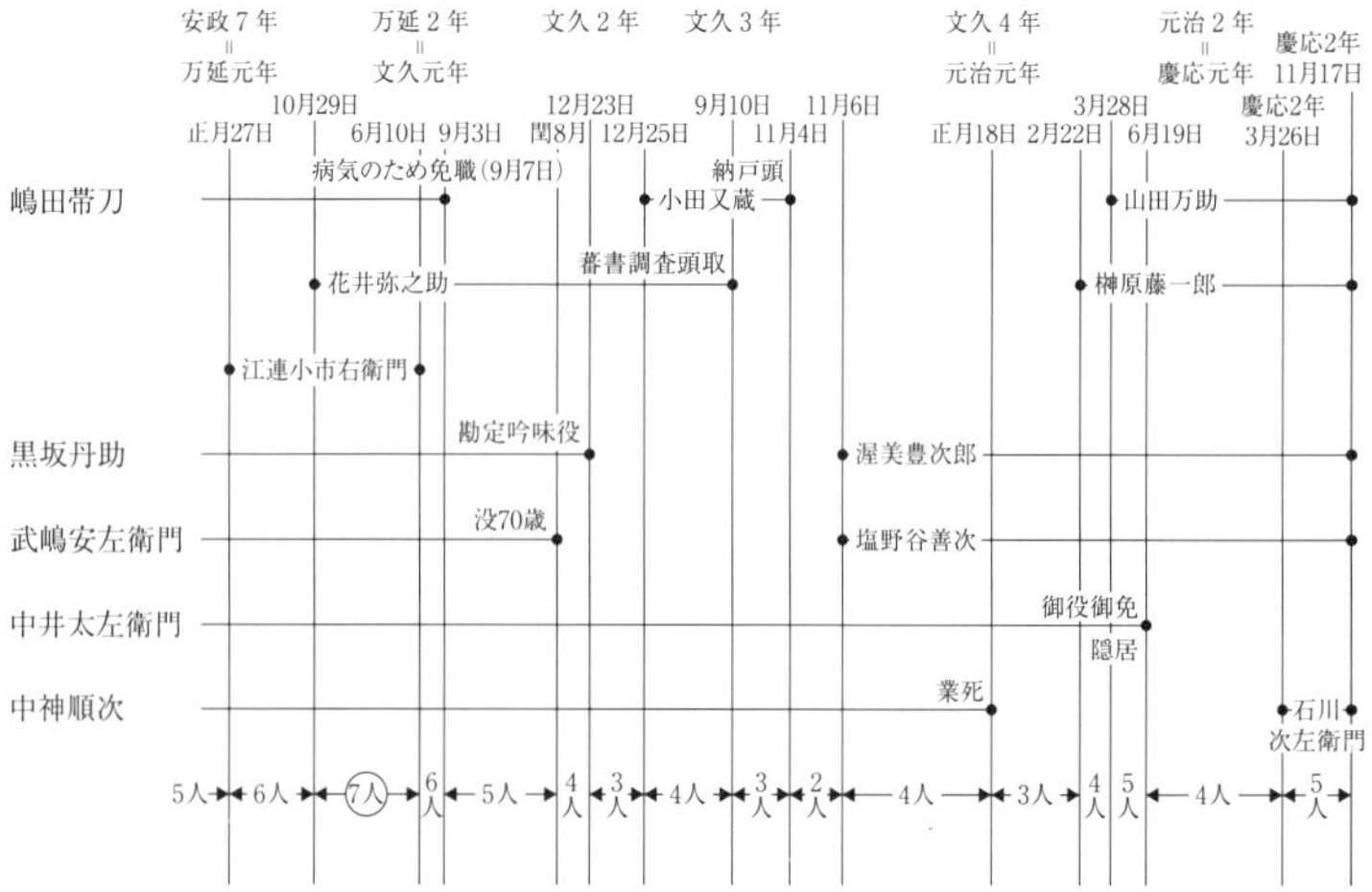

図15-２　御書物奉行の系譜（抄）２：安政２年–慶応２年②

八六六）三月二十一日に石川次左衛門が任命され、慶応二年十一月十七日に、渥美豊次郎、塩野谷善次、榊原藤一郎、山田万助、石川次左衛門の五名で最後を迎える。

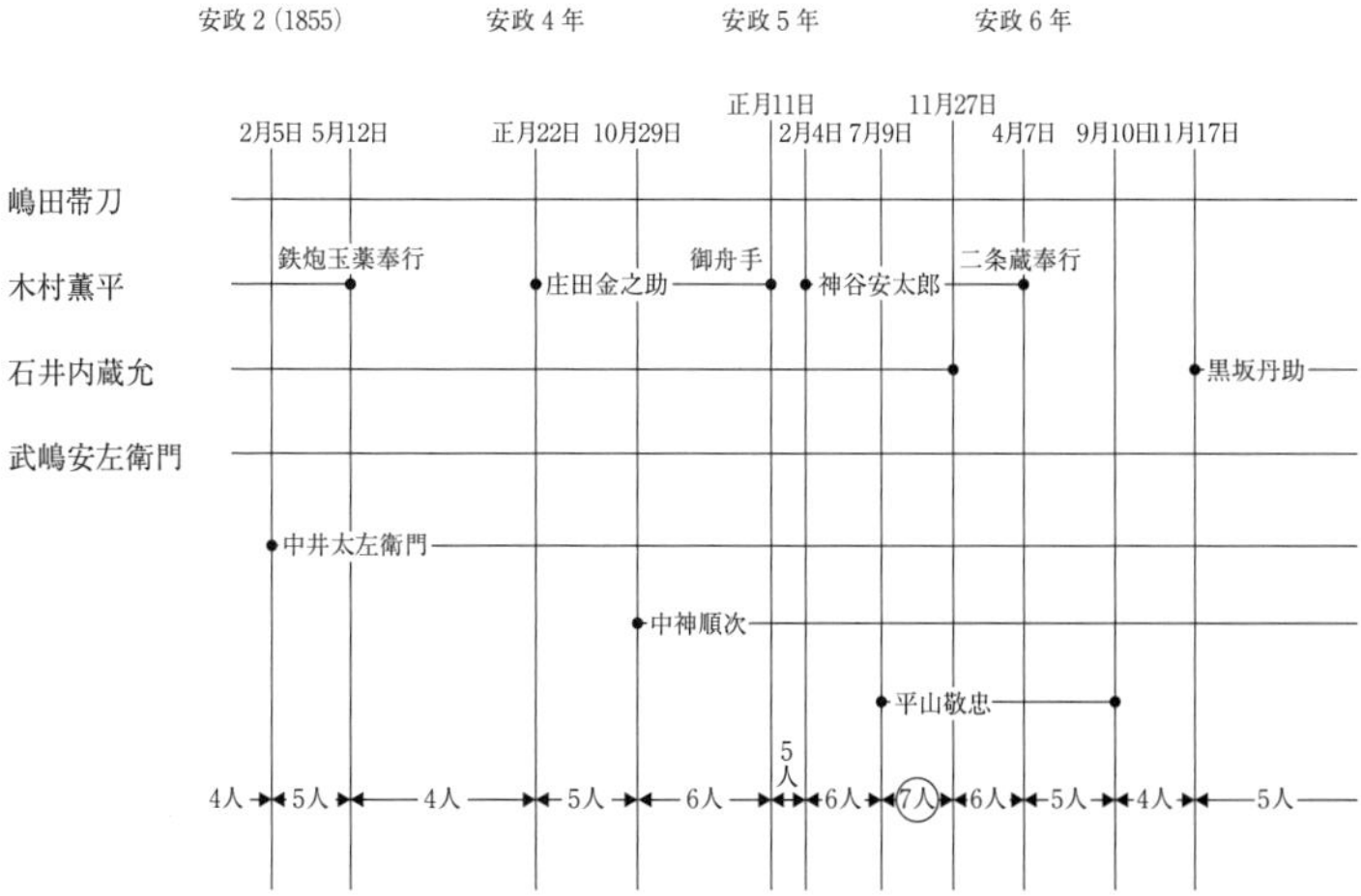

図15-1　御書物奉行の系譜（抄）2：安政2年-慶応2年①

コラム　弘化元年（一八四四）三月二十九日は成立するのか

新藤透著『図書館と江戸時代の人びと』表2-1についての疑義

『図書館と江戸時代の人びと』に載せられている表2-1は、森潤三郎『紅葉山文庫と書物奉行』二二七～二四六頁をもとに作成したときちんと明示されている。「横のものを縦にする」ならぬ「縦のものを縦にする」ことも、わかりやすくする、新しい視座で再構成するなど意味のあることである。しかし、誤りを再生産する、あるいは先人の成果物を転記するだけ、そんな研究姿勢が当たり前になっていくのは如何なものかと思う。論文数や著作数だけが求められ、その質を評価されない、そんな昨今の大学に所属する研究者の事情を考えると憂いが生じる。文系の緻密かつ実直な研究姿勢は、生産性が悪く、内容は実学とは程遠く、理系の研究と違い社会への寄与・貢献度は低く、生き残るためにパフォーマンスばかりが要求される。時代の流れに敏感で真面目な研究者は要求に応えるべく、論文や著作の増産に励む。何が後世に残るのか。吉宗は、校訂という検証作業ののち、著作を成立させると、誤りが書かれていた書物は焼き捨てた。誤りが再生産されることを嫌ったからである。それは、労力をかけて校訂した作業が無に帰すと考えたからである。

この表の中で、縦のものを縦にして、誤りを生産したパターンとして、次のようなものがある。これらは単なるケアレスミスであるので、訂正すればよいだけである。例えば、3の三雲内記成賢は在職期間が寛永十年（一六三三）から延宝二年（一六七四）九月二十六日であるから、在職年数は四十一年のところ、二十八年となっている。この手の計算ミスがこの表にはいくつかある。他に単なる計算ミス以外に、値変換によるミスとして、48の荻生小三郎義堅の事例が挙げられる。在職期間の表示で天明六年は一七八六であるところを、一七七七と誤表記したために、在職期間が十年のところを十九年と記述してしまっている。これら誤りが多数あるデータで分析した御書物奉行の在任期間についての記述は正しいのだろうか。

縦のものを縦にして誤りを再生産したパターンとして、例えば、17の松田金兵衛長治の俸禄があげられる。二百俵なのだが、二百石と記述している。確かに森潤三郎『紅葉山文庫と書物奉行』の二二八頁には二百石と書かれているが、他の史料や同書二八九頁の「寛政重修諸家譜」の引用を確認すれば、二百俵と訂正できる。実直に史料に向き合えば俸禄の単位の誤りや高の誤りなどいくつか訂正ができるし、空欄を埋めることも可能となる。38土田清助貞仍の在職期間の終年であるが、安永五年（一七七六）十二月二十九日と記述されている。確かに森潤三郎『紅葉山文庫と書物奉行』の二三八頁には、「安永五、十二、二十九、奉行土田清助貞仍に死す年七十二」とある。だが、他の史料や同書三五九頁の「寛政重修諸家譜」の引用「安永六年二月三日老をつげて務を辞す。このとき黄金二枚たまふ。二十一日死す。年七十一」を確認すれば訂正可能であるし、もちろん日記を読めば、安永六年正月二十九日の条に、土田清助の「御役御免願書」や「御褒美願」が出されており、二月三日に小普請入りしていることが確認できる。同じような在職期間の年月日の誤りが他にも見られる。

東京大学史料編纂所の「幕府書物方日記　略解題」（東京大学史料編纂所、一九六四）に、森潤三郎は「此の記録に気づかなかったやうなありさまで、近代の学界でその全般を駆使したものはまだ無いのである」とあることも考慮して、森潤三郎『紅葉山文庫と書物奉行』という資料を扱う必要があると考える。

このほか、土田清助の後任として野尻助四郎が御書物奉行に任命されるのだが、この表では俸禄が三十俵二人扶持と記述されている。表を作成する俸禄の基準をどのように考えるかという設定がないことから、様々な基準のデータが混在した表を作成してしまっている。御書物奉行になる前の俸禄なのか、なった時点での俸禄なのか、御書物奉行期間最後の俸禄なのかで違いが生じる。安永六年二月十日の条に記されている野尻助四郎高保の値をみると、高二百俵、うち足高百五十俵、ほかに役扶持七人扶持がついている。御書物奉行になった時点での俸禄は高二百俵七人扶持である。逆に、37徳力藤八郎良弼には二百俵という御書物奉行になった時点でのデータが記されている。実際は、百五十俵だったが、足高がつき御書物奉行になった時点で二百俵になった。15浅井半右衛門清盈には百俵五人扶持というデータが記されている。浅井は御書物奉行になる前、なった時点では俸禄百俵五人扶持であったが、のちに足高百俵と役扶持七人扶持が足されている。40青木文蔵敦書には百五十俵というデータしか記されていないが、日記では明和四年二月十六日の条には、御書物奉行になる前の俸禄が百五十俵十人扶持だったことが記されており、二月十八日の条には御書物奉行になった時点での俸禄は、高二百俵、内御足高五十俵、外御役扶持七人扶持になったことが記されている。このようにデータを切り取る基準を定めてないと、バラバラなデータが収集されてしまい、分析には適さないデータの集合になる。

最後に、64中山栄太郎利紀の在職期間の終年であるが、弘化元年（一八四四）三月二十九日と記されている。弘化元年（一八四四）三月二十九日は存在するのかという問題である。弘化元年は天保十五年十二月二日（グレゴリオ暦一八四五年一月九日）に改元される。天保十五年（一八四四）三月二十九日と表記すべきではないだろうか。瑣末なことではあるが、弘化元年は十二月二日（グレゴリオ暦一八四五年一月九日）から十二月三十日（グレゴリオ暦一八四五年二月六日）までである。厳密には弘化元年は一八四五年となる。

引用ではなく「縦のものを縦にする」ことも十分意味はある。ただし、欠けているデータを調査して補う、あるいは誤りを訂正する、新たな視点でデータを切り出すといった姿勢こそが必要ではないだろうか。

御書物同心人事

日記の記述から、御書物同心のことはどこまで分かるか。最初の事例は、押野理（利）右衛門の拝領屋敷でおこった事件である。押野理（利）右衛門は、宝永五年（一七〇八）三月に病気の父に代わって同心となり、享保十一年（一七二六）に御暇を下された。父押野利右衛門は、元禄十一年（一六九八）正月二十八日に吉田浅右衛門のあとのポストに上水同心より御入人として御書物同心となった。譜代であったので、倅である理（利）右衛門に同心ポストと三〇俵二人扶持の俸禄の相続が許された。

享保十一年四月二十二日の条

一　押野理右衛門屋敷借置申候二丸伊賀者重地喜右衛門・徳田甚兵衛与申者御座候。然所ニ、昨二十一日、甚兵衛儀、喜右衛門父喜八郎と申者隠居仕喜右衛門一所ニ住宅候処ヘ踏込、右喜八郎ニ切付候故、喜八郎義、甚兵衛ヲ打留申候由、其節理右衛門義ハ他出仕、其場之様子委細不存候由、以書付昨晩理右衛門申聞候ニ付、今日佐渡守殿ヘ御届申上候。

一　押野理右衛門屋敷借り置き申し候二丸伊賀者重地喜右衛門・徳田甚兵衛と申すもの御座候。しかるところに、昨二十一日、甚兵衛儀、喜右衛門父喜八郎と申すもの隠居つかまつり喜右衛門一所に住宅候ところへ踏み込み、右喜八郎に切り付け候ゆえ、喜八郎義、甚兵衛を打ち留め申し候由、其の節理右衛門義は他出《たしゅつ》つかまつり、其の場の様子委細存ぜず候由、書付をもって昨晩理右衛門より申し聞け候につき、今日佐渡守殿へ御届け申し上げ候。

押野理右衛門の屋敷に二の丸の伊賀者である重地喜右衛門・徳田甚兵衛というものが住んでいた。重地喜右衛門の住宅には隠居した父喜八郎も一緒に住んでいたところ、徳田甚兵衛が踏み込み、父喜八郎に切りつけてきたので、父喜八郎は打ち留めたらしい。押野理右衛門からは、その時は他へ出かけていたので、その場の様子を詳しくは知らないことを書付で報告をしたので、今日、大久保佐渡守へ届け出たことが記録されている。

屋敷の一部に、他人を住まわしていたことがわかる。同心は拝領屋敷の土地の一画を貸し、その賃料を俸禄以外の収入源にしていた。日記にも、貸すこと借りることの記録が散見する。

享保十一年四月二十六日の条

一　押野理右衛門屋敷地借ﾘ徳田甚兵衛死骸親類江可相渡旨、御広敷番頭磯貝宇右衛門・石野源右衛門申渡、死骸引渡候。家財之義ハ御沙汰無之由、宮寺五兵衛ヲ以申聞候。

一　押野理右衛門屋敷地借り徳田甚兵衛死骸、親類へ相渡すべき旨、御広敷番頭磯貝宇右衛門・石野源右衛門申し渡し、死骸引渡し候。家財の義は御沙汰これなき由、宮寺五兵衛をもって申し聞け候。

押野理右衛門屋敷の土地を借りていた徳田甚兵衛の死骸は、親類へ渡すよう、御広敷番頭の磯貝宇右衛門・石野源右衛門が申渡し、死骸が引き渡され、家財については御沙汰がなかったことを宮寺五兵衛を介して知らせたことが記録されている。

宮寺五兵衛は御書物同心で、元禄六年（一六九三）から勤めており、三〇俵二人扶持の譜代で、正徳六年（一七一六）十一月十五日に養子願をし、十二月二十二日に許可されている。養子平吉は、享保二十年（一七三五）七月二十七日に病死した宮寺五兵衛の跡式を受け継ぐが、八月四日には小普請入願をし同心の座から退いたようで、その後、このポストは元文二年（一七三七）十二月二十日まで空席となる。

享保十一年（一七二六）時点で同心は十六人になっており、元禄六年（一六九三）から宮寺五兵衛と一緒に勤務していた石渡藤左衛門も享保九年六月に病死しており、そのあとを養子が石渡藤左衛門としてポストを引き継いでいた。この享保十一年の時点では、宮寺五兵衛は一番古参であり、同心の御世話役を務めていたのではないかと考えられる。

石渡藤左衛門は譜代であったので、同心の職は相続されている。例えば、享保九年六月に相続した養子の石渡藤左衛門は、享保十七年（一七三二）三月二十五日に亡くなる。翌二十六日に養子願が提出され、翌二十七日に「定式之忌服」を受け取るよう養子になる予定の三浦新左衛門に申し渡しがあり、四月三日に養子の許可がおり、閏五月四日に同心職を引き継ぐことになる。

享保十一年五月八日の条

一　昨日本伊予守殿ゟ被仰下、理右衛門儀大岡越前守役所へ指出候処、被留置候。

一　本伊予守殿江、理右衛門儀大岡越前守宅ニ被留置候旨御届之書付、幸伯ヲ以差出之。

但、昨晩、同心衆四人差添罷越候也。

一　昨日、本［多］伊予守殿より仰せ下され、押野理右衛門儀、大岡越前守役所へさし出し候ところ、留め置かれ候。

一　本［多］伊予守殿へ理右衛門儀、大岡越前守宅に留め置かれ候旨御届の書付、幸伯をもってこれを差し出す。

ただし、昨晩、同心衆四人差し添え罷り越し候なり。

本多伊予守の指示で、押野理右衛門は、大岡越前守の南町奉行所に出頭したところ、拘留されたことがわかる。昨晩は同心たち四人を付き添わせたことなどがわかる。御書物奉行の上司にあたる若年寄の本多伊予守に拘留されたことを報告している。このように御書物奉行は司書としての業務の他に、重要な業務として、上司への報告とお礼参りがある。

享保十一年五月十日の条

一　本伊予守殿ゟ昨日、理右衛門母御尋之義在之ニ付、大岡越前守役所迄可差出旨被仰下、今朝差出候所、御詮議之義相残候ニ付被留置候ニ付、右之御届之ため伊予守御殿宅へ罷越、用人神谷

加兵衛を以書付差出候処、右之旨御聞届被成候由被仰聞候。同心衆三人・理右衛門弟利兵衛差添罷越候也

一　本［多］伊予守殿より、昨日、理右衛門母お尋ねの義これあるにつき、大岡越前守役所まで差し出すべき旨仰せくだされ、今朝差し出し候ところ、御詮議の義相残り候につき、留め置かれ候につき、右のお届けのため、伊予守御殿宅へまかりこし、用心神谷加兵衛をもって書付を差し出し候ところ、右の旨お聞き届けなされ候由、仰せ聞けられ候。同心衆三人・理右衛門弟利兵衛差し添え罷り越し候なり。

今朝、押野利右衛門の母たねも事情聴取のため、同心三人と理右衛門の弟利兵衛が付き添い、大岡越前守の役所へ差し出したところ、一日では終わらず、理右衛門の母も留め置かれることになった。

享保十一年五月十二日の条

一　本伊予守殿ゟ、押野理右衛門倅押野喜太郎明十三日朝五時大岡越前守役所江組之者相添可差出之旨、被仰下候ニ付、早速同心中江申渡シ、明朝両人差添可罷越候。喜太郎儀麻上下着用罷出可申旨、両人之同心中ヘ相達候様ニ、委細ニ申達之。

一　右伊予守殿御手紙幷御別紙、早速又助江為持遣ス。則返書来ル。

一　喜太郎儀越前殿ヘ罷出有無之義、又助殿江相届ケ候様ニと、申渡之。

一　本［多］伊予守殿より、押野理右衛門倅押野喜太郎明日十三日朝五時大岡越前守役所へ組の者相添えこれを

差し出すべき旨、仰せ下され候につき、早速同心中へ申し渡し、明朝両人差し添え罷り越すべく候。喜太郎儀、麻かみしも着用罷り出で申すべき旨、両人の同心中へ相達し候ように、委細にこれを申し達す。

一　右伊予守殿御手紙ならび御別紙、早速、又助へ持たせ遣わす。則ち返書来たる。

一　喜太郎儀、越前殿へ罷り出で有る無しの義、又助殿へ相届け候ようにと、これを申し渡す。

押田理右衛門の倅喜太郎までもが、南町奉行所へ組の者付き添いの上での出頭を命じられる。この命令に応じて、御書物奉行から同心中へ、明日二人付き添い出頭する様に指示が出た。また、倅押野喜太郎は麻かみしもの礼装のいでたちで出頭すべき旨を明日付き添う二人の同心へ伝える様に、詳しく伝達したことがわかる。そして、五月の月番である御書物奉行奈佐又助は出勤していなかったので奈佐又助へ連絡すべく、本多伊予守から届いた手紙と別紙を持って行かせる。すぐに、奈佐又助から返書が届く。喜多郎の出頭の件で、喜太郎が南町奉行所へ出頭したかどうかを奈佐又助殿へ報告する様にと、同心二人へ申し渡した。

朝五時というのは、不定時法であったので五月ごろであれば、おおよそ午前八時前後であろう。日の出が明六つ、日の入が暮六つ、日の出から日の入までを六等分し、順番に朝五つ、朝四つ、昼九つ、昼八つ、昼七つ、暮六つと呼ぶ。夜も暮六つから、夜五つ、夜四つ、暁九

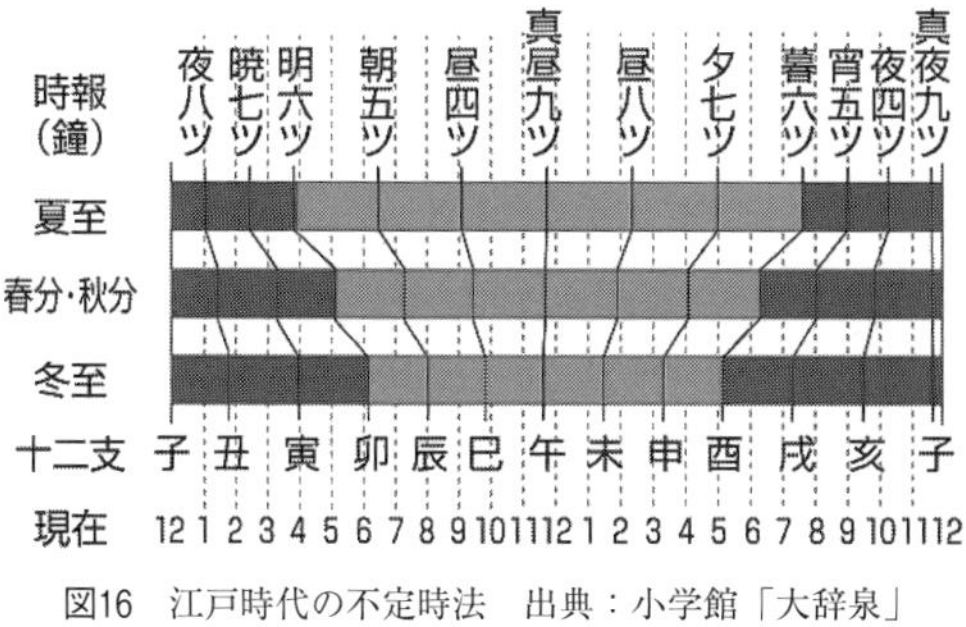

図16　江戸時代の不定時法　出典：小学館「大辞泉」

つ、暁八つ、暁七つ、明六つとなる。享保十四年閏九月二十四日の条の記録ではあるが、「同心衆江申遣、明五時御書物蔵江被出候様ニ申遣候」（同心衆へ申し遣わし、明五時御書物蔵へいでられ候ように申し遣わし候）と同心達へ朝五時に出勤するよう伝えていることから、朝五時というのは、当時の一般的な時間設定だったと考えられる。

享保十一年五月十四日の条

一　一昨日伊予守殿ゟ被仰下候通、理右衛門倅喜太郎儀大岡越前守役所まて同心中両人相添昨朝差出候所、御詮議之上被相返候。依之、本伊予守殿江例之通書付を以御届申上候。尤、其旨御聞届被成候よし、用人被申聞之候。但、昨朝喜太郎義越前守役所へ差出し候ニ付、即日七時、伊予守殿へ右御届申上候。

一　一昨日伊予守殿より仰せくだされ候とおり、理右衛門倅喜太郎儀大岡越前守役所まで同心中両人相い添い昨朝差し出し候ところ、御詮議の上相返され候。これにより、本［多］伊予守殿へ例のとおり書付をもって御届申し上げ候。尤《もっとも》、其の旨御聞届け成《なさ》れ候よし、用人これを申し聞けられ候。ただし、昨朝喜太郎義越前守役所へ差し出し候につき、即日七時、伊予守殿へ右御届け申し上げ候。

五月十三日には倅喜太郎にも事情聴取がなされ、留め置かれることなく返されたことがわかる。十三日の日記の記載はなく、十四日には、月当番の奈佐又助のほか浅井半右衛門、下田幸大夫、松村左兵衛が勤務している。十三日出勤した御書物奉行が本多伊予守に報告をしたのであろう。十三日の取り調べは七時（現在の十六時ごろ）には終わっていたと考えられる。

享保十一年五月十五日の条

一　大岡越前守殿於　御城被申聞候ハ、押野理右衛門母明晩可差戻間、右之為迎可請取差起候様ニ被申聞ニ付、其旨相心得候段挨拶仕候。則於御蔵右之旨同心中江申達候。

大岡越前守殿　御城に於いて申し聞けられ候は、押野理右衛門母、明晩これ差し戻すべきあいだ、右のため迎え請け取るべく差し起こし候様に申し聞けらるにつき、その旨、相心得候段挨拶つかまつり候。則ち、御蔵に於いて右の旨、同心中へ申し達し候。

押野理右衛門母たねは七日間の拘束ののち、五月十六日の日暮れに帰されたことがわかる。一人で返すのではなく、引き取り人に受けわたすということもわかる。押野理右衛門は未だ拘束されたままである。

コラム　近世期における「被申聞候」の読みぐせについて

「原文には、読み下し文か訳文を必ずつけてください」との出版社の要望で、本書では読み下し文をつけたのだが、周りからは止められた。何故ならば、近世の読みぐせというものがあり、ある意味、それはそれで正しいのだが、一般的には受け入れられず、絶対、クレームの手紙が殺到して対処しきれず、心が折れるとの心配と配慮からであった。

今回、「被申聞候」に対し、「もうしきけられそうろう」と読み下しをつけたのだが、「きけられ」という部分に間違っていると思われる人が続出すると予想される。

一般的に、「被」のつく文章は、次のように読み下しされる。

被申越候　もうしこされそうろう　被仰付候　おおせつけられそうろう
被仰出候　おおせいだされそうろう　被仰進候　おおせすすめられそうろう
被仰渡候　おおせわたされそうろう　被思召候　おぼしめされそうろう

当然、

被申聞候　もうしきかされそうろう

であって、「被申聞候」は「もうしきけられそうろう」ではないというお叱りを受けるであろう。タイムマシーンに乗って江戸時代に行き、当時の人々に書き言葉を読んでもらえれば、「きけられ」という読み方もあり得ると証明できるだろうが、無理な話である。そこで、理解を得るには徳富猪一郎著『近世日本国民史』を事例にして、「もうしきけられそうろう」という読み下しもあり得るということを、提示するしか方法はないであろうとさる方からご教示いただいた。

徳富蘇峰（号、本名 猪一郎）は、文久三年一月二十五日（一八六三年三月十四日）生まれであり、現在の我々よりも江戸の香りが残っている時代を生きた人であり、総ルビの書籍は江戸の香を知っている人々の手により、校正・校閲がなされているはずである。「聞けられ」という表現を少し採取してみた。左のとおりである。

事例1 被申聞候（もうしきけられそうろう）

① 得《とく》と被ニ申聞一候《まをしきけられさふらふ》。

② 被ニ申聞一《まをしきけられ》候《さふらふ》段《だん》、

③ 則《すなはち》小督《こごう》被ニ出逢一《いであはれ》又々《また〳〵》被ニ申聞一候《まをしきけられさふらふ》は、

④ ：兩人《りやうにん》申云《まをしていふ》、此間《このあひだ》竹内式部《たけのうちしきぶ》事《こと》被ニ申聞一《まをしきけられ》

⑤ 被ニ申聞一《まをしきけられ》

⑥ 以二一封一可レ被二申聞一《いつぷうをもつてまをしきけらるべく》

⑦ 一事《じ》も申聞《まをしきけ》候《さふらふ》事《こと》

⑧ 申聞《まをしきけ》候《さふらふ》事《こと》、

事例2　被仰聞候（おおせきけられそうろう）

⑨ 被二仰聞一候《おほせきけられさふらふ》上《うへ》にて、

⑩ 被二仰聞一候《おほせきけられさふらふ》上《うへ》、

⑪ 必《かならず》女院《にようゐん》へ申上間敷旨被二仰聞一候條《まをしあげまじきむねおほせきけられさふらふでう》、

⑫ 其節可レ被二仰聞一旨《そのせつおほせきけらるゝにきむね》

⑬ 付可レ然思召候由被二仰聞一《つけしかるべくおぼしめしさふらふよしおほせきけられ》

⑭ 被二仰聞一條如レ左《おほせきけらるゝでうさのごとし》。

事例3　被示聞候（しめしきけられそうろう）

⑮ 委《くはしく》被二示聞一候様《しめしきけられさふらふやう》

⑯ 尚又堂上え立入宜時節《なほまたたうじやうたちいりよろしきじせつ》被二示聞一候様《しめしきけられさふらふやう》

⑰
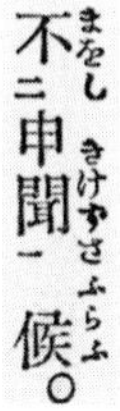
不ニ申《まをし》聞《きけず》一候《さふらふ》。

この件に関しては反論も多いと思われるが、「もうしきけられそうろう」を採用したのは、『近世日本国民史』の事例を参考に、近世の読みぐせと解釈したからである。

最後の事例⑰「不申聞候」は、非常にわかりやすい例だと思われる。「聞く」の打ち消しなので、カ行四段活用の「聞く」（か・き・く・く・け・け）は「きかず」となるはずである。しかしこの事例では「きけず」である。話し言葉は、生き物である。文法的に正しい音と実際の音は少々食い違っている。文法的には「きかずじまい」が正しいのであろうが、「きけずじまい」とも言う（関西人だけか？）。現代においてら抜き言葉があるように、具体的には「食べられない」から「食べれない」が発生しているように、「きかず」が「きけず」、「きかされ」が「きけられ」と時代による癖が出ていると考える。

この問題は、もう少し慎重に検討し、改めて考える必要がある。今後の課題としたい。文法的な正しさを求めるのか、時代や生きた人々を大切にするのか難しいところである。変化するということは、後者を大切に考えることだと思う。

享保十一年八月十四日の条

一　同心衆之内病人多、御蔵と四谷トへ罷出候人数不足ニ候ニ付、四谷へ罷越候衆之内より一人充御蔵江罷出候様ニ申渡候。依之、経師呼出シ候而ハ間ニ合不申候故、明日ゟ経師此方案内迄ハ不罷出候様ニ申遣候。

一　同心衆のうち病人多く、御蔵と四谷とへ罷り出で候人数不足に候につき、四谷へまかりこし候衆の内より一人ずつ御蔵へ罷り出で候様に申し渡し候。これにより、経師呼び出し候ては、間に合い申さず候故、明日より経師この方案内までは罷り出でず候様に申し遣わし候。

この記録は一見、見落としてしまいそうであるが、非常に興味深い内容である。一つは、同心に病気の者が多くなり、従来のローテーションに支障をきたしはじめていること、二つには、四谷にある押野理右衛門の拝領屋敷へ同心を複数派遣していることである。享保十一年八月の時点では、同心は十六人だが、押野理右衛門が拘束されており、実質十五人である。現代の感覚では、毎日十五人が全員、会所へ出勤するのが当然のように思われるが、当時は当番制になっており、基本は当番の日に勤務していた。時には惣出といって全員出勤や助といって休みの者の代わりに出勤することもあった。

享保十一年十一月十八日の記録を合わせて読むと、四谷へは三人で昼と夜を交代して詰めていたのを、今回二人に変更したことが窺える。このように出勤人数を変更する事例は、日記の中で数回見ることができる。主に御書物同心が風邪で休みが多いためである。

この時期は、曝書《ばくしょ》の時期で、虫干しと合わせて本の修理や本を納めている備品の修理をする。初めの頃は経師を呼んで修理させていたが、時代が下ると御蔵の中に修理する部屋を整備し、修理担当の同心を任命し内部で簡単な修理はおこなっていたようである。

ここでは、同心不足で修理の指示対応をすることができないので、明日からしばらく、書物方から案内するまでは来ないよう経師に連絡していることがわかる。

享保十一年十一月十七日の条

一　押野理右衛門母たね・同倅喜太郎儀、明十八日大岡越前守殿御役所ヘ朝明六ツ半時可差出之旨、越前守殿より切紙幸大夫宅へ来。幸大夫留守ゟ会所へ持参ニ付、何茂披見、返書相認　御殿迄遣候処、退出ニ付、宅江為持遣ス。明日同心四人右両人ニ相添参候様ニ申渡之。

一　四ツ谷ヘ相達候様ニ、幸右衛門遣ス。

一　押野理右衛門母たね・同倅喜太郎儀、明十八日大岡越前守殿御役所へ朝明け六つ半時差し出すべきの旨、越前守殿より切紙幸大夫宅へ来《きた》る。幸大夫留守より会所へ持参につき、いずれも披見、返書相認め　御殿まで遣わし候処、退出につき、宅へ持たせ遣わす。明日同心四人右両人に相添え参り候様にこれを申し渡す。

一　四谷へ相達し候ように幸右衛門遣わす。

押野理右衛門母たね・同倅喜太郎を明日十一月十八日朝明け六つは半に大岡越前守殿御役所すなわち南町奉行所へ差し出すよう書かれた切紙が御書物奉行下田幸大夫の自宅へ来る。

竪紙、折紙、切紙と用紙の使い方も用途に応じて使い分けられる。竪紙は横長にして全紙をそのまま用いる。折紙は横半分に折ってわさを下にして用いる。切紙は全紙を縦に二等分あるいはそれ以下に切り離したもので、半切りは横に二等分して切り離したものである。料紙は奉書紙、鳥の子紙などで、切紙の場合は、これらに杉原紙も使われる。

出頭時間は十一月の明け六つ半なので、八時前ごろであろう。下田幸大夫は自宅に不在だったので、切紙は会所に届く。享保十一年十一月十七日の条の署名には御書物奉行五人の名前が記されていることから、この日、御書物奉行は全員会所へ出勤していたと考えられる。皆が読み、返事をしたため、御殿まで返事を遣わしたところ、大岡越前守は退出されていたので、宅に持たせ届けた。さらに、明日、同心四人が押野理右衛門母たねと同倅喜太郎に付き添い大岡越前守の役所へまいるよう指示をした。

押野利右衛門の拝領地の四谷へ派遣された御書物同心立石幸右衛門は、正徳五年（一七一五）七月二十八日の条に明記され「右之者共、御書物同心御入人ニ罷成」（右の者ども、御書物同心御入人にまかりなる）との記録があることから、正徳五年七月二十八日に御書物同心八人が増員された内の譜代の一人であることがわかる。「御入人」と「御抱入」の表現の差で、譜代であるかそうでないかを表している。立石幸右衛門の俸禄は十八俵一人半扶持であった。

御書物同心数の推移

御書物同心の歴史を見てみると、元禄六年（一六九三）に吉田浅右衛門、鈴木斧右衛門、宮寺五兵衛、石渡藤左衛門の四人が全員三十俵二人扶持で初めて御書物同心として採用された。元禄七年五月に鈴木斧右衛門の乱死の後任にお抱え入れになったのが小沢与四右衛門で三十俵二人扶持、前述したが元禄十一年正月二十八日に吉田浅右衛門の御暇の後に御入人として入ったのが押野利右衛門三十俵二人扶持である。宝永六年（一七〇九）十月に、高橋勘兵衛、疋地治助、小沢又四郎、杉村久左衛門、中山関右衛門が西の丸の御書物同心として編入された。中山関右衛門以外の四人は二十俵二人扶持で、三十俵二人扶持であった中山関右衛門は十月二十九日に中奥帳付に異動する。

彼らはのちも「桜田者」と呼ばれるが、徳川家宣が桜田邸に住んでいた頃から勤務していた者たちを一緒に連れて西の丸へ入ったことによる編入である。

徳川実紀の記述を見てみると、家宣については宝永六年五月朔日の条に「将軍宣下の大礼行はる」とあり、十一月二日の条には「御移徙なり。西城の玄関より裏門蓮池をへたまひ。本城の玄関より入らせたまふ。（略）」とある。そして、正徳二年（一七一二）十月十四日の条に「御病いよ〳〵おもらせられ。遂にこの暁丑刻正寝に薨じたまひぬ。（略）」とある。

宝永六年十一月二日、徳川家宣が西の丸から本丸に入ることにより、西の丸の御書物奉行と御書物同人は紅葉山下御蔵へ吸収される。紅葉山下に従来からあった御蔵が改修され、正徳三年閏五月四日に御蔵が御書物奉行に引き渡され、閏五月十九日に書物は紅葉山下御蔵に移される。この日、奉行の面々は総出仕して受領する。日記には「御書物、桜田より、今日、新御蔵江移ス。御人百二十人・宰領二人、御目付衆より請取」（御書物、桜田より、今日、新御蔵へ移す。御人一二〇人・宰領二人、御目付衆より請け取り）と記録されている。また、正徳三年六月十一日の条に「桜田御蔵之御書物、且又御小納戸ゟ御預ケ被成候御書物御長持、今度紅葉山下御蔵へ移入申候処、下台無御座候。御長持三十分下台、請取申度奉存候、小普請方へ被仰渡可被下候、以上」（桜田御蔵の御書物、且又御小納戸よりお預けなされ候御書物御長持、今度紅葉山下御蔵へ移入申し候ところ、下台御座無く候。御長持三十分下台、請け取り申したく存じ奉り候、小普請方へ仰せ渡されくださるべく候。以上）とある。一般的に御小納戸には将軍が手元に置きたい本が置かれ管理がなされているが、家宣の蔵書はまとめて新御蔵へ預けられたと考えられる。移入した長持ちは三十個であり、一つの長持ちを四人で担いだと想定できる。この記録から、長持ちを直接、床の上に置くのではなく、台の上に置いていたこともわかる。

正徳五年（一七一五）七月二十八日に高橋八兵衛、神谷加兵衛、立石幸右衛門、早川半右衛門、杉山平左衛門、高野治（次）右衛門、和合五左衛門、高橋佐次右衛門の八人が御書物同心に増員された。正徳五年八月日に、早川半右衛門は政右衛門に、和合五左衛門は甚左衛門に改名している。杉山平左衛門・高野治（次）右衛門・神谷加兵衛・高橋八兵衛は二十俵二人扶持、和合甚左衛門・高橋佐次右衛門は十八俵二人扶持、立石幸右衛門・早川政右衛門は十八俵一人半扶持であった。いずれも正徳五年八月五日から見習いとして出勤するが、八月七日の条に次のような記録がある。「新同心、今日迄、何も不残毎日見習ニ罷出候。明日より隔日ニ罷出候様ニ申渡候。依之番組別紙ニ認させ置候。五兵衛儀も近日忌明、可致出勤候間、廻り助ニ及不申候間、片番、五兵衛出日ハ七人ニ組合致候様ニと、申渡候」（新同心、今日まで何《いずれ》も残らず、毎日見習にまかり出で候。明日より隔日に罷り出で候ように申し渡し候。これにより番組別紙にしたためさせおき候。五兵衛儀も近日忌明け、出勤いたすべく候あいだ、廻り助に及び申さず候あいだ、片番、五兵衛出る日は七人に組み合せ致し候ようにと、申し渡し候）とあり、ここからはいくつもの事柄が見出せる。見習い期間は毎日出勤していたこと、この時代は風干しの期間は二交代制で、八人一組で編成されたこと、忌引には「定式之忌服」が定められており、規則に従って休みが取れたこと、もし同心の出勤に休みが生じれば、「廻り助」と言って、助っ人が入るよう調整される場合もあったこと、今回の事例は、片方の組は宮地五兵衛が出勤する日は七人体制で組むように申し渡されている。休みは忌引だけではない。

元禄六年（一六九三）の四人体制から始まり、宝永六年（一七〇九）に八人体制になり、正徳五年（一七一五）に十六人体制になり、しばらく十六人体制で落ち着く。もちろん、定員が十六人なのであり、定員外に見習いが採用されていたり、欠員がなかなか補充されず、実質は十五人、またはそれ以下であったり、会所でのお金紛失事件で時を分けて一部が入れ替わったり、様々である。

福井は「享保十八年（一七三三）三月、同心二名を増員し、宝暦十一年（一七六一）以降、同心は三名ずつ毎日交代で出勤する制に改められた」（福井、一九八〇）と記述している。正確には、定員の増員ではない。十六人体制から十八人体制になったのではなく、欠員が生じて十四名と見習一名（小沢清四郎）

で廻していたところ、二名が補充されたのである。定員は十六名である。また、宝暦十一年から同心三名体制に改められたと述べられているが、それ以前から三人一組で勤務していたことが、日記からうかがえる。

享保十四年（一七二九）八月二十一日に早川政右衛門が病死した。八月十八日の時点で、病気が重篤となり余命短しと判断したのであろう、「跡式願書」を御書物同心神谷加兵衛と高橋八兵衛が御書物奉行松村左兵衛の自宅へ遣わしている。早川政右衛門は譜代なので、実子早川長太郎へ跡式を引き継げるよう手続きをしたわけである。実子が成人していれば、御書物同心のポストを引き継げたと思われるが、「御書物方年譜覚書」によると、「倅、幼少ニ付、小普請諏訪若狭守組ニ入」とあり、このポストは空席となった。ただし、日記によれば、享保十四年九月十日に「政右衛門跡御入人被仰付候様ニとの書付」が出されており、人員要求がなされているが、しばらく空席が続く。

もう一つの空席は、享保十六年（一七三一）六月二十六日に高野治右衛門の小普請入願が太田備中守に出され、七月十三日に「願之通小普請入可申渡旨被仰渡候」（願のとおり小普請入り申し渡すべき旨、仰せ渡され候）の書付が届く。「治右衛門名代として石渡藤左衛門へ主計方ニて右之段申渡候」（治右衛門名代として石渡藤左衛門へ［堆橋］主計の方にて右の段申し渡し候）とあり、御書物同心高野治右衛門の名代として御書物同心の石渡藤左衛門が御書物奉行堆橋主計の自宅へ参上するほど高野治右衛門は病気が重かったと思われる。「御書物方年譜覚書」によると、「病気願ニ付、小普請入」と記録されている。高野治右衛門には跡目を継ぐ実子も養子もなかったため、同心のポストは空席となる。享保十六年七月二十八日の条に、昨日二十七日に「高野次右衛門跡御入人之願、以書付申上候」とあり、空席の人員要求がなされている。

この二つの空席が埋まるのが、享保十八年（一七三三）三月である。享保十八年三月十日の条に「壱岐守殿ゟ、兼而願置候同心中二人御入人、今日被　仰付候段、御状ニて被仰渡候」（［水野］壱岐守殿より、兼ねて願置き候同心中二人御入人、今日　仰せつけられ候段、御状にて仰せ渡され候）とあり、小普請諏訪若狭守組の大槻九助と小普請内藤越前守組の佐野六兵衛の名が記されている。どちらも譜代で二十俵二人扶持であるが、大槻九助は逐電してしまう。「御書物方年譜覚書」によると逐電したのは享保十八年十一月晦日のこととあるが、日記には同年十二月六日の条までこの件についての記述は無い。

譜代は「御《お》入人《いれびと》」と表現され、「御抱入《かかえいれ》」と区別される。譜代は徳川家康から四代将軍家綱までに、留守居与力や同心をつとめた者の子孫で、条件が整えば相続可能であった。先代の死亡にともなう相続を跡目相続、先代が隠居した場合の相続を家督相続と呼び、相続は嫡子単独相続である。それに対して、「御抱入」は四代将軍家綱以降に大番与力や同心などに新規採用された者で、一代限りの奉公を許された者で、引退すれば俸禄（給与）も御家人の身分も失った。「二半場《にはんば》」は、徳川家康から四代将軍家綱までに、西の丸留守居同心などの職をつとめた者の子孫で、譜代と同様、相続が可能であった。御書物同心の場合、日記を読むかぎり、譜代者、桜田者、抱入者の区分が見られる。抱入者の場合、倅を無足の見習いで職場に入れ、何かの折に同心へ採用してもらうなど、現在のインターン制度に近い方法も取られていた。前述の元禄七年（一六九四）五月にお抱え入れになった小沢与四右衛門の場合、享保十四年（一七二九）七月御風干から倅清四郎を見習いに入れることを願い、見習を許可され、元文二年（一七三七）十二月二十日に同心に採用される。「右之者、与四右衛門年久敷御奉公実体相勤候ニ付、御書物同心明跡江父高之通り三十俵二人扶持被　下置、御抱入被　仰付候」（右の者、与四右衛門年ひさしく御奉公実体相勤め候につき、御書物同心明跡へ父高のとおり三十俵二人扶持　下し置かれ、お抱え入れ　仰せ付けられ候）父与四右衛門が長年まじめで正直に御奉公につとめているので、御書物同心の空きポストへ父の給与とおなじ三十俵二人扶持で、お抱え入れで採用されることになった。享保十四年から元文二年まで八年強の見習いであった。

御書物同心の定員は十六名であるが、実際は増減が見られる。前述の文政二年（一八一九）閏四月十日には五人が補充され、定員の十六人より多くなる場合もあった。ここで注意しておきたいことは、文政二年閏四月十日に定員が二十一人になったわけではないことである。

お抱え入れの御書物同心が譜代になるといった稀有な例も見られる。嘉永三年（一八五〇）九月朔日の条に、「御書物同心／持田佐右衛門／右老年迄無懈怠出精相勤候ニ付、御譜代被仰付候旨　但馬守殿被仰渡候段、於伊大夫宅同人申渡ス。世話役大柳甚之助立会申候」（御書物同心／持田佐右衛門／右、老年まで懈怠なく出精相勤め候につき、御譜代仰せ付けられ候旨、但馬守殿仰せ渡され候段、伊大夫宅において、同人申し渡す。世話役大柳甚之助、立ち会い申し候）とある通り、お抱え入れの同心持田佐右衛門は老年になるまでの精勤ぶりを評価され譜代に格上げされているのである。

免職後の諸手続き

享保十一年十一月十八日の条（1）

一　今朝六半時、押野利右衛門母たね・同倅喜太郎義大岡越前守御役所江同心四人理右衛門弟理兵衛差添罷出候処、利右衛門義申渡有之。其後同心中江、利右衛門義偽申上候ニ付御暇被下候間此段頭中江申達候得と越前守被申渡候由、加兵衛罷帰申達之、且又理右衛門預リ置候連印御門印鑑一枚・会所之鎰一本、加兵衛ニ被差越之。

一　今朝六時半、押野利右衛門母たね・同倅喜太郎の義、大岡越前守御役所へ同心四人・理右衛門弟理兵衛差し添え罷り出で候ところ、利右衛門義、申し渡しこれ有り。その後同心中へ、利右衛門義、偽り申し上げ候につき、御暇くだされ候あいだ、この段、頭中へ申し達し候《そうら》えと越前守申し渡され候由、神谷加兵衛まかり帰りこれを申し達す。かつ又理右衛門預かり置き候連印御門印鑑一枚・会所の鍵一本、神谷加兵衛にこれを差し越され。

押野利右衛門は偽りを申したてたことで、御暇を出すよう大岡越前守から申し渡されていることがわかる。これを御書物奉行へ申し伝える使いとして同行した四人の内の一人であろう御書物同心神谷加兵衛が紅葉山下の会所にいる御書物奉行に伝えた。この事件に関して特に利右衛門の虚偽の申告が何であったのか、「撰用類聚」などを調べてみたが、今のところ詳しいことはわからない。今後の課題である。

なお、御書物同心は、紅葉山下にある会所へ出勤するため、江戸城の門、例えば、蓮池御門、坂下御門、紅葉山御門、御宝蔵御門を通るため印鑑《いんかがみ》（通行証）一枚と会所の鍵一本を持たされていたことがわかる。今回の処分に際しては、理右衛門に持たされていた印鑑などは神谷加兵衛が回収した。

前述の同心が八名増加され十六人体制になった正徳五年（一七一五）七月晦日の条には「新同心中江渡候通判鑑八枚、相認置候。順ゝ御印形被成、相揃候ハヽ、同心衆へ御渡可被成候。紙文筥之内ニ有之」（新同心中へ渡し候通判鑑八枚、相したため置き候。順々に御印形なされ、あいそろいそうらわば、同心衆へお渡しなさるべく候。紙ふみばこの内にこれあり）とあり、八月四日の条には、「御門通印鑑、銘ゝ一枚つゝ相渡申候」（御門通印鑑、銘々一枚ずつ相渡し申し候）と記録されている。七月晦日は通判鑑という表現になっているが、通印鑑には御書物奉行全員の印形がなされており、門の方には、御書物奉行の判鑑が渡されている。門で判鑑と印鑑・通判鑑の照合がなされるというシステムであった。

享保十一年十一月十八日の条（2）

一　右之通ニ付、利右衛門事御届之書付・利右衛門家作引払可申候哉貸地之者共居宅引払セ可申伺書一通・利右衛門御切米御扶持請取手形相除候ニ付書替所へ御勘定奉行ゟ断之書付一通・荻野清左衛門へ理右衛門屋敷被下候様にとの書付四通、　御殿へ持参、御用部屋円貞を以伊予守殿へ差出候処、御勘定奉行江之書付ハ早速相渡リ申候。

一　右の通りにつき、押野利右衛門事お届けの書付・利右衛門家作《かさく》引き払い申すべく候哉貸地の者ども居宅引き払わせ申すべき伺書一通・利右衛門御切米御扶持請取手形相除け候につき書替所へ御勘定奉行より断りの書付一通・荻野清左衛門へ理右衛門屋敷下され候ようにとの書付四通、御殿へ持参、御用部屋円貞をもって伊予守殿へ差し出し候ところ、御勘定奉行への書付は早速相渡り申し候。

押野利右衛門処分の報告書、処分にあたり拝領地の家作を引き払うべきかどうかと土地を貸している者へ居宅を引き払うよう申しますがよろしいでしょうかという伺い書、給料の請取手形停止処置についての連絡文書、押野理右衛門拝領屋敷を御書物同心荻野清左衛門へいただきたいとの願書四通が提出され、この内、給料の請取手形停止処置についての連絡文書は勘定奉行へすぐに届けられた。

同心の全員が拝領地を得ているわけでなく、他者の拝領地の一画を借りて家作を建て住んでいる者、拝領地を他人に貸し自分は別のところで住んでいる者様々である。拝領地を得ることは、支出が減り収入が増える可能性もあり、下級武士にとって悲願だったといえる。荻野清左衛門は、享保七年九月十九日に「御扶持方被　召放」された高橋佐治右衛門、俸給は十八俵二人扶持だったこの御書物同心の後に享保七年十一月一日に採用された。荻野政右衛門は譜代ではなく、お抱え入れの人材である。当初、荻野政右衛門と名乗っていたが改名して清左衛門となった。二十俵二人扶持である。荻野清左衛門が屋敷を拝領できたのは、享保十四年七月十九日のことであった。

享保十一年十一月十八日の条（3）

一　家作引払伺書ニハ御附札被成被遣、家作ハ上リ候間、御作事奉行申談、小普請方へ可相渡候、借地之者共居宅引払セ可申由、御付札二枚有之、奥御祐筆堀内善次郎被相渡之候。依之、御作事奉行間部隠岐守殿へ申達候。小普請方対談申候様被申候所、木村三右衛門参候ニ付、引合セ被申候。利右衛門雑具引取相済次第小普請方部屋迄案内手紙可遣之候。其節小普請より見分可申候。とくと引取候て案内申候様ニ、三右被申候。利右衛門屋敷所書等、委細三右衛門へ申談候。

一　家作引き払い伺い書には御附札なされ遣わされ、家作は上がり候あいだ、御作事奉行申し談じ、小普請方へ相渡すべく候、借地の者ども居宅引き払わせ申すべき由、御付札二枚これあり。奥御祐筆堀内善次郎、これを相渡され候。これにより、御作事奉行間部隠岐守殿へ申し達し候、小普請方対談申し候様申され候ところ、木村三右衛門参り候につき、引き合せ申され候。利右衛門雑具引き取り相済み次第、小普請方部屋まで案内手紙これを遣わすべく候。その節、小普請より見分申すべく候。とくと引き取り候て案内申し候様に、［木村］三右［衛門］申され候。［押野］利右衛門屋敷所書き等、委細［木村］三右衛門へ申し談じ候。

提出した伺い書には、二枚の附札がなされて奥御祐筆堀内善次郎より戻ってきた。一枚は、拝領地の家作を引き払わせることなく、家作ごと取り上げるので作事奉行と話し、小普請方へ渡すようにという もので、もう一枚は、借地をして住んでいる者に住まいを引き払わせるよういいなさいというものであった。この件を、御作事奉行間部隠岐守殿へ伝えると、小普請方と相談するよう言われていたところ、小普請方の木村三右衛門がきて、引き合わせされた。木村三右衛門が言うには、押野利右衛門の雑具引き取りが済みしだい、小普請方部屋へ連絡の手紙を送るよう、そして連絡を受けたら小普請方で見分をするので、しっかりと引き取りを済ませて連絡するよう申された。押野利右衛門屋敷の住所など、詳しいことを木村三右衛門へ申し話した。

享保十一年十一月十八日の条（4）

一　奥御祐筆可児孫十郎被出、利右衛門屋敷、町屋敷ニ而ハ無之哉。拝領地にて候哉と被相尋候。其後又、組屋敷にても無之哉と被尋候故、町家鋪ニて無之候、拝領地ニて候、組屋敷ニても無之段、挨拶申候。

一　奥御祐筆可児孫十郎出でられ、利右衛門屋敷は町屋敷にてはこれなき哉、拝領地にて候哉と相尋ねられ候。その後又、組屋敷にてもこれ無きかと尋ねられ候故、町家鋪にてこれなく候、拝領地にて候、組屋敷にてもこれなき段、挨拶申し候。

押野利右衛門の屋敷は、町屋敷ではないのか。拝領地なのか。組屋敷ではないのかと尋ねられている。拝領地（拝領屋敷）なのか、組屋敷なのか、町屋敷なのかの確認がなされている。組屋敷とは同じ職種の下級武士に与えた屋敷地で、組ごとの単位で管理運営している。現在の官舎のような待遇である。その後の手続や対応部署にちがいが生じるため確認したと考えられる。

享保十一年十一月十八日の条（5）

一　利右衛門家作ハ上り候間、二三日之内諸道具引取可申候。家ニ附候戸障子之類ハ手を付申間敷旨、利右衛門へ申渡候様ニとの事。

一　利右衛門家作は上り候あいだ、二、三日の内に諸道具を引き取り申しべく候。家に附き候戸障子の類は手をつけ申すまじき旨、利右衛門へ申し渡し候ようにとのこと。

拝領地に建てられている家は召上げになるので、二、三日中に家財道具を引き取るよう、家に付いている戸や障子など建具は手をつけてはいけないことを利右衛門へ申し渡すように、御書物奉行は、御書物同心の小沢与四右衛門と又四郎に指示している。以下に続く八つの一つ書きも御書物奉行から、御書物同心の小沢与四右衛門と又四郎へ伝えられた用件である。拝領地は、同心の個人所有物ではなく、借りているという形なので、個人の私物を「引き取る」という表現になっている。

一　繁〔重〕地喜右衛門・深沢八十郎へも、居宅引払申候様可申渡事。

一　重地喜右衛門・深沢八十郎へも、居宅引き払い申し候様、申し渡すべきこと。

一　徳田甚兵衛家作之義、倅他所ニ居申候由ニ付、親類呼寄可申渡候。此外地借リ之者共不残近〻引払候様、可申渡事。

一　徳田甚兵衛家作の義、倅他所に居り申し候由につき、親類呼び寄せ申し渡すべく候。このほか、地借りの者ども残らず近々引き払い候様、申し渡すべきこと。

殺された徳田甚兵衛の倅は江戸市中にはいないため、親類を呼び寄せて申し渡し、その他の借地している者たちは全員近々引き払うよう、申し渡すこと、拝領地の恩恵を受けている者を全員退去させるよう念を押している。

一　今朝より、夜番参候同心共相止可申候。明日より昼之内両人ツヽ、可罷越候。但、利右衛門弟理兵衛義ハ其儘罷有候へと、可申渡事。

一　今朝より、夜番参り候同心ども相止め申すべく候。明日より昼のうち両人ずつまかり越すべく候。ただし、利右衛門弟理兵衛義はそのまま、罷りあり候えと申し渡すべきこと。

前述の通り、押野利右衛門が大岡越前守のお役所に拘束されていた時は、同心が用心のため夜番参りを行なっていたがそれをやめ、明日からは昼に二人ずつ派遣する。ただし、利右衛門弟理兵衛義は今まで通りするよう申し渡すべきことと伝達している。

一　利右衛門雑具引取候ハヽ、早〻案内申候様、申渡候事。

一　利右衛門雑具引き取り候わば、早々案内申し候様、申し渡し候こと。

押野利右衛門が雑具の引き取りをしたら、すぐに報告するよう、申し渡すことと伝達している。

一　諸道具引取空屋ニ成候ハヽ、家請取、前〻之通り昼二人・夜二人つヽ致番候様、申渡候事。

一　諸道具引き取り空き家になり候わば、家を請け取り、前々のとおり昼二人・夜二人ずつ番致し候様、申し渡し候こと。

不審火・不法侵入などの用心のため、主人がいなくなった屋敷へ、同心二人を昼夜二交代制で番をするよう派遣したことがわかる。

一　地借リ之者家引払候ハヽ、表通之垣構等いたし、不埒ニ無之様仕置候へと、申達候様、申渡候事。

一　地借りの者家引き払い候わば、表通りの垣構え等いたし、ふらちにこれなきよう仕置き候へと、申し達し候よう、申し渡し候こと。

拝領地の通りに面した部分を貸している。住んでいるものがいなくなれば、無用心になるので、建物に不用意に人が入れないよう垣構えなどして、不埒なことが無いよう対策をするよう申し伝えるよう、同心二人に申し渡している。

一　重地喜右衛門事、押込置被申候由、越前守殿申渡し有之由ニ候へハ、家引払難成なと、申義も候ハヽ、左候ニおゐてハ、喜右衛門支配迄其段申達、此方御支配方よりとかく之義御差図有之様ニ、喜右衛門ゟ支配頭へ申達候得と、致挨拶様ニと、申渡候事。

一　重地喜右衛門事、押し込め置き申され候由、越前守殿申し渡しこれ有る由に候えば、家引払いなりがたしなどと申す義も候わば、左候においては、喜右衛門支配までその段申し達し、この方御支配方よりとかくの義、御差図これ有るように、喜右衛門より支配頭へ申し達し候《そうら》えと、挨拶いたすようにと、申し渡し候こと。

重地喜右衛門は押し込め置くと大岡越前守が申し渡されたので、家引き払いの作業が難しいというようなこともあろうが、そのような場合は、喜右衛門の配属先に伝え、配属先の方でことを進めるよう、重地喜右衛門から配属先へ報告し、お願の挨拶をするよう、伝えること。

一　御扶持方手形之儀、書替奉行ヘ断申候様、可申達候事。

一　御扶持方手形の儀、書替奉行へことわり申し候様、申し達しべく候こと。

給与の手形の引き換えを停止したことを書替奉行まで申し達すべきこと。

右之通、与四右衛門・又四郎江申含候。是より直ニ両人四谷ヘ罷越、申渡筈ニ御座候。

十一月十八日

浅井半右衛門
堆橋主計
奈佐又助
下田幸大夫
松村左兵衛

右の通、［御書物同心小沢］与四右衛門と［小沢］又四郎へ申し含め候。これよりただちに両人四谷へまかり越し、申し渡す筈に御座候。

（省略）

この日は、御書物奉行五人、全員が出勤していたことがわかる。浅井半右衛門はのちに享保十二年十二月一日に石川半右衛門と改名するが、享保十一年なので、まだ浅井半右衛門である。五人の中では、一番古株で、桜田者である。当初は百俵五人扶持であったが、享保六年九月六日に浅井半右衛門に対して御役高百俵の手当てがあり、二百俵となる。また、同時に御書物奉行には御役扶持七人扶持がつく。五人扶持に七人扶持を足して十二人扶持なのか、全部で七人扶持なのか迷うところである。御役高・御役扶持は役職手当であることを鑑みると、十二人扶持になった解釈してよいと考えられるが、生活水準を揃えるという意味合いがあるならば、七人扶持と考えられる。享保八年（一七二三）に導入された人材登用政策である「足高《たしだか》の制」と同じと考えると後者の七人扶持である。享保十九年三月十三日に御書物奉行になった桂山三郎左衛門についての「御書物方年譜覚書」での記録は、「只今迄、御役扶持十人扶持被下候。是ハ其儘ニ被下置、尤、場所並七人扶持も此度被下置候由、御書付を以、被仰渡候」（只今まで、御役扶持十人扶持下され候。是はそのままに下し置かる、尤、場所並七人扶持もこの度下し置かれ候由、御書付を以って、仰せ渡され候）とあり、従来の十人扶持と御書物奉行の御役扶持七人扶持を合わせた十七人扶持を得た事例も確認できる。記録されているということは、特例だった可能性も考えられる。

それに対して松村左兵衛はこの五人の中では一番新参者で、病死した川窪斎宮の跡に享保十年七月十一日に任命された。ちなみに俸禄は三百俵であった。この事例では御書物奉行に任命された順に記されている。

享保十一年十一月二十一日の条（1）

一　今朝　御殿江罷出候様ニと御目付中ゟ申来候ニ付、致登　城候所、此度差上候荻野清左衛門御家鋪願之書付、相叶不申候段付札被成、伊予守殿御下ヶ被成候よしニて、可児孫十郎被相渡候。

一　今朝　御殿へ罷り出《い》で候様にと御目付中より申し来候につき、登　城いたし候ところ、このたび差し上げ候荻野清左衛門御家鋪願の書付、相叶い申さず候段、付札なされ、伊予守殿お下げなされ候よしにて、可児孫十郎相渡され候。

御書物同心荻野清左衛門の拝領屋敷を希望しており、押野利左衛門の拝領地をくださるよう願書を出していたのだが、却下された。文書事務の方法は、差し出された書付（書類・願書など）を受け取る、あるいは受け取らないの選択から始まり、書付の内容を検討の結果、回答として付け札を書付につけ差し戻す。本人から渡される場合もあるし、側近から渡されることもある。この事例の場合、今朝、本丸御殿へ来るよう御目付中より紅葉山下の会所へ連絡がきて、お城へ登ったところ、奥御右筆の可児孫十郎から若年寄本多伊予守の回答がつけられた書付を渡されたという。

　福井は「はじめ、書物奉行は将軍のお召に応じて登城する習わしであったが、享保十九年（一七三四）十二月から詰番の制度が始まり、一名ずつ毎日交替で出勤することとなった」（福井、一九八〇）と記している。この文脈では、享保十九年十二月から御城（御殿）で奉行が待機することになり、毎日交替で一名ずつ御城へ出勤していたように誤読してしまうが、日記を丹念に読んでみると、決して御城へ出勤して、詰めていたわけではない。

　もう一つ注意すべき点は、享保十九年（一七三四）十二月から詰番の制度が始まったわけでなく、享保二十年正月元日から始まった点である。享保十九年十二月十三日の条に「向後、会所へ詰番仕度之旨伺書、去十一日伊予守殿江又助・新兵衛持参いたし差上候所、御請取被遊候。追而いなや之義、可被仰由」（向後、会所へ詰番つかまつりたくの旨伺い書、去十一日伊予守殿へ又助・新兵衛持参いたし差し上げ候所、お請け取り遊ばされ候。おって否哉の義、仰せられべきよし）とあり、御城に詰めるのではなく、会所に詰番制度を導入したいと伺書を奈佐又助と深見新兵衛が享保十九年十二月十一日に若年寄の本多伊予守へ差し出し、受理され、後日、その可否について回答するとの返答があったことが記録されている。そして、十二月二十日の条に、深見新兵衛の自宅へ、西尾隠岐守殿のお宅へ奈佐又助の母が今朝病死した件の忌服の書付を持参し、用人に渡して帰宅する前に、書状と付け札がなされた書付が届いていたこと、早速、伊予守のお宅へお伺いし、文書を受け取ったことの報告と、新規の件なので、御老中・御支配方へお礼廻りをすべきか伺ったところ、この件については外へ廻る必要はないと、用人をもって仰せ聞かされたことが記されており、この御来書とお付け札の書付を箪笥に入れ置いたことが記されている。翌日十二月二十一日の条に「詰番、伺之通被仰渡候段、今朝同役中へ申通候」（詰番、伺いのとおり仰せ渡され候段、今朝同役中へ申し通し候）と詰番決定を同役の書物奉行の面々へ通知したことが記録されている。そして「御殿へ罷出、詰番ニ付夕御台所断之書付、伊予守殿へ、久意を以差出之」（御殿へまかりいで、詰番につき夕お台所断りの書付、伊予守殿へ、久意をもってこれを差し出す）とお昼の食事（第二部第一章第二節参照）の手続きを進めている。

詰番が享保二十年から開始された重要な証拠として記録「詰番被仰渡、正月元日ゟ相勤候趣之書付、御側衆江長円を以差出之、和泉守殿御請取被成候由」（詰番仰せ渡され、正月元日より相勤め候趣の書付、御側衆へ長円をもってこれを差し出し、和泉守殿お請け取りなされ候由）があり、「右、詰番相勤候趣之書付、御目付松前主馬へ相渡」（右、詰番相勤め候趣の書付、御目付松前主馬へ相渡す）と御側衆と御目付の松前主馬へ連絡している。「右三件之書付・扣、箪笥ニ入置」（右三件の書付・控、箪笥に入れ置き）と、御書物奉行の間で共有すべき文書を箪笥に入れ保管していることが、これらの記録でわかる。何よりも重要なのは「詰番被仰渡、正月元日ゟ相勤候」である。そして、十二月二十六日の条に「詰番ニ付、御夕台所・黒鍬等之儀、伺之通相済候間、今日惣同心呼出し、勤方之儀、次郎右衛門殿御申渡候」（詰番につき、御夕台所・黒鍬等の儀、伺のとおり相済し候あいだ、今日惣同心呼び出し、勤方の儀、次郎右衛門殿御申し渡し候）と同心を全員呼び出し、勤め方について、御書物奉行の水原次郎右衛門から伝達されたことがわかる。

そして、第一部で述べたとおり、享保二十年正月元日の日記から、記録の形式が日記の形式に変化する。記事の後に日付と署名する形式から、日付が最初に記され、その下には「詰番」とその御書物奉行の氏名が記される形式と変化する。今後の業務に必要な事項を月番が記録する形、先日の事項を後日に月番が記入することもある形から、毎日詰番が記録する業務日誌の形へと変化したと考える。

コラム　基礎工事のない建築物の不安定さ

博士課程後期の院生だった頃、指導教官からいくら綺麗な家を建てようとも、土台がしっかりしていなければ、すぐ倒れてしまうと比喩的な表現で、慌てて成果を創り上げようとするよりも、じっくり基礎研究に取り組むことの大切さを叩き込まれた。古き良き時代の学風だったかもしれないが、母校にはいつの時代もその姿勢を大切にしてほしいと願う。

研究において、誰でもケアレスミスや勘違いをする可能性もあるし、文献を誤読することも起こり得る。後に続く研究者が、少しずつ発見をして、より真実に近づいていけばよいだけのことで、それが研究の深化だと思う。最初の第一歩は偉大な成果であり、それに続く我々が勘違いや誤読を補正してより理解を深め、前へ進んで行くことが後人の務めである。失敗があるからこそ、次に進め、チャレンジができるのである。

例えば、御文庫研究の先達である福井保は、

享保十八年（一七三三）三月、同心二名を増員し、宝暦十一年（一七六一）以降、同心は三名ずつ毎日交代で出勤する制に改められた。

はじめ、書物奉行は将軍のお召に応じて登城する習わしであったが、享保十九（一七三四）十二

月から詰番の制度が始まり、一名ずつ毎日交替で出勤することとなった。初めにその月の勤務表を定め、その割り当てに従って交替した。そのため、事務連絡の必要上、奉行は定期あるいは不定期に全員が出勤し、業務打合せの会議を開いた。将軍の用務があれば夜間でも出仕して図書出納を行った。

　寛政七年（一七九五）十月、奉行のうち正副の当直二名（詰番、加番と呼んだ）が毎日出勤することとなり、天保十四年（一八四三）二月からは加番の登営を廃し、詰番一名のみ出勤することに改められた。（福井、一九八〇　頁二一）

と記述している。正確には、定員の増員ではなく、欠員の補充であったこと、詰番の制度は、享保十九年十二月に認められ、施行されたのは享保二十年正月元日からであったこと、また、会所に詰めることであって、御城（御殿）に詰めることではなかったことを、本書で明らかにしてきた。しかし、まだ課題もあり、宝暦十一年（一七六一）以降に同心は三名ずつ毎日交代で出勤する制に改められたのか、詰番制を導入した享保二十年正月の最初から月の勤務表を定めていたのか、将軍の用務があれば夜間でも出仕して図書出納を行ったのはどのくらいの時期から事例が見られるのか、天保十四年（一八四三）二月の日記は存在しないのに「天保十四年（一八四三）二月からは加番の登営を廃し」という情報源はどこにあるのかなど、再確認しなければならない。このように研究を深めることができるのも、先人の立派な研究があってこそ可能となるのである。

前にあげた引用文と次にあげる引用文を読み比べてほしい。「享保十九（一七三四）十二月から詰番の制度が始まり」という表現から十二月が削げおち、享保十九年から詰番の制度が始まったことになってしまっているのである。なんども繰り返すが、詰番が始まったのは「正月元日ゟ相勤候」とあり享保二十年からである。享保十九年十二月と享保二十年一月一日という差から、享保十九年と享保二十年の差に変換されてしまう。誤差の範囲とする人もいるだろうが、読者に誤解を抱かせるものであることは間違いない。

データ量や情報量の単位にバイトがある。一キロバイトは、一〇二四バイト（2^{10}）である。一メガバイトは、一〇二四キロバイトである。一ギガバイトは、一〇二四メガバイトである。一ギガバイトは、一〇七三七四一八二四バイト（2^{30}）となる。一方、国際単位系（SI）ではSI接頭辞を使用するので、一キロバイトは、一〇〇〇バイト（10^{3}）、一メガバイトは一〇〇〇キロバイト、一ギガバイトは一〇〇〇メガバイトとなり、一ギガバイトは一〇〇〇〇〇〇〇〇〇バイト（10^{9}）となる。この誤差は約七・三七パーセントになる。一ヶ月と一年の差ほどではないが、どの単位で語られているのか、情報の受け手は臨機応変に読み解く必要がある。福井の場合は、規則の成立あるいは公布と施行の日付の勘違いから生じた問題とも考えられる。

読み比べてほしい例は次のような記述である。

享保十八年（一七三三）三月に同心二名を増員しています。翌十九年（一七三四）には奉行自身の要請により、毎日奉行一名・同心三名交替で出勤する詰番の制度を開始しました。毎月初めにその月の勤務表を定め、その割り当てに従って出勤することになったのです。そのため奉行は、全員が出勤して事務連絡の打ち合わせを行う必要が生じて、ミーティングの機会を設けることになりました。

また、将軍の用務があれば、夜間でも出勤して図書出納などの業務に従事しなければならなくなりました。この制度ができる以前は不定期の出勤で、将軍のお召しがあれば登城するという形でした。寛政七年（一七九五）には奉行も二名体制（それぞれ詰番、加番といいます）で当直を行うことになりましたが、天保十四年（一八四三）には加番を廃止し、詰番のみを登城することに改めています。（新藤透著『図書館と江戸時代の人びと』二〇一七　頁九八）

この文脈では、詰番の制度が開始されたことにより、夜間でも出勤して図書出納などの業務に従事しなければならなくなったと読み取れる。これは誤りで、日記を読んでいれば、それ以前も夜間の呼び出しがあったことが窺える。たとえば御書物奉行の松田金兵衛（享保六年没）が、夜間に出勤している事例がある。例えば、享保元年六月二十九日の条に、「今晩帰宅以後、御側衆ゟ御用有之由、御目付中ゟ申来候付、罷出候」（今晩帰宅以後、御側衆より御用これある由、御目付中より申し来たり候につき、まかり出で候）と、帰宅後に呼び出されている記録が残っている。福井もまた別の箇所で、享保六年六月の事例を取り上げ、「吉宗は夜間でも読書の途中たびたび疑問をただしたらしい」（福井、一九八〇　頁一二七）としている。これは享保六年六月二十六日の条に記されている記録で、本来の月番は松田金兵衛だったが、病気で助月番の堆橋主計が代理で勤めており、堆橋主計の記録である。新藤は、今回引用した箇所では「夜間でも出勤して図書出納などの業務に従事しなければならなくなりました」と述べているにもかかわらず、別の箇所では、福井の事例とまったく同じ享保六年の事例を紹介し、「奉行は「勤務時間外」であっても、将軍から質問が寄せられたら直ちに職務に当たらなくてはなりません」（頁一一六～一一七）と記しており、矛盾が生じている。

むしろ、夜間の呼び出しは吉宗のせっかちな性格が影響しており、吉宗が将軍の頃に見られる特異な事例である。享保元年六月十一日の条にも十日の夜間の御用の記録があり、享保元年六月二十二日に、「明日火事之義御書付御出シ候以降、火事・地震ハ不及申、其外御用ニて夜ニ入候節も、御門滞なく上下共ニ罷通候様、御願上可然存候、此間之御用抔も夜ニ入候様子ニ御座候へハ、此以後、御用にて夜御門相通候義も可有御座候か、兼而御願置可然存候」（明日火事の義御書付御出し候以降、火事・地震は申すに及ばず、そのほか御用にて夜に入り候節も、御門滞なく上下共にまかり通り候様、御願い上げしかるべく存じ候、この間の御用なども夜に入り候様子に御座候えは、これ以後、御用にて夜御門相通り候義も御座あるべく候か、かねて御願置きしかるべく存じ候）と夜間の御門の通過を滞りなくできるようお願いしている。「この間の御用なども」は六月十日の夜の件と考えられる。吉宗以前には、夜間に御用で御書物奉行が出入りすることはなかったと考えられる。

新藤は「天保十四年（一八四三）には加番を廃止し、詰番のみを登城することに改めています」と主張する。福井の記述「天保十四年（一八四三）二月からは加番の登営を廃し、詰番一名のみ出勤することに改められた」の根拠をしっかり確認していれば、安易に「登城」といった用語にしなかったのではないかと推測する。

福井の記述は、第一部で触れているが、「元治増補御書籍目録」（請求記号219―0193）の中の「御文庫始末記」に記録されている「［天保］十四年二月十一日コレヨリサキ当番加番トモニ登　営シ来リシカ以来加番ハ登　営ニ及ハサル旨若年寄堀田摂津守達ス」が元になったと考えられる。原史料を読んでいれば、この様な誤解、誤読を防げたのではないかと類推する。

難しい専門書を誤読しないように、わかりやすく、解きほぐして人々に向け著すことも大事な仕事である。特に科学分野では、このような仕事をする人はサイエンスライターやサイエンス・ジャーナリストと呼ばれ、彼らは活躍している。他者の研究をわかりやすく解説することは大事なことだが、質を低下させたり改変してしまうのは問題がある。また、文献のクリティカル・リーディングの姿勢も大事で、そこから研究が始まる。

他の所に立っている建築物を地盤を整えることなく地上の構造物だけ移築する行為は、歪みや倒壊の原因となることを我々は知っている。建物の土台となる部分の基礎工事は必要である。同じように、研究においても、同じことが言えよう。誰にでも起こり得ることかもしれない。クリティカル・リーディングなき鵜呑みのアウトプットという姿勢を改め、常に我がふり直すよう心したい。

享保十一年十一月二十一日の条（2）

一　昨二十日押野理右衛門家財引払候段甚左衛門註進いたし候ニ付、今日、於　御殿、木村三右衛門へ致対談、明二十二日四時見分ニ遣し可申由申合候。

一　昨二十日、押野理右衛門家財引き払い候段、甚左衛門註進いたし候につき、今日、御殿において、木村三右衛門へ対談いたし、明二十二日四時見分に遣し申すべき由、申し合せ候。

昨日二十日に押野理右衛門の家財を引き払ったことを、御書物同心の高橋甚左衛門が報告し、今日、御殿において小普請方の木村三右衛門と話し合い、明二十二日四時に同心を見分のために派遣することを申し合わせた。

享保十一年十一月二十一日の条（3）

一　利右衛門跡小普請方見分立合之義ハ、四谷当番之同心両人立会候様ニ、昨日申渡之候。

一　利右衛門跡小普請方見分立ち合いの義は、四谷当番の同心両人立ち会い候様に、昨日これ申し渡し候。

小普請方への見分の立会いについては、二十二日の四谷当番である同心二人に立ち会うよう昨日申し渡された。

享保十一年十一月二十九日の条

一　押野利右衛門四ッ谷伝馬町横丁之上り家鋪之義、御普請奉行へ相渡旨伺可申哉と、昨日○奥御右筆堀内善次郎へ承合候へハ、其儀ニ不及候。伊予守殿ゟ御普請奉行へ、可請取由之御書付相渡リ候間、引渡シ相済候て御届ケ申上候ハ、可然よし、被申候故、御普請奉行中江承合候処、右御書付請取候義覚不申候。吟味いたし追而可申越由、朽木丹後守被申候処ニ、今日幸大夫へ丹後守ゟ以手紙、昨日ハ覚違ひニて挨拶ニおよび候、成程先頃伊予守殿より御書付請取候、利右衛門家作御払相済次第可申越候。其後地面請取可申越、被申越候。

一　押野利右衛門四ッ谷伝馬町横丁の上り家鋪の義、御普請奉行へ相渡す旨伺い申すべき哉と、昨日、奥御右筆堀内善次郎へ承合候《しょうこうそうら》えば、その儀に及ばす候。伊予守殿より御普請奉行へ、請け取るべき由の御書付、相渡り候あいだ、引き渡し相済み候いて御届け申し上げ候わば、然るべき由、申され候故、御普請奉行中へ承合候ところ、右御書付請け取り候義、覚え申さず候。吟味いたし追って申し越すべき由、朽木丹後守申され候ところに、今日幸大夫へ丹後守より手紙をもって、昨日は覚え違いにて挨拶におよび候、なるほど先頃伊予守殿より御書付請け取り候、利右衛門家作御払い相済み次第申し越すべく候。その後地面請け取り申し越しべく、申し越され候。

ここで初めて、押野利右衛門の拝領地が四谷のどこにあったのかわかる。四ッ谷伝馬町横丁まで明らかになっていたが、享保十一年十二月七日の条で、四ッ谷伝馬町三町目横町と、これまでの記述より詳しい情報が得られる。

この日記を読むコツの一つは、何度も読み、データとデータを繋げていくことである。疑問に思ったことは、記憶にとどめ読み進めると後で繋がり、氷解することがある。例えば、享保十一年八月十四日の条に「同心衆之内病人多、御蔵と四谷トヘ罷出候人数不足ニ候ニ付、四谷ヘ罷越候衆之内より一人充御蔵江罷出候様ニ申渡候」という一文があるが、多くの記事の中に埋もれていて唐突に出てくる一文である。「四谷」が読み解けない。ここで立ち止まって、御書物方に関係する四谷を調査しても　何も見えてこない。しかし、享保十一年十一月十七日の条に「四ツ谷ヘ相達候様ニ、幸右衛門遣ス」とあり、享保十一年十一月二十一日の条を読んでいくと、「利右衛門跡小普請方見分立合之義ハ、四谷当番之同心両人立会候様ニ、昨日申渡之候」ということで、四谷というのは押野利右衛門の屋敷のある地名ということがわかってくる。そして、享保十一年八月十四日の条に書かれていることの意味もみえてくる。引き続き享保十一年十一月二十九日の条に「押野利右衛門四ッ谷伝馬町横丁之上リ家鋪之義、御普請奉行ヘ相渡旨伺可申哉と」という一文があることで、押野利右衛門に関する個人情報がかなりはっきりとわかってくる。そして、享保十一年十二月七日の条まで読み進むと、押野利右衛門の屋敷は四ッ谷伝馬町三町目横町にあったことが判明する。少しずつ復元していく感覚で読むのがおすすめである。

もう一つのコツは、一回は順番に読み進めていくのもよいが、注意が散漫になり、視点がどんどん移っていってしまう。次から次へと興味深い記録がどんどん出てくるので、今追っかけて読んでいたテーマが、次に興味あるテーマが出てくると、自然と興味を持って読んでいたテーマのことが忘れさられ、視点が移ってしまい、輪郭が掴めなくなる。今回のように、押野理右衛門の事件に関する記述だけを追いかけて読んで見るといろんなことが繋がり、全体像が明らかになってくる。

さて、記録してある内容は、昨日、奥御右筆の堀内善次郎に「押野利右衛門の四谷伝馬町横丁の上がり屋敷について御普請奉行へ渡すことについて伺い申すべきかどうか」問い合わせると、その必要はないとの回答であった。本多伊予守殿から御普請奉行へ屋敷を受け取るべく連絡がいっており、引渡しが済んだらお届けすれば良いとのことだったので、御普請奉行の役所へ照合したところ、本多伊予守殿から御普請奉行への書付を請け取った覚えがない、調べて追って伝えると、御普請奉行の朽木丹後守がおしゃっていたが、今日御書物奉行の下田幸大夫へ朽木丹後守から手紙があり、昨日は覚え違いで返答をしたこと、たしかに本多伊予守殿からの書付を受け取っていたこと、押野利右衛門の家作が取り払われ次第連絡をよこし、その後地面を請け取りの連絡をよこすとのことであった。

享保十一年の十一月は小の月なので二十九日が十一月の最終日となり、次の記録は十二月一日となる。

享保十一年十二月一日の条

一　朽木丹後守江於　殿中幸大夫対談、昨日被申越候趣致承知候、可罷成義ニ候ハヽ、押野利右衛門上ﾘ屋敷早ク相渡申度候、家作御払不相済候共請取給候様ニ、相頼候へハ、是又罷成義ニ候由被申候。

一　朽木丹後守へ　殿中に於いて幸大夫対談、昨日申し越され候趣承知致し候、罷り成るべき義に候わば、押野利右衛門上り屋敷、早く相渡し申したく候、家作御払い相済まず候とも請け取り給い候ように、相頼み候えば、これまた罷り成る義に候由申され候。

御書物奉行の下田幸大夫が殿中で御普請奉行の朽木丹後守と対談し、昨日申してこられた件は承知致しましたとのこと、幸大夫から、可能でございましたら押野利右衛門の返上する屋敷を早く渡したく、小普請方が家作を取り壊してなくても請け取っていただきたいと頼んだところ、これまたなるようにいたしましょうと申されたと、対談の内容を情報共有のため記録している。

享保十一年十二月三日の条

一　押野利右衛門家作今日小普請方ヘ相渡御払ニ成候由、荻野清左衛門会所ヘ参リ申聞候ニ付、今日ゟ彼所之勤番引セ申候。

一　右ニ付、地面相渡度候間、勝手次第可被請取候、日限之義二三日已前ニ幸大夫宅ヘ被申越候様ニと、御普請奉行朽木丹後守江同役連名之手紙遣之候所ニ、詰番之由ニて、返書無之候。

一　押野利右衛門家作、今日小普請方へ相渡し御払いに成り候由、荻野清左衛門会所へ参り申し聞け候につき、今日より彼の所の勤番引かせ申し候。

一　右につき、地面相渡したく候間、勝手次第請け取られべく候、日限の義、二三日已前に幸大夫宅へ申し越され候様にと、御普請奉行朽木丹後守へ同役連名の手紙これを遣し候所に、詰番の由にて、返書これ無く候。

小普請方へ押野利右衛門家作が引き渡され家作が取り払われたとの報告を御書物同心荻野清左衛門より受けたので、押野利右衛門の元拝領屋敷への詰番中止をしたことがわかる。そして家作が取り壊されたので、いつでも請け取り可能だが、日時については二、三日前に幸大夫の宅へ連絡下さるよう、御普請奉行朽木丹後守へ御書物奉行の連名の手紙を遣わしたが、丹後守は詰番ではなかったので、返書はなかったことが記録されている。

享保十一年十二月四日の条

一　朽木丹後守より昨日之返書到来、押野理右衛門上ﾘ地来ﾙ七日四時可受取候間、右之刻限渡方者立合候様ニ可申渡旨、申来候ニ付、得其意候由連盟之返答手紙遣之候、尤、右之刻限以前ニ同人中両人彼地江罷越、立合可渡由、立石幸右衛門ニ申渡候。已上。

一　朽木丹後守より昨日の返書到来、押野理右衛門上り地、来る七日四時受け取るべく候間、右之刻限渡し方は立ち合い候ように申し渡すべき旨、申し来り候につき、その意を得候由、連名の返答、手紙これを遣わし候、尤、右之刻限以前に同人中両人彼地へまかり越し、立ち合い渡すべく由、立石幸右衛門に申し渡し候。已上。

十二月七日四時に受け取りたいので、渡す方も立ち会うよう手配してくださいと、昨日の返書が届き、了解したとの返答の手紙を御書物奉行の連名で届けた。御書物同心には、刻限より前に二人、四ツ谷へ出向き立ち会い渡すよう、御書物同心の立石幸右衛門に申し渡したことが記録されている。

享保十一年十二月五日の条（下田幸大夫が記録）

一　御書物同心押野理右衛門儀、先頃御扶持召放候ニ付、御序之節右之跡御入人被仰付被下候様ニ仕度奉願候旨連名之願書、糊入半切ニ相認、当月之御用番壱岐守殿江久慶を以差出之申候。

一　御書物同心押野理右衛門儀、先頃御扶持召し放ち候につき、御序《おついで》の節、右の跡御入人仰せ付けられくだされ候様に仕《つかまつ》りたく願い奉り候旨、連名の願書、糊入り半切りに相認め、当月の御用番壱岐守殿へ久慶をもってこれを差し出し之申し候。

ここで、同心押野理右衛門の跡の空ポストへの人の配置をお願いする文書を「糊入り」の半切りサイズの紙に認め、坊主衆の久慶を介して若年寄の月当番である壱岐守に差し出されていることがわかる。「糊入り」というのは、紙を白くするため、米粉を混ぜ漉いた紙で、普通の紙より白い。日本昔話などで、鼠が本をかじるという場面があるが、米粉が入った紙だから鼠が本を食べる原因になると聞いたことがある。

この願書を受けて享保十一年十二月十二日に記録されている調査がきたと推測できる。

享保十一年十二月七日の条

一　押野理右衛門四ッ谷伝馬町三町目横町之拝領屋敷、今日、御普請奉行朽木丹後守家来江、高野治右衛門立合、相渡候由、治右衛門、会所江参、申聞候。

一　押野理右衛門四ッ谷伝馬町三町目横町の拝領屋敷、今日、御普請奉行朽木丹後守家来へ、高野治右衛門立ち合い、相渡し候由、治右衛門、会所へ参り、申し聞け候。

御書物同心の高野治右衛門が立会い、御普請方へ、拝領屋敷の引き渡しが完了したことを高野治右衛門が会所へ報告にきたことわかる。

享保十一年十二月八日の条

一　左之書付、以友永、伊予守殿江差出候。

御書物同心

先月十八日御扶持被召放候　押野理右衛門

右四谷伝馬町之拝領屋敷、昨日朽木丹後守方江相渡申候、依之申上候。以上。

一　左の書付、友永をもって、伊予守殿へ差し出し候。

御書物同心

先月十八日御扶持召し放され候　押野理右衛門

右、四谷伝馬町の拝領屋敷、昨日朽木丹後守方へ相渡し申し候、これにより申し上げ候。以上。

昨日、御普請奉行の朽木丹後守方へ、先日十八日に解雇された押野理右衛門の拝領屋敷を引き渡したことを、本多伊予守への報告するため文書で、直接渡すのではなく、坊主衆の友永を介して提出していることがわかる。

享保十一年十二月十二日の条

一　去八日飯高孫大夫江逢申候へハ、御書物同心書上之触有之候間、近日書上可有之候、就夫、右同心並高之義承置申度旨、被申候付、最初被　仰付候者共不残三十俵・二人扶持充ニ而候故、是を並高と心得罷在候由、令挨拶候処、其後之御入人高下之品も承置度候間、四五日中ニ委細書付相渡候様ニと被申候付、今日、左之通書付相渡申候。

御書物同心

三十俵
二人扶持　充　四人

下札
召放候　此内一人、先頃御扶持被

右ハ、最初被　仰付候者共ニ而御座候。

二十俵
二人扶持　充　四人

右ハ、桜田御殿より罷越候、

二十俵
二人扶持　充　四人

十八俵
二人扶持　充　二人　下札　此内一人、五年以前御扶持被　召放候

十八俵
一人半扶持　充　二人

右ハ、正徳年中御増人、都合十六人ニ被　仰付候。

二十俵
二人扶持　一人

右ハ、五年已前十八俵・二人扶持取之明跡江御入人

右之通ニ御座候。

一　御書物同心手跡不叶ニ而ハ御用弁シかね申候間、可罷成義ニ御座候ハヽ、今度御入人ニ手跡罷成候者を被　仰付被下候様ニ仕度奉存候事。

午十二月
飯高孫大夫様
御書物奉行

右之書付相渡候、以上。
十二月十二日
下田幸大夫

一　去八日飯高孫大夫へ逢い申し候えば、御書物同心書き上げの触これあり候あいだ、近日書き上げこれあるべく候、それにつき、右同心並高の義、承り置き申したき旨、申され候につき、最初仰せ付けられ候者ども残らず三十俵・二人扶持充にて候故、是を並高と心得まかりあり候由、挨拶せしめ候ところ、その後の御入人高下の品も承け置きたく候あいだ、四五日中に委細書付相渡し候ようにと申され候につき、今日、左の通書付相渡し申し候。

〈俸禄と人数についての記述は省略、図17（上段）を参照のこと〉

一　御書物同心手跡叶わずにては御用弁じかね申し候間、罷り成るべき義に御座候わば、今度御入人に手跡罷り成り候者を　仰せ付けられ下され候様につかまつりたく存じ奉り候事。
午十二月
御書物奉行
飯高孫大夫様

享保十一年十二月十二日の記録より作成

	計	30俵 2人扶持	20俵 2人扶持	18俵 2人扶持	18俵 1人半扶持
元禄六年	4	4			
宝永六年	8	4	4		
正徳五年	16	4	8	2	2
享保七年	16	4	9	1	2
享保十一年	15	3	9	1	2

享保十二年十月十三日および十月二十九日の記録より作成

	計	30俵 2人扶持	20俵 2人扶持	18俵 2人扶持	18俵 1人半扶持
元禄六年	4	4			
元禄七年	4	4			
元禄十一年	4	4			
宝永六年	8	4	4		
正徳五年	16	4	8	2	2
享保七年	16	4	9	1	2
享保十一年	15	3	9	1	2

日記の記録より	譜代	桜田	抱入	計
	4			4
抱入	3		1	4
入人	3		1	4
桜田打込４人	3	4	1	8
増員８人	11	4	1	16
入人（枠囲み）	11	4	1	16
	10	4	1	15

日記の記録「御譜代者九人御座候」と一致しない

正しくは	譜代	桜田	抱入	計
	4			4
抱入	3		1	4
入人	3		1	4
桜田打込４人	3	4	1	8
増員８人	11	4	1	16
抱入（枠囲み）	10	4	2	16
	9	4	2	15

日記の記録「御譜代者九人御座候」と一致する

図17　御書物同心の俸禄と人数

＊日記の記述に誤りがあることを検証した図である。

右の書付相渡し候。以上。

十二月十二日

下田幸大夫

この記録で、興味深いことは、御書物同心の採用条件として達筆であることが求められていることである。字が上手でないと御用が務まらないと述べている。確かに、日記を読んでいると御書物同心が清書や書庫の張り紙、題簽作製（図18）の作業をしている例が見られる。

奥右筆組頭の飯高孫大夫へ提出する文書と、その経緯が文書の前置きに記録されている。十二月八日に会った時の会話の内容である。御書物同心の人数と俸禄についての記録をかき上げるよう命令があったが、それについて御書物同心の俸禄の並高を知りたいとの発言があり、最初の御書物同心は全員三十俵二人扶持だったので、この値を並高と心得ていると挨拶したところ、そのあとに採用された御書物同心の俸禄の下限も知って置きたいので、四、五日中に委細書付を提出するようにと申しつけられ、文書を作成したと記録されている。

人事はすぐには動かなかったようで、約六ヶ月後に、次のような記録が見られる。いつの時代もすぐに手当てされる場合もあれば、なかなか進まないこともあるようである。今回の長期にわたる空席は、同心の不祥事による解雇だったことが原因しているとも考えられる。

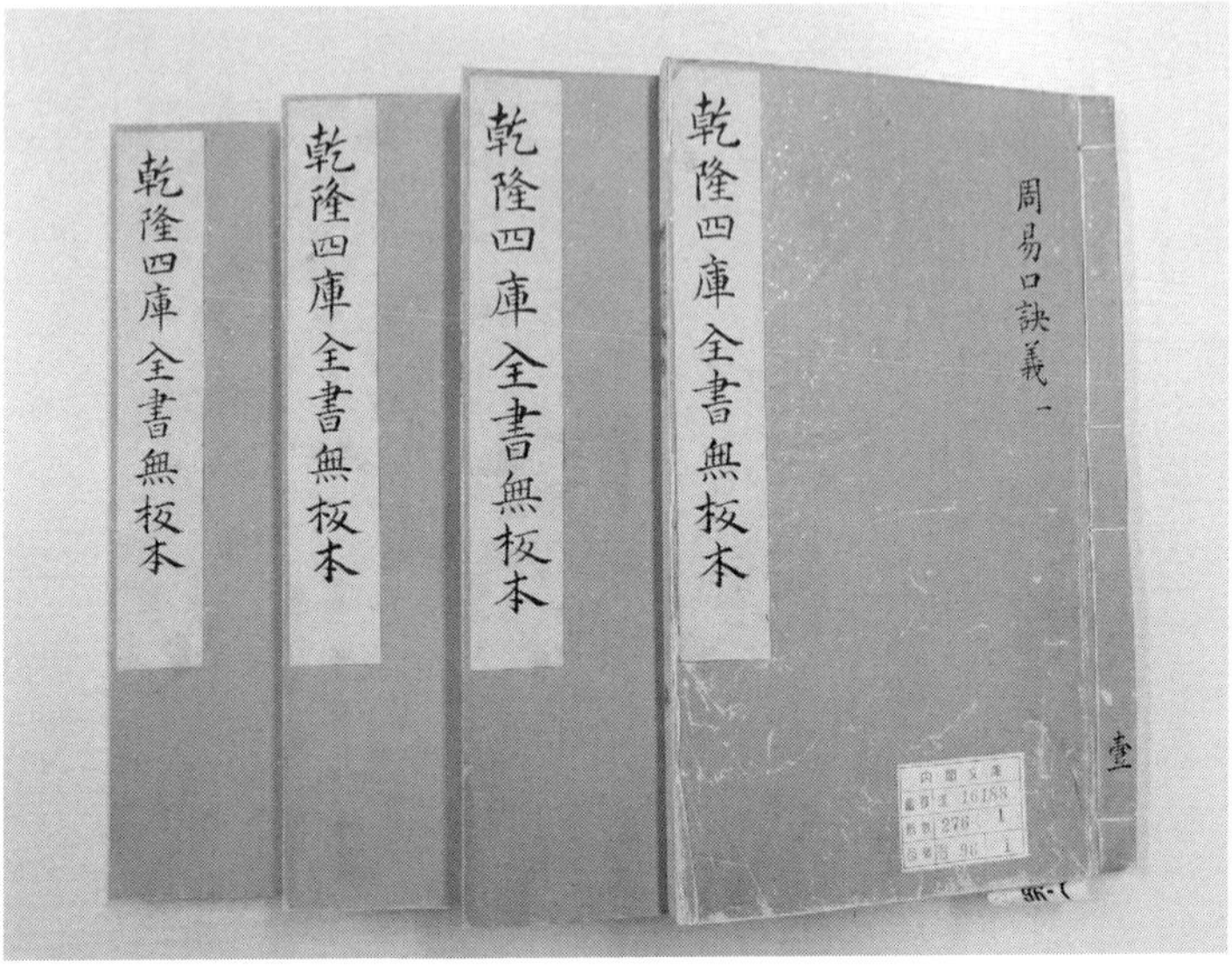

図18　御書物同心の仕事の一例　①　江西文蔵の手跡

国立公文書館所蔵『乾隆四庫全書無板本』(請求記号：子096-0001)

日記の文化五年五月十二日の条に「無板書表題認方江西文蔵江申渡候様孫助江申渡候」とあり、文化五年七月十二日に、[乾隆四庫全書] 無板本御外題認御褒美として御書物同心江西文蔵へ金300疋を下されている。

享保十二年六月二十三日の条

一　今日四時幸大夫儀御城江罷出有之候様ニ、水壱岐守殿被仰候由、昨日御目付中より手紙到来ニ付、今朝登　城候へ者壱岐守殿御逢被成、御書物方同心中古来より之人数増減幷御入人有之候節之出所等、致吟味書付差出候様ニ、被仰渡候ニ付、同役共申談吟味之上差上可申由、致御返答候。

一　今日四時幸大夫儀、御城へまかり出でこれあり候ように、水〔野〕壱岐守殿仰せられ候由、昨日御目付中より手紙到来につき、今朝登　城候えば壱岐守殿御逢いなされ、御書物方同心中、古来よりの人数増減幷御入人これあり候節の出所等、吟味いたし書付差し出し候ように、仰せ渡され候につき、同役ども申し談じ吟味の上差し上げ申すべく由、御返答いたし候。

享保十一年十二月五日に、御書物同心の補充をお願いし、それに対し、十二月八日に奥右筆組頭の飯高孫大夫から書物同心の委細の書付を四、五日中に提出するよう申し渡され、十二月十二日に提出している。今回は、若年寄の水野壱岐守から御書物同心の人数推移と新しく採用した時の前歴等を調査し報告書を出すよう命令され、御書物奉行の下田幸大夫は同役の御書物奉行と相談・調査の上報告書を提出いたしますと返答したと記録されている。

享保十二年六月二十六日の条

一　幸大夫登　城いたし、此間壱岐守殿被仰渡候組中人数増減等之書付、飯高孫大夫江相渡之、一覧之上此通りニて宜敷候ハヽ、壱岐守殿江差出可給候。好も有之候ハヽ、可被相返候、調直し差出可申候旨、申達候所ニ、得其意候

一　幸大夫登　城いたし、この間壱岐守殿仰せ渡され候組中人数増減等の書付、飯高孫大夫へこれを相渡し、一覧の上この通りにてよろしく候わば、壱岐守殿へ差し出し給うべく候。好みもこれあり候わば、相返されべく候、調《ととの》え直し差し出し申すべく候旨、申し達し候所に、その意を得候。

享保十二年六月二十六日に報告書を奥右筆組頭の飯高孫大夫へ提出したようであるが、その内容は記録されていない。飯高孫大夫が見て問題がなければ、水野壱岐守へ提出してくれるよう頼んでいる。ご意向に合わず却下されれば調え直して差し出す所存ですと伝えたところ、承知されたと記録している。しかし、すぐには動きはなく、約三ヶ月後にやっと動き出す。次のような記録がある。

享保十二年十月一日の条

一　去六月水壱岐守殿被仰聞候、組中古今人数増減等之書付、下書其節飯高孫大夫江内覧給候様ニ相頼渡置候処、少ゝ好ミ有之、今日被相返之候、依之、認直近日可差出候。

一　去る六月水〔野〕壱岐守殿仰せ聞かれ候、組中古今人数増減等の書付、下書その節飯高孫大夫へ内覧給い候様に相頼み渡し置き候ところ、少々好みこれ有り、今日これを相返され候、これにより、認め直し近日差し出しべく候。

六月に水野壱岐守へ提出する御書物同心の過去からの現在の人数の増減等の報告書を、飯高孫大夫に下見をお願いし渡していたのだが、十月になってやっと書き直しを要求されていることがわかる。奥右筆にとって、今回の御書物同心の人事は喫緊の案件ではないとの認識であったと考えられる。

享保十二年十月四日の条

一　去朔日飯高孫大夫被申聞候、組中人数等之書付、内覧相頼、渡之候。

一　去る朔日飯高孫大夫申し聞けられ候、組中人数等の書付、内覧相頼み、これを渡し候。

十月一日に書き直しを言い渡され、四日に、御書物同心の人数等についての報告書を再度、飯高孫大夫に確認してもらっていることがわかる。

享保十二年十月五日の条

一　昨日飯高孫大夫江相渡候書付、壱岐守殿江昨日被差上候由、幸大夫江物語有之候。

一　昨日飯高孫大夫へ相渡し候書付、壱岐守殿へ昨日差し上げられ候由、幸大夫へ物語《ものがたら》ひこれ有り候。

昨日飯高孫大夫に提出した報告書が、同日中に若年寄の水野壱岐守へ提出されたことが御書物奉行下田幸大夫へ伝えられたことがわかる。しかし、二日後の記録には、若年寄の水野壱岐守により添削された報告書が差し戻されたことがうかがえる。次のような記録である。

享保十二年十月七日の条

一　此間飯高孫大夫を以壱岐守殿江差上候組中人数等之書付、少〻御好有之、壱岐守殿より御直ニ被成御返候。又〻認直差出可申候。

一　この間飯高孫大夫を以って壱岐守殿へ差し上げ候組中人数等の書付、少々御好みこれ有り、壱岐守殿より御直しになされ御返し候。又々認め直し差し出し申すべく候。

享保十二年十月八日の条

一　昨日壱岐守殿御好之書付、認直し、飯高孫大夫迄差出申候。御序次第差上可申旨ニ御座候。

一　昨日壱岐守殿御好みの書付、認め直し、飯高孫大夫まで差し出し申し候。御序次第《おついで》差し上げ申すべき旨に御座候。

報告書が差し戻された翌日、書き直し、奥右筆の飯高孫大夫へ提出したこと、飯高孫大夫から何かのついでの折に提出するとの返答があったことがわかる。翌日の記録で提出された報告書「御書物同心人数等之義書付」の内容がわかる。

享保十二年十月十三日の条

一　去八日飯高孫大夫江渡置候書付、昨十二日壱岐守殿江差上候処、御一覧被成、思召も無之、御受取被成候由、今日孫大夫物語有之候。右書付之文言、如左。

上書　御書物同心人数等之義書付　　御書物奉行

御書物同心

元十六人

当時十五人

内、御譜第者九人御座候

右之内、元禄年中四人ニ而相勤申候処、宝永年中桜田御殿御書物同心四人御本丸と打込ニ被仰付之、都合八人ニ罷成申候。然処御用多罷成、同心不足ニ付、御増人之儀奉願、正徳五年小普請より八人被　仰付、其以後都合十六人申候付、御入人之奉願候。

一　元禄七年一人闕申候節、其跡御抱入被　仰付候。

一　同十一年一人闕申候節、其跡、上水同心より御入人被　仰付候。

一　享保七年一人闕申候節、其跡、小普請より御入人被　仰付候。

右之通御座候、以上

未十月　　同役中連名

右書付、先日差出候得共、又ゝ御好ミ可有之も難測候故、思召も無之相極リ候段承合候上、今日之所ニ留置申候。

一　去年闕申候同心姓名・御切米高等、為心得見申度候間、明日ニも書付遣候様ニと、孫大夫被申聞候。以上。

十月十三日　　下田幸大夫

一　去八日飯高孫大夫へ渡し置き候書付、昨十二日壱岐守殿へ差し上げ候ところ、御一覧なされ、思し召しもこれ無く、御受取なされ候由、今日孫大夫物語りこれ有り候。右書付の文言、左の如し。

〈人数についての記述は省略、図17（中段）を参照のこと〉

右書付、先日差し出し候えども、またまた御好みこれあるべくも測り難く候故、思し召しもこれ無く相極まり候段承合候上、今日の所に留め置き申し候。

一　去年闕け申し候同心姓名・御切米高等、心得のため見申したく候間、明日にも書付遣わし候ようにと、孫大夫申し聞けられ候。以上。

十月十三日　　　　下田幸大夫

報告書の内容は、御書物同心の人数は元十六人、現在十五人で、内九人が譜代であることが、報告されており、元禄年中は四人、宝永年中に桜田御殿からの異動で四人が増え合計八人になったこと、正徳五年に業務増加により人員を小普請より八人増員し、合計十六人になったことが述べられ、一つ書きで、個々人の入れ替わりについて報告されている。元禄七年に一名の欠員が生じ、その跡にはお抱え入れで同心が一名採用されたこと、元禄十一年に一名の欠員が生じ、その跡には上水同心より譜代の同心が一名配属換えされたこと、享保七年に一名の欠員が生じ、その跡には小普請より譜代の同心が一名採用されたと記載されている。

此の報告書には一箇所間違いがあると思われる。図17（中段）右の表は、享保十二年十月十三日の条の記述からデータを起こしたものである。「御譜代は九人御座候」とあるが、一つ書きの明細をデータに起こしてみると、譜代は十人になる。

そこで、日記および御書物方年譜覚書等の史料から精査してみると、次のことがわかる。

・元禄六年　吉田浅右衛門、鈴木斧右衛門、宮寺五兵衛、石渡藤左衛門　全員三十俵二人扶持
・元禄七年五月　鈴木斧右衛門　乱死　跡へ御抱入れ　小沢与右衛門　三十俵二人扶持
・元禄十一年正月二十八日　吉田浅右衛門の跡へ、上水方同心　譜代　押野利右衛門三十俵二人扶持
・宝永五年三月　押野利右衛門病気のため、倅へ引き継がれる。
・宝永六年十月　高橋勘兵衛、疋地治助、小沢又四郎、杉村久左衛門の四人桜田より全員二十俵二人扶持
・正徳五年　八人増員　杉山平左衛門、高野次右衛門、神谷加兵衛、高橋八兵衛（以上四人は二十俵二人扶持）、和合甚左衛門、高橋佐次右衛門（以上二人は十八俵二人扶持）、立石幸右衛門、早川政右衛門（以上二人は十八俵一人半扶持）
・享保三年閏十月　杉山平左衛門、弟伝五郎へ相続
・享保七年九月十九日　高橋佐次右衛門　召放ち
・享保七年十一月朔日　荻野政右衛門　二十俵二人扶持　のちに清左衛門と改名　日記には、「右、

同心高橋佐次右衛門明跡ニ申付候間、伊豆守可談候、尤、御譜代ニ而者無之候」と御譜代ではない旨明記されている。

また、譜代はその相続者が地位と俸禄を引き継げるが、抱入れは一代限りの雇用であるため、地位と俸禄は引き継げない。荻野清左衛門は宝暦三年十一月朔日病死し、跡目相続の願いが出されるが、「跡目願書御返被成候、跡目不相立候」と跡目の願いは却下される。このことからも荻野清左衛門は譜代ではなかったと推測できる。その代わり実子清蔵は御書院番同心の佐野右兵衛尉の後に三十俵二人扶持で採用されることになる。家としては二十俵二人扶持から三十俵二人扶持の俸禄に加増したのだから、荻野清左衛門は誠実かつ勤勉で、実子の清蔵も有能な人材と評価された結果であろう。

これらの情報から、享保七年に御書物同心に採用された者は、譜代ではなく、抱入れであったと判明する。図17（下段）はデータを訂正した表で、「御譜代は九人御座候」と一致する。

このように、根本史料に記載されている内容であっても、誤った情報が含まれている可能性もあるので、慎重に史料を読み進めていくことも大切である。

享保十二年十月十四日の条

一　昨日飯高孫大夫被申聞候ニ付、押野理右衛門御切米御扶持方之高幷去年十一月御扶持被召放候旨書付、今日孫太江相渡之候。以上。

十月十四日　　　　奈佐又助

一　昨日、飯高孫大夫申し聞かれ候につき、押野理右衛門御切米・御扶持方の高ならびに去年十一月御扶持召し放たれ候旨書付、今日孫太［孫大夫］へ相これを渡し候。以上。

罷免された同心の姓名と俸禄である切米と扶持の高、ならびに享保十一年に扶持が召し放たれた旨が書かれた書付を飯高孫大夫の質問に対して提出している。ちなみに押野理右衛門は譜代で三十俵二人扶持、四ッ谷伝馬町三町目横町に拝領屋敷がある雇用であった。

御書物同心の俸禄と御褒美（ボーナスと退職金）

同心人事選考の一連の流れとして、この後、享保十二年十月二十六日に書物方同心の切米高の書付の提出を求められ、十月二十九日に下田幸大夫が回答を提出した記録が回答内容も含めて残されている。

享保十二年十月二十九日の条

一　飯高孫大夫此間被申聞候組中御切米高之書付、相調、今日渡之候。

上書

御書物同心御切米高之書付　　　　御書物奉行

御書物同心

一　元禄六酉年、御先手同心より新規ニ被　仰付、
三十俵
二人扶持　取　四人

一　元禄七年戌年一人闕申候節、跡、御抱入ニ被　仰付、
三十俵
二人扶持　被下候　一人

一　元禄十一寅年一人闕申候節、跡、上水同心より御入人被　仰付、
三十俵
二人扶持　取　一人

一　宝永六年丑年、西丸方同心　御本丸と打込ニ被　仰付、

二十俵
二人扶持　取　元桜田者 四人

但、桜田御殿ニ而取来候高ニ而御座候。

一　正徳五年未年、小普請より御増人被　仰付、

二十俵
二人扶持　取　四人

十八俵
二人扶持　取　二人

十八俵
一人半扶持　取　二人

一　享保七年寅年一人闕申候節、跡、小普請より御入人被　仰付、

二十俵
二人扶持　取　一人

右之通御座候、已上。

未十月　御書物奉行

一　飯高孫大夫、この間申し聞かれ候組中御切米高の書付、相調べ、今日これを渡し候。
〈俸禄についての記述は省略、図17（中段）を参照のこと〉

日記にこのような記録が残されているおかげで、公的記録には記録が残らない同心の俸給水準の変遷を追うことが可能となる。ただし、統計として定期的に記録が残されているわけでなく、人事関係の動きがあった時に上司からの問い合わせの回答の記録として残っているに過ぎない。

このような情報を拾い集めたものが、〈表4〉御書物同心俸禄推移一覧であり、視覚的に変化をわかりやすく表現したのが〈図19〉御書物同心俸禄推移一覧（抄）である。御書物同心の俸禄は三十俵二人

表4　同心報酬推移一覧

	総計人数（無足もカウント）	30俵2人半扶持	30俵2人扶持	20俵2人扶持	20俵1人半扶持	20俵1人扶持	18俵2人扶持	18俵1人半扶持	17俵5升1人半扶持	17俵2人扶持	15俵3人扶持	15俵2人扶持	15俵1人半扶持	15俵1人扶持	10俵1人半扶持	10俵1人扶持	無足
元禄六年（一六九三）十一月	4		4														
宝永六年（一七〇九）十月	8		4	4													
正徳五年（一七一五）七月二十八日	16		4	8			2	2									
享保七年（一七二二）九月十九日	15		4	8			1	2									
享保七年（一七二二）十一月朔日	16		4	9			1	2									
享保十二年（一七二七）十一月二十六日	16		3	9	1		1	2									
享保十四年（一七二九）八月	16		3	9	1		1	1									1
享保十六年（一七三一）七月	15		3	8	1		1	1									1
享保十八年（一七三三）三月十二日	17		3	10	1		1	1									1
享保十八年（一七三三）九月十八日	16		3	9	1		1	1									1
享保十八年（一七三三）十一月晦日	15		3	8	1		1	1									1
享保十九年（一七三三）三月十三日	16		3	9	1		1	1									1
享保十九年（一七三四）九月一日	15		3	8	1		1	1									1
享保二十年（一七三五）三月五日	16		3	9	1		1	1									1
享保二十年（一七三五）八月四日	15		2	9	1		1	1									1
元文二年（一七三七）二月二十七日	14		2	9	0		1	1									1
元文二年（一七三七）十二月二十日	15		3	10			1	1									
元文三年（一七三八）十二月十八日	14		3	9			1	1									
元文四年（一七三九）八月朔日	13		2	9			1	1									
元文四年（一七三九）九月二十五日	15		2	10			2	1									
元文四年（一七三九）九月二十八日	16		3	10			2	1									
元文五年（一七四〇）二月二十四日	15		3	9			2	1									
寛保三年（一七四三）七月十二日	15		4	8			2	1									
寛保三年（一七四三）九月十日	15		4	8			2	1									
延享二年（一七四五）十二月二十八日	15		4	8		1	1	1									
延享三年（一七四六）十二月二十六日	16		4	8		1	1	2									
延享五年（一七四八）四月二十六日	15		4	8			1	2									
寛政四年（一七九二）十月十九日	15	1	3	4	1		1				1	1				3	

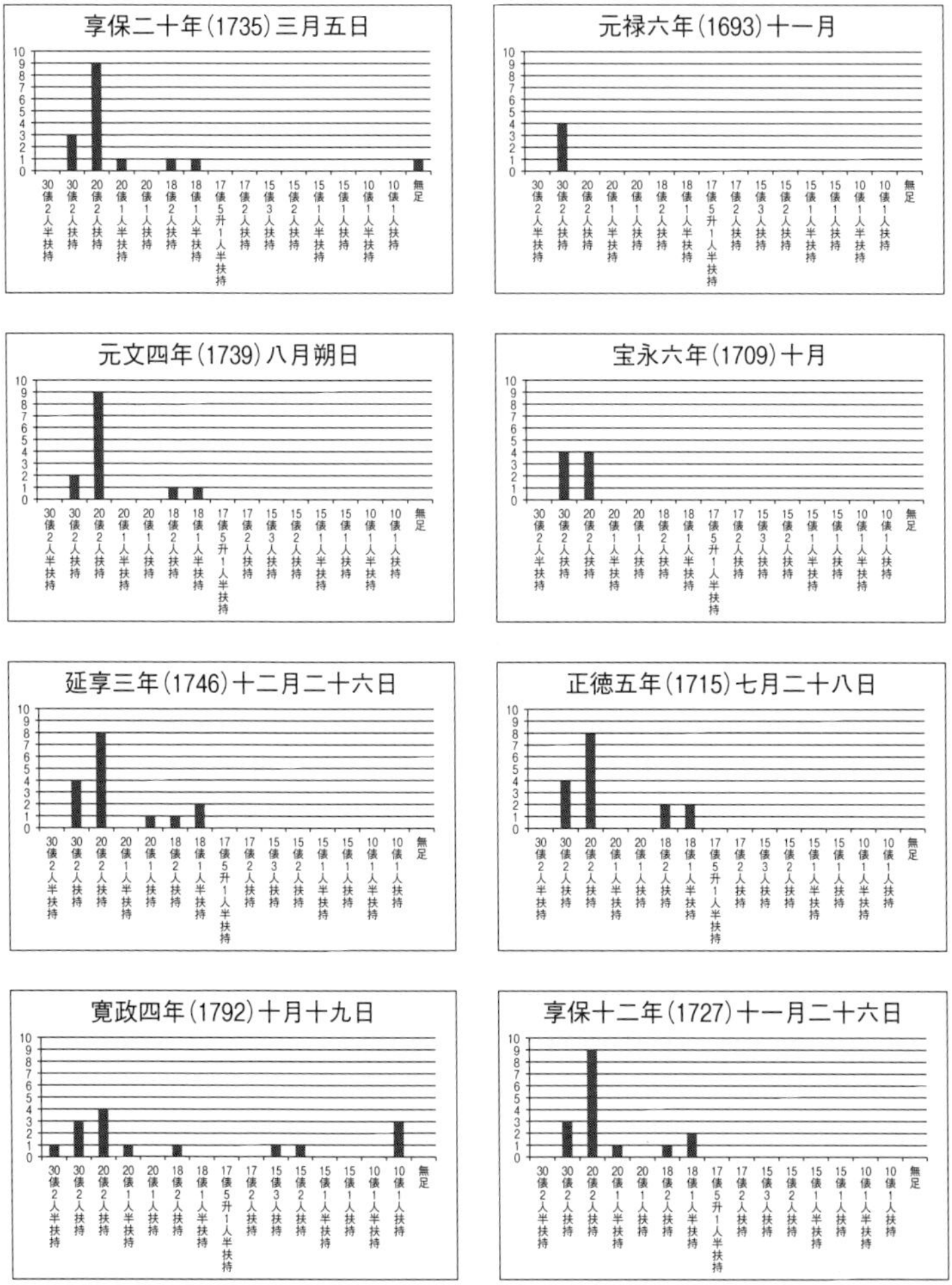

図19　同心報酬推移一覧　抜粋

扶持よりも二十俵二人の方が圧倒的に多く、御書物同心の席は十六人であるが、無足の見習いを除く実質数はそれ以下なのは、欠員ができた時にこの調査が行われていたためと考えられる。

十俵一人扶持は、部屋住みの仮御抱入れとして採用した者で、人件費抑制のための措置と考えられる。御書物同心の仕事を見習い、世代交代の時に支障なく業務が引き継がれるという利点もある。

また、年代が下がるほど俸禄に格差が生じていることもわかる。そして全体の水準も下がっていることがわかる。全く他の要因だが、米の生産性が向上し米価が下がったこともあり、同心の暮らしぶりは下方に推移していった可能性がある。米の物価で金一両の価値を換算すると、日本銀行金融研究所貨幣博物館によれば、江戸前期約十万円、中期～後期四～六万円、幕末で約四千～一万円とのことなので、御書物同心の俸禄の価値もこれぐらいの勢いで下がっていたことになる。

将軍に直属していた一万石以下の武士は「直参」あるいは「幕臣」と呼ばれる。徳川日本においては、「将軍に御目見以上の格式ある者」は旗本、「御目見以下の者」は御家人と呼ばれたというのが通説である。「旗本は一万石以下、御番衆までの通称であり、御家人には御目見以上、以下という区別はない」という見解もある。

俸禄の支給方法としては、知行取りと蔵米取りがあり、知行取りは知行所（給地）を与えられその土地の年貢が俸禄となる。「四公六民」の場合、収穫量の四割が収入となる。知行十石の場合、実収入は四石である。蔵米取りは、享保八年（一七二三）以降は、春、夏、冬の三回に分けて支給される。春借米（二月）と夏借米（五月）は四分の一ずつ、冬切米（十月）に残りの二分の一が支給された。押野利

〔理〕右衛門が解雇された時、「利右衛門御切米御扶持請取手形相除候ニ付書替所ヘ御勘定奉行ゟ断之書付一通」の文書が出されているように、御書物同心は受取手形の交付を受け、お米や米切手に引き換えていたようである。また、御書物奉行が異動や亡くなった場合、「御切米御扶持手形」の裏印から異動したあるいは亡くなった御書物奉行の名前を除くと書替奉行へ伝達するよう勘定奉行へ依頼している事例が確認できる。

一人扶持というのは一人一日玄米五合を基本として毎月給付された。一ヶ月（三十日）で一斗五升、一年では一石八斗（一年は三百五十四日で一石七斗七升）となる。江戸幕府は一俵を三斗五升としていたので、一人扶持は五俵と換算され、二人扶持では十俵ということになる。三十俵二人扶持なら四十俵の給与と換算できる。四斗の籾を玄米にすれば三斗五升になるとの計算をすれば、四石の籾米は、蔵米の十俵に相当する。知行四十石は、三十俵二人扶持とほぼ同じとなる。

寛政八年正月十九日の条に、十五俵三人扶持の御書物同心山本庄之助（世話役助、五十六歳）が八石一人扶持の田安御屋形火之番へ足高を付けて八石二人扶持で雇われる「御場所替願書」を提出している事例が見られる。庄之助の十五俵三人扶持は三十俵と換算され、八石一人扶持は知行取りではなく、蔵米取りの物成取か切米取と考えられ、二十五俵と換算でき、五俵減での転職となる。なので足高がつけられ、八石二人扶持という条件になったと考えられる。祖父・父も田安家に仕えていた由緒での異動希望であったと考えられる。ただしこの「御場所替願書」は却下されたようで、翌寛政九年正月十一日の条に御書物方同心の一人として名前が見られる。

日記を読んでいると、他の部署から求人が来たり、御書物同心が「御場所替願」を提出する事例（参照　表6　御書物同心人事関係記事一覧）が見られる。求人は同心本人だけではなく、同心の妻に対してもあった。「乳持」を勧められるか調査があり、「病身にて乳不足」と断ることが多かったように見受けられる。日記の一例であるが、御役御免により養育手当が支給された記録がある。文化八年七月二十一日の条に御書物同心木下伊右衛門の妻が御乳持御用を勧めていたが、御用が務められなくなり御暇がくだされ、我が子の養育のため翌々年十二月まで三人扶持が下された事例である。

御書物奉行は、二百俵七人扶持なので、二三五俵と換算され、三十俵二人扶持の同心の五・八八倍、二十俵二扶持の同心の七・八三倍の給与となる。同心見習いは十俵一人扶持なので、十五・七倍となる。現代と比較して、格差が大きいように感じるが、役職につくと役務を果たすためにかかる必要経費は俸禄から捻出しなければならない。必要経費を会社が負担する現代のシステムとは違う点である。

日記を読んでいると、宝暦七年十二月二十七日に「此度一人之明跡江十七俵二人扶持之者御入人に罷成候ても不苦候哉之由」と十七俵二人扶持でも務まるかの聞合わせがあったことがわかる。

俸禄は家ごとに決まっており、代々相続されていく。高い役職についた場合、俸給も加増する例もあるが、ほとんどはそのままで諸経費が増え、逆に困窮することになるので、役職についている間に限り役職手当として給与が補填され、それを足高《たしだか》といった。御書物奉行の場合は二百俵七人扶持とされていた。「足高の制」は八代将軍吉宗が享保八年（一七二三）六月に人材登用政策のひとつとして足高の制を施行したとして有名だが、御書物奉行の例を見て見ると享保六年九月六日に七人扶持の足高がつけられている。幕府の財政事情のためか、必ずしも九十人の御書物奉行が二百俵七人扶持以上だった訳ではない。

初期の御書物同心の俸給額三十俵二人扶持、すなわち四十俵は、米一俵は一石、一石は一両なので、年俸四十両となる。日本銀行金融研究所貨幣博物館によると米価によって算出した一両の価値は、江戸前期約十万円、中期〜後期四〜六万円、幕末で約四千〜一万円とのことなので、一両を約十万円とすれば、約四百万円となる。二十俵二人扶持なら三十俵で三十両で約三百万円となる。経済的価値だけで考えると低く感じるし、実際江戸中期、後期、幕末と時代が下るほど米の物価は相対的に下がるので家計は苦しいかもしれない。しかし、かけそばで一両の価値を計算してみると、江戸後期一杯十六文、現代は立ち食いそば屋で三百円ぐらいとすると、江戸後期の公定相場は金一両＝銀六十匁＝銭六五〇〇文なので、一両で四〇六杯食べられ、三百円のかけそばを四〇六杯食べると約十二万二千円の支払いとなる。江戸後期において一両は約十二万二千円の価値があったともいえる。比較の尺度の違いで、一両の価値も変化する。また、俸給額三十俵二人扶持には、所得税や住民税、固定資産税といった税金は課せられず、厚生年金、健康保険料といった掛け金もなく、手取りの値である。このほかに御褒美があり、拝領屋敷があれば、家賃は必要なくなり、土地の一部を貸すこともでき副収入が得られる。福利厚生、勤務時間数及び通勤環境を考えれば、経済的価値だけで比較することは無意味かもしれない。現代のサラリーマンと比べてどちらが負荷が低く、豊かな人生だろうか。価値観の持ち方で、どのようにも考えられる。生活面での物質的な豊かさでは圧倒的に現代の方が豊かであろう。

御書物同心は年俸制であり、それを三回に分けて受け取っていたが、それ以外の収入として御褒美がある。御褒美には、何か特別な業務や働きに対するの報酬と退職金としての報酬がある。それ以外の例外的な事例としては、貴重な書籍を献上した時に御褒美が下されることもある。御書物奉行近藤重蔵は文化十三年十二月三日に銀二十枚を御書物奉行高橋作左衛門は時服二つを下されている。もう一つの例外的な事例として、松平加賀守が御文庫の書物『史記』四十三冊、『史記』四十冊、『前漢書』三十五冊、『後漢書』二十一冊、『北史』五十冊、『唐書』三十二冊を拝借した折に世話になったお礼に世話役二人と助の者一人へ金三百疋ずつ贈ったことがあげられる。チップ的な意味合いであろう。勿論、すぐ懐へ入れるのではなく、受け取ってよいかの伺い書を提出し、許可を得てから後日受け取った。ちなみに、この時代の金一両は四百疋である。金三百疋という金額は、チップとは言えない高額なお礼である。

享保の頃は、八月をすぎると御褒美該当者がいないかの調査があり、御書物御奉行が申請し、審議され十一月〜十二月に支給されていたようである。ご褒美は人が対象であった。例えば、寛政七年九月二十日に、御書物修復の御褒美として山本庄右衛門・大塚理助・野島金七郎に金二両ずつ下されている。時代が下るにつれ特別な業務に対して御褒美金が支給され、業務に携わった者で分割していたようである。そして、最終的には公正性を担保するため、規定までが作成されている。寛政八年（一七九六）八月二十六日の条に記録されている内容は次のとおりである。記録文書に「御手当」という言葉が使われているように、この頃はすでに現代的な意味での御褒美というよりも、年末の勤勉手当という感覚に移行していっていたのかもしれない。

御修復日数之定
　一ケ年之内晴天二百日
　　　　　　　但正月十二月を除く
日勤之者　　　　　　　三人
一日一人前御手当銀九分七厘五毛宛
一ケ年内二百日皆勤者一人前百九十五匁宛
隔番之者　　　　　　　五人
一日一人前御手当銀六分七厘五毛宛
一ケ年内百日皆勤者一人前六十七匁五分宛
本工　百八十匁
手伝　七十五匁　　絵工方　二人
右相訳り候ニ付　平均ニ不及候事
四番之者　　　　　　　八人
一日一人前御手当銀六分五厘六毛余宛

0.975匁 × 200日 = 195匁
195匁 × 3 人 = 585匁
0.675匁 × 100日 = 67.5匁
67.5匁 × 5 人 = 922.5匁
0.656匁余 × 50日 = 32.8匁余 ≒ 32.81匁
32.81匁 × 8 人 = 262.96匁

585匁 + 922.5匁 + 262.96匁 = 1770.46匁
1770.46匁 ÷ 60 = 29.507 ≒ 29.56　約30両

図20　修復御褒美総額の計算書

一ケ年内五十日　皆勤者一人前三十二匁八分一厘余

毎暮御褒美之節、銘々出勤之日数を以、一役切に日勤之者病気其外無拠義にて引候事有之候は丶、十日迄は用捨、引数十一以上に及候は丶、一日銀九分七厘五毛宛之割にて御手当金之内相減候て、皆勤之者、引候者之減候銀を以、加増頂戴可仕候事

（前半省略〈図20〉参照）

毎暮御褒美の節、銘々出勤の日数を以って、一役切に日勤の者病気其外、拠なき義にて引き候事、これ有り候わば、十日迄は用捨、引数十一以上に及び候わば、一日銀九分七厘五毛宛の割にて御手当金の内相減り候て、皆勤の者、引候者の減じ候銀を以って、加増頂戴仕《つかまつ》るべく候事。

この記録を目にしたとき、なんと明朗、なんと明快と感動した。総額を計算したところ（〈図20〉参照）、三十両が御褒美の総額と推定される。どのような査定や評価でボーナスの金額が決まった

のか全くわからないのに比べ、清々しい。この記録から、現代の基準に照らし合わせると、有給休暇は十日と解釈することもできるのではないだろうか。勿論、現代のように自由に使える休みではなく、本人の病気や家族の看病などに限られ、遊山に使えるわけではない。ただし、治療のための温泉利用は認められている。

ここで、注目しておきたいのは、晴天の日に限り年二百日程度、日勤する御書物修復担当者三名の出現である。寛政八年の御書物同心十六人の勤務形態が垣間見られた事例でもある。

享和二年十二月二十日の条には、修復御褒美として、六人に金五百疋ずつ、二人と九人に金三百疋づつ渡された記録〈図21〉がある。総額六三〇〇疋、換算すると金十五両三分である。

老衰御褒美は、退職時に「御褒美願」を御書物奉行が書類申請をして、御書物御奉行なら金二枚、御書物同心なら銀五枚あるいは銀（子）三枚が与えられたようである。銀一枚は銀四十三匁である。公定相場ならば、一両は六十匁であるので、約三・五両から二両程度と考えられる。

次の事例は御書物奉行が、京都の二条家が火災に遭い日記を焼亡してしまい、写本の提供を求められたのだが、二条家の日記の写本が御文庫の所蔵本に見当たらないという経緯があり、日次記《ひなみき》の複本作成が命じられる。その過程で仕事を仰せつかった御書物奉行に御褒美金三枚が下された記録である。

元文四年十二月十八日の条

詰番　　深見新兵衛

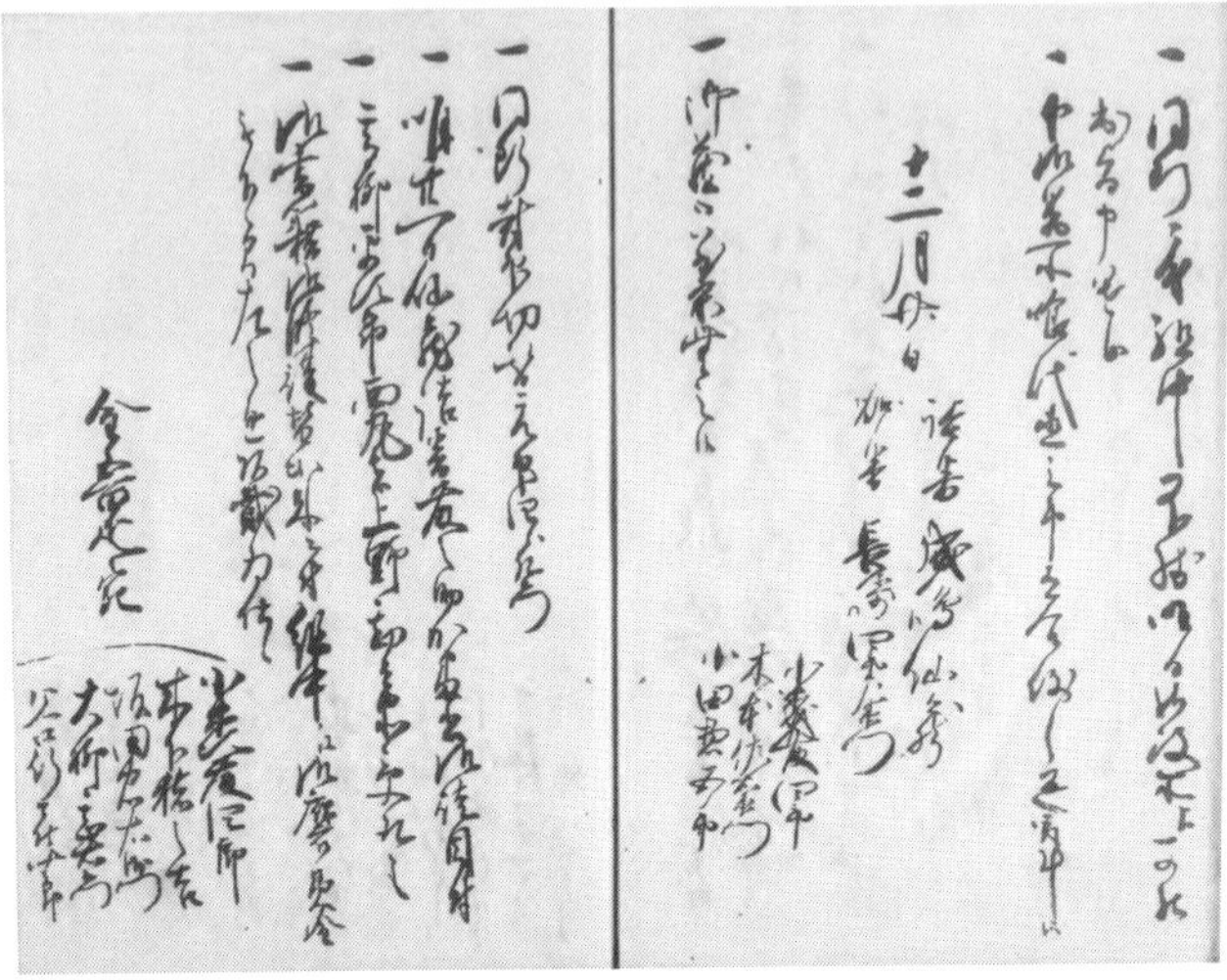

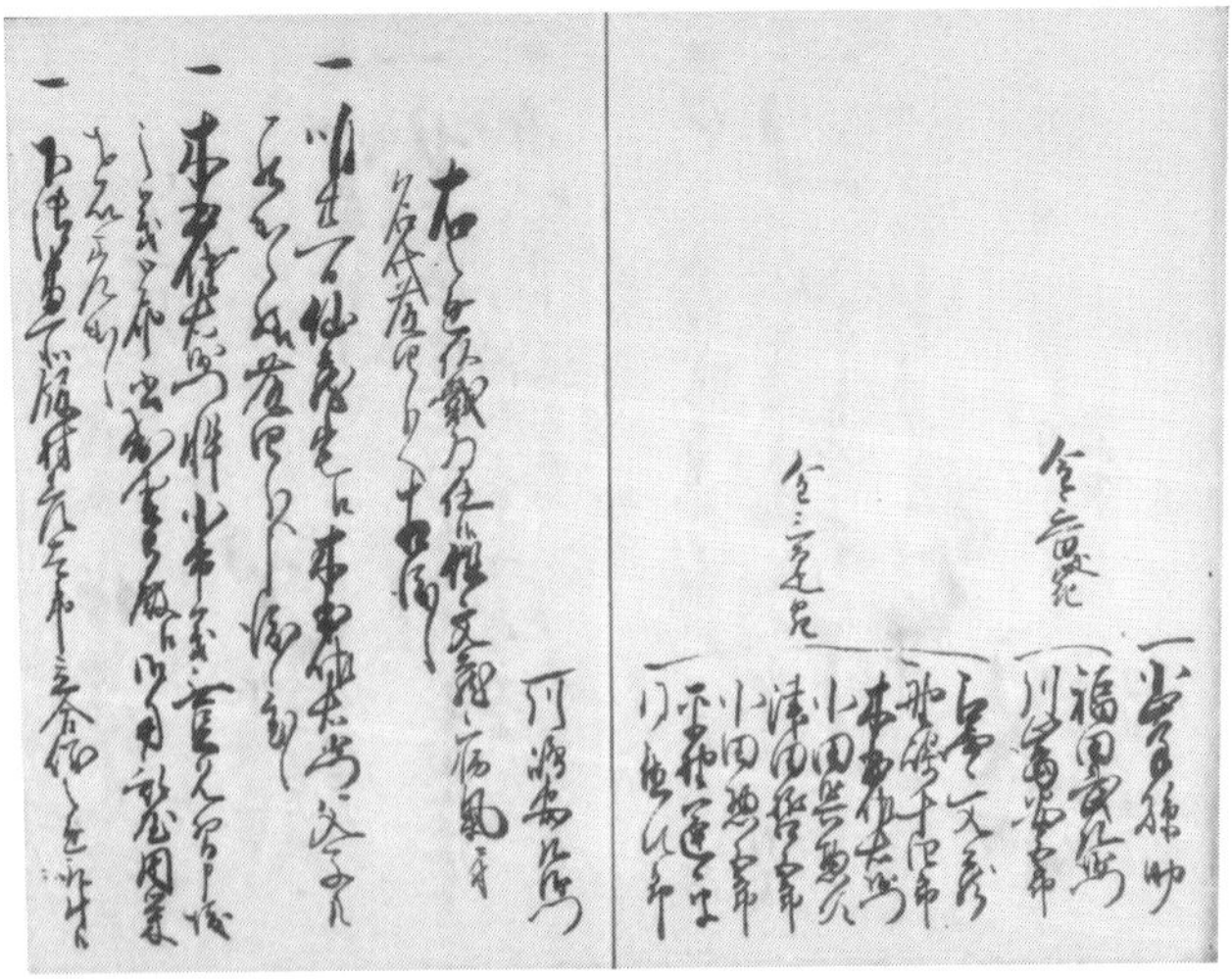

図21　国立公文書館所蔵『御書物方日記』（請求記号257-0002）
享和二年十二月二十日の記録

加出　　桂山三郎左衛門

一　今朝、両人共ニ罷出候処、於新部屋ニ伊予守殿被　仰渡、左之通拝領仕候。
金三枚　　桂山三郎左衛門
同断　　深見新兵衛
右者、日次記校合被　仰付候所、冊数も多、骨折相勤候ニ付、右之通被下之。

（略）

一　今朝、両人ともに罷り出で候処、新部屋に於いて伊予守殿　仰せ渡され、左の通り拝領仕り候。
右は、日次記校合仰せ付けられ候ところ、冊数も多く、骨折り相勤め候につき、右の通りこれを下される。

深見新兵衛、桂山三郎左衛門はこれまでも多くの書物の調査や校合作業を行なっており、図書館専門職としての活動が目立っている人物である。金三枚というのは、小判ではなく大判（享保大判金と考えられる。その場合、公定価格七両二分）を三枚下賜されたとわかる。この日二人が出勤するために、事前に段取りがなされている。それがわかるのが前日の記録である。

元文四年十二月十七日の条

詰番　桂山三郎左衛門

一　伊予守殿御用有之由、口上ニて申来候間、御殿江罷出候処、奥御右筆を以、左之御書付御渡被成候。

深見新兵衛
桂山三郎左衛門

右、明十八日四時
御城江可被罷出候、
十二月十七日

右御書付本紙、早速新兵衛殿江為持遣之。

一　伊予守殿御用これ有りの由、口上にて申し来たり候間、御殿へ罷り出で候処、奥御右筆をもって、左の御書付御渡し成され候。

深見新兵衛
桂山三郎左衛門

右、明十八日四時

御城へ罷り出でられべく候、
十二月十七日
右御書付本紙、早速新兵衛殿へ持たせこれを遣わす。

詰番で出勤していた御書物奉行桂山三郎左衛門は、若年寄本多伊予守殿の御用がありますと口頭で連絡があったので、御殿へ罷り出でたところ、奥御右筆から左の内容が認められた書付を渡され、出勤日ではない深見新兵衛へ書付そのものを届けさせたということがわかる。

次の事例は、御書物同心の小沢又四郎が御褒美に金五両（小判）を毎年もらうというものである。毎年というところが非常に珍しく、携わった作業に対してというよりは、人に対しての御褒美という意味合いが文面から見てとれる。興味深いところは、毎年、御書物奉行が御褒美請取の手続きをしており、その手続きをマニュアル化しているところである。案文控帳なる事務手続きのための書式集を編集していたことがわかる。案文控帳にない、あるいは案文が探し出せない場合、他の組織の案文を取り寄せ、日記に記録をとどめている。明和八年五月二日の条に御書物同心和合佐太郎の湯治願の願書を出すにあたって、見本として御納戸同心の西宮友八郎の願書を取り寄せている事例を見つけることができる。

元文三年十二月十四日の条

水原次郎右衛門

一　伊予守殿御用之由、昨日御目付中ゟ申来リ、御殿江罷出候処、左之通御書付を以、伊予守殿被
仰渡候。

金五両　　　　御書物同心世話役
　　　　　　　小沢又四郎

右学才茂有之、無点之書物等致熟読、手跡茂能認、考物御用等
手伝仕、常ゝ精出相勤候付而、右之通金子年ゝ被下候。

右之通、可被申渡候。

右之通被仰渡候ニ付、則於御納戸金子五両請取之、又四郎江相渡、右之趣申渡候。本書ハ右号江入
置候。且又、右御礼として、御支配方御三人江今日拙者相廻リ候。尤、同役中及廻状候。

一　伊予守殿御用の由、昨日御目付中より申し来り、御殿へ罷り出で候処、左の通り御書付をもって、伊予守殿
仰せ渡せられ候。

金五両　　　　御書物同心世話役
　　　　　　　小沢又四郎

右学才もこれ有り、無点の書物等熟読いたし、手跡も能く認め、考え物御用等手伝い仕り、常々精出し相勤め候につきて、右の通り金子年々下され候。

右の通、申し渡されべく候、

右の通り仰せ渡され候に付き、則御納戸に於いて金子五両これを請け取り、又四郎へ相渡し、右の趣申し渡し候。本書は右号へ入れ置き候。且つ又、右御礼として、御支配方御三人へ今日拙者相廻り候。尤、同役中廻状および候。

御書物同心世話役の小沢又四郎が毎年金五両下賜される理由として、学才があること、訓読点がついてない白文の漢籍等を熟読できること、字が上手に書けること、校合作業等の考え物御用の手伝いをしたこと、日々精勤に働いていることがその理由となっている。

小沢又四郎の手跡〈図22〉を参考までに紹介しておく。これを小沢又四郎の手跡と考えるのは、まず、国立公文書館所蔵『掌中要録』の来歴に「紅葉山文庫」とある『掌中要録』は三冊一組であること、その書物の三冊目の奥書に「仰繕写其書者也　元文五年庚申七月」と記されていることが挙げられる。一方、日記の記録と照合すると、元文五年四月六日の条に、「楽人差出候三冊、新写被　仰付候間、御書物方ニ而為写候様ニ、近江守殿被申渡候」とあり、京都から来た楽人辻豊前守が東儀左京亮を以って差し出した三冊の本である。同じ日の条に小沢又四郎を呼び出し、近日より会所に出てきて写すように命

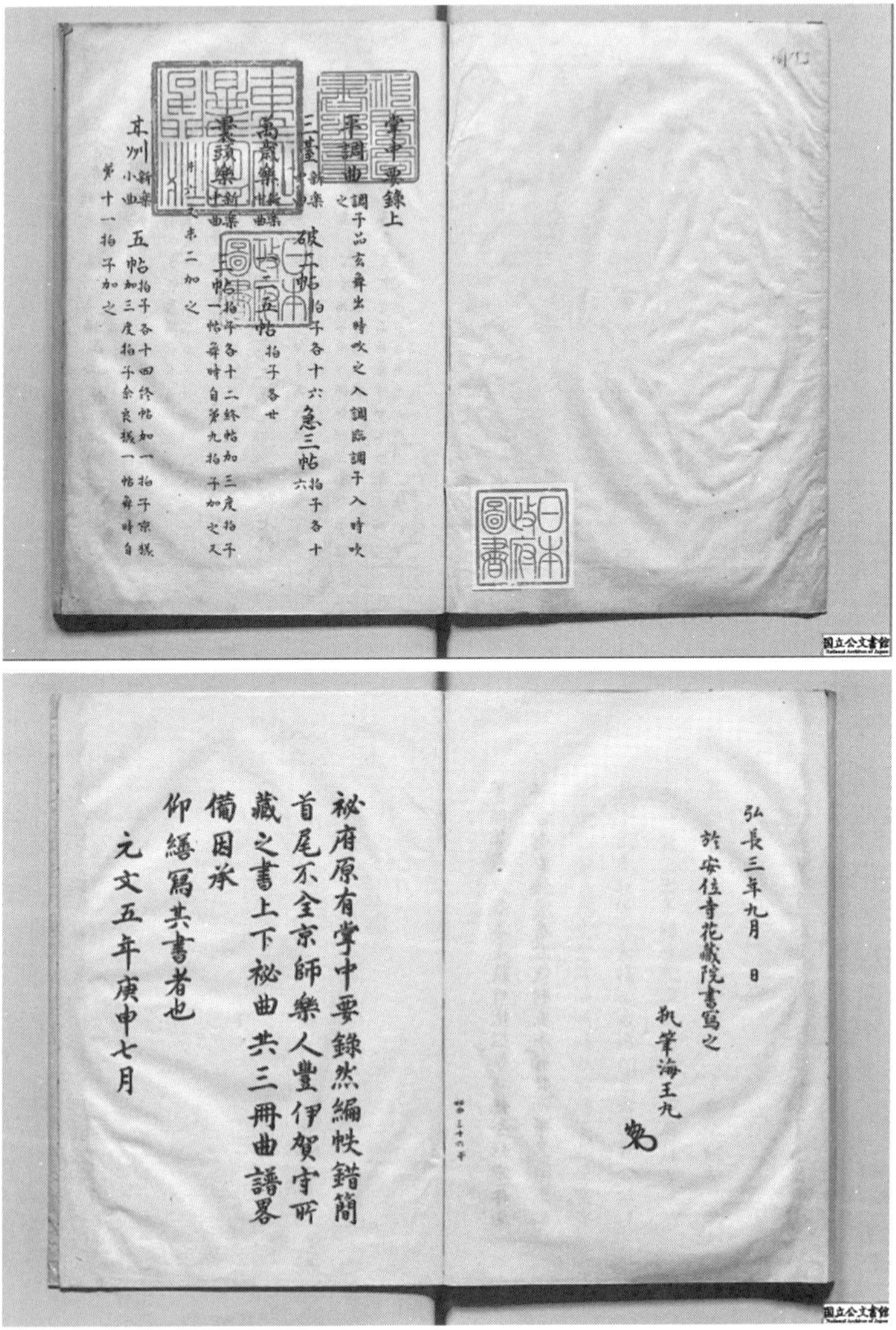
弘長三年九月　日
於安位寺花蔵院書写之
執筆海王丸

秘府原有掌中要録然編帙錯簡
首尾不全京師楽人豊伊賀守所
蔵之書上下秘曲共三冊曲譜畧
備因茲
仰繕写共書者也
元文五年庚申七月

図22　御書物同心の仕事の一例②　小沢又四郎の手跡
国立公文書館所蔵『掌中要録』（請求記号：特102‒0004）

じていることが確認できる。そして、翌七日には、書写に必要な筆・墨・紙の出納手続きをし、即、御納戸から美濃紙四帖を払い出し、紙の表面を滑らかにして筆の滑りをよくするため、から打ち処理をさせるため、書林八右衛門の手代に渡していることがわかる。筆と墨は、現物支給ではなく、購入代金を受け取る方法だったことが記録されている。四月九日の条に美濃紙がから打ちされ納品されていることが確認でき、そして、四月十四日に、明日四月十五日からの作業開始につき定式のほかに一人分のお弁当の手配の手続きが取られ、翌日四月十五日の条に「掌中要録、今日ゟ又四郎相認候」とあり、書写が開始されたことが確認できる。元文五年七月二十二日の条に「又四郎罷出、写御本認之」（又四郎罷り出で、御本を写し之を認める）と記録されており、翌七月二十三日の条に「又四郎相認候掌中要録、昨日迄ニ不残書写相済候ニ付、交合之ため、右写本三冊、楽人本三冊ともニ、今日、新兵衛宅江為持遣し置候」（又四郎相認め候掌中要録、昨日までに残らず書写相済み候につき、交合のため、右写本三冊、楽人本三冊ともに、今日、新兵衛宅へ持せ遣し置き候）と昨日書写作業が終わり、御書物奉行の深見新兵衛が自宅に持ち帰り、書写本と原本を交合したことが読み取れる。そして、七月二十六日に御殿に罷り出で、写本三冊と原本三冊を提出し、「右写物御用ニ付、又四郎毎日罷出候ニ付、四月十五日ゟ定式之外ニ夕御料理一人分相増候処、昨日迄ニ相済候間、今日ゟ相廻し不申候様ニ御断返し書付、伊予守殿江差出し候」（右写し物御用に付き、又四郎毎日罷り出で候に付き、四月十五日より定式の外に夕御料理一人分相増し候ところ、昨日迄に相済み候間、今日より相廻し申さず候様に御断り返し書付、伊予守殿へ差し出し候）と記録している。この記録より、又四郎は元文五年四月十五日から七月二十六日まで毎日出勤して書写作業をしていたことがわかる。これらの日記の記録により、奥書に「元文五年庚申七月」とある『掌中要録』三冊は、小沢又四郎の手跡による写本だと推定できる。

御書物御奉行の場合は、御褒美を受ける当人が御城へ赴くが、御書物同心の場合は御書物奉行から御褒美が渡されることが読み解ける。御書物奉行は御納戸で金子五両を受け取り、小沢又四郎へ渡している。通達文書の本紙は会所の執務机の後ろにある右側の箪笥の引き出しに入れていること、御書物奉行の仕事として若年寄の御三方へお礼の挨拶回りに行っていること、同僚の御書物奉行へは回覧文書で伝達したことがわかる。

翌年以降の記録は以下の通りである。

元文四年十一月十六日の条

一　定式
　金五両　　　　　　　　　　　御書物同心世話役
　　　　　　　　　　　　　　　　小沢又四郎

右之金年〻被下之旨、去年十二月十三日被仰渡候。依之、当年分請取申度奉存候。

御納戸頭江被仰渡可被下候。以上。

未十一月　　　　　　　　　　　御書物奉行

一　定式
　金五両　　　　　　　　　　　御書物同心世話役
　　　　　　　　　　　　　　　　小沢又四郎

右の金、年々下さるるの旨、去年十二月十三日仰せ渡され候。これにより、当年分請け取り申したく存じ奉り候。

御納戸頭へ仰せ渡され下されべく候。以上。

未十一月　　　　御書物奉行

元文四年は、一ヶ月早く十一月十六日に御褒美の準備を行なっていることがわかる。そして、元文五年は十一月十三日に手続きをし、十五日に小沢又四郎へ渡していることが日記からわかる。案文控帳の存在がわかるのは、元文五年十一月十三日の記録である。

元文五年十一月十三日の条

一　又四郎江被下金差出シ、今日、伊予守殿へ差出之、於御納戸請取之。案文扣帳ニ有之。

一　又四郎へ下され金差し出し、今日、伊予守殿へこれを差し出し、御納戸に於いてこれを請け取る。案文扣帳にこれ有り。

ここで、言葉を補って考えると、「今日、若年寄の本多伊予守殿へ小沢又四郎へ下される御褒美金五両を御納戸に於いて請け取れるよう手配願いの書付を差し出し、御納戸で金五両を受け取る。この書付の見本は案文控帳にある」になると推測する。最初の之は書付をさし、次の之は金五両をさすのであろうか。「下金」を下賜金のように名詞的に扱うべきかとも考えたのだが、「差出シ」と「し」の送り仮名が振られていることもあり、「下金」と名詞にはしなかった。類似表現は、翌年の寛保元年の時にも見られる。

寛保元年十一月七日の条

一　又四郎江之下金差出し、今日、是又伊予守殿へ光伯を以差出之、則払方於御納戸金五両請取之、
　　惣右衛門江相渡申候。

一　又四郎へこれ下る金差し出し、今日、これまた伊予守殿へ光伯をもってこれを差し出し、則ち払方御納戸に於いて金五両これを請け取り、惣右衛門へ相渡し申し候。

惣右衛門は小沢又四郎の倅で、小沢与四右衛門の跡に元文四年九月二十八日に採用されている。小沢与四右衛門は三十俵二人扶持で元禄七年（一六九四）五月に乱死した鈴木斧右衛門の跡に御抱入れになった人物である。小沢与四右衛門の倅小沢清四郎は、前述のとおり享保十四年（一七二九）七月から御書物同心見習になり、稲村伝助が元文二年正月二十七日に小普請入の願書を出し、二月二十七日に小普請入りした跡へ、元文二年（一七三七）十二月二十日から三十俵二人扶持で御書物同心に採用されている。小沢与四右衛門が元文四年八月朔日に病死した跡へ、小沢又四郎の倅小沢惣右衛門が入り御書物

同心となったのである。小沢与四右衛門は元文四年四月四日に、病気のため湯治願を御用番佐渡守へ提出し、則、願いの通り湯治を仰せ渡されたのだが、治療の甲斐なく病死したようである。

小沢又四郎はその後も、寛保二年十一月八日、寛保三年十一月三日、延享元年十一月三日、延享二年十一月七日と御褒美金五両をもらっていたことが日記の記録でわかる。

御書物同心の相続事情

小沢与四右衛門は元禄七年（一六九四）から元文四年（一七三九）まで御書物同心を四十五年間勤め在職中に病死した。御抱入れだったので、倅小沢清四郎を無足の見習として享保十四年（一七二九）七月から勤めさせ、約八年後元文二年十二月二十日に御書物同心の御抱入れでポストを得た。小沢清四郎は、元文五年十一月十五日に与四右衛門と改名する。小沢清四郎改め与四右衛門の惣領猪之助は延享元年十月十日に小沢又左衛門と改めている。小沢又左衛門も倅小沢安之丞を明和四年（一七六七）十二月二十九日に十俵一人扶持で仮御抱入れしてもらっている。

一方、小沢又四郎は桜田より宝永六年（一七〇六）十月に編入し、病気で明和元年（一七六四）閏十二月十日に倅小沢勝五郎に譲り、御褒美として銀五枚を得ている。編入してから五十五年の勤務であった。小沢又四郎の跡を継いだ小沢勝五郎は病気のため安永三年（一七七四）五月に四十三歳で御暇を願った願書から、三十三歳で御書物同心になったことがわかる。小沢勝五郎は明和二年三月十二日の朝に男子が生まれたらしく、三月十四日の条に三月十三日に御書物同心世話役の杉村久左衛門方に「産穢届書」

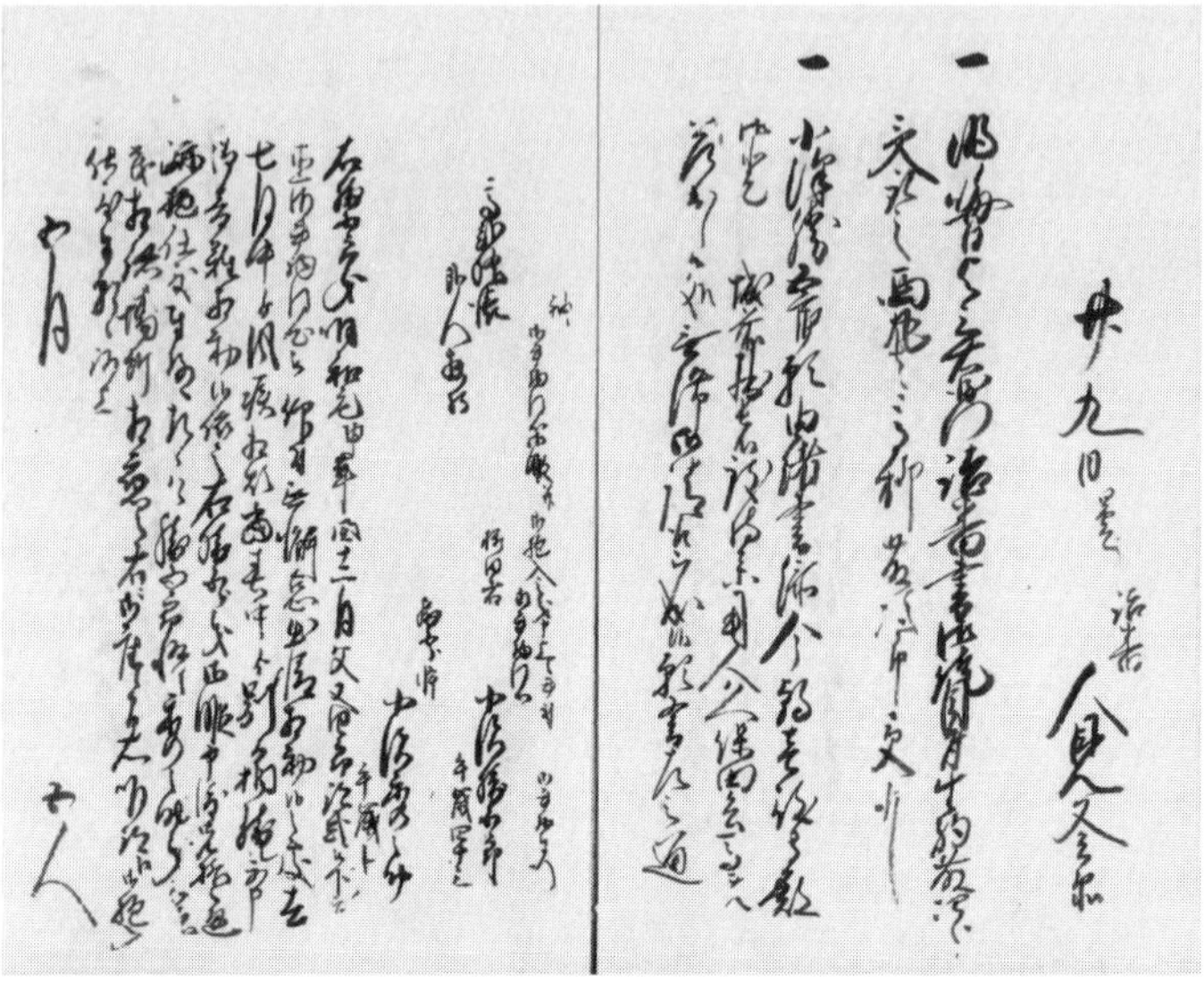

図23　国立公文書館所蔵『御書物方日記』（請求記号257-0002）
安永三年五月二十九日の記録

を提出したことが記録されている。定式の七日間お休みとなり、三月十九日の条に産穢明けとなったことも記録されている。この時生まれた男の子がこの願書で跡式を下されるようお願いしている倅秀之助だと思われるのだが、年齢的に幼すぎるので、もう一人上に男子がいたとも考えられる。安永三年五月二十九日の条（〈図23〉参照のこと）の記録では「午歳十」とも、その下の文字が切れているようにも見える。十歳ならばまさに明和二年に生まれた男子が秀之助である。「手跡も相認め場所相応之者」と御書物奉行の評価もあり、桜田者なので、御譜代と同じく俸禄は継承され二十俵二人扶持は倅秀之助へと相続されたのだが、安永七年五月九日に町奉行牧野大隅守から「御家人ニ不似合致方」と不良行動を咎められ、召し放される結果となる。安永六年十一月二十二日に鈴木源八郎方で岡野長之助と三人で酒を飲み不埒な行動をした咎で、鈴木は「江戸払」、残る二人は「御扶持被召放」となるのだが、十四歳で酩酊するほどお酒を飲むとは考えられないが、いかがなものだろうか。

なお、小沢又四郎のもう一人の倅である小沢惣右衛門は病気のため御暇を願い、宝暦三年（一七五三）三月五日に願い通りに御暇を申し渡され、御書物同心跡に従弟の宮原安兵衛が入った。日記を読んでいると、御書物同心のポストは親から実子あるいは養子・婿養子へ引き継がれるだけでなく、兄弟や母方従兄弟に引き継がれる事例も散見する。例えば、桜田者の杉山平左衛門は享保三年（一七一八）に弟の伝五郎へ相続している。石渡藤左衛門は享保九年六月に病死し、養子が藤左衛門として跡をついでいる。桜田者の疋地治助は享保九年正月に病死し、養子が治助として相続している。高橋八兵衛は享保八年に養子願が受理され養子を迎えるが、「養子不行跡ニ付戻シ度旨」の願書を出し、享保十六年十二月二十一日に養子関係を解消し、新たに娘婿金蔵を養子にするべく享保十七年七月十二日に願書を出し、十一月二日に許可がおりる。その後享保十九年三月九日に八兵衛は老衰により隠居願をだし、六月二十一日に許可がおり、翌二十二日に養子金蔵へ俸禄が申し渡されている。宮寺五兵衛も享保二十年七月二十七日に病死し、養子平吉に跡式が下され置かれるが、平吉は八月四日に小普請入願を出してしまう。安永六年三月二十七日に疋地富二郎から母方従弟の小田惣七へ、安永七年十二月十三日には病気のため小田惣七から父方従弟違の林定四郎へ跡式が渡されている。安永八年六月九日には小沢惣右衛門の従弟宮原安兵衛から父方従弟違の野崎十蔵に渡されている。

宝暦十二年十一月の会所の上納金（返済金）紛失事件後、すぐにではないが、世話役や当番といった関係した御書物同心が病を理由に五月雨式に小普請入りをしていく。引責辞任の意味合いがあったと考えられる。その後しばらくして、明和二年六月八日に五名の御書物同心がいっせいに採用される。その中の一人、田畑権次郎三十俵二人扶持の場合は、孫への相続となる。背景として、倅の田畑権七郎は明和四年十二月二十七日に小沢安之丞と一緒に仮御抱入れ十俵一人扶持で見習いとして勤務するが、天明七年十一月に病気のため小普請入りしてしまう。倅が先に病気で小普請入りしてしまっているため、田畑権次郎が眼病で天明七年十二月二十九日に引退すると、孫の田畑房之助が跡式を継ぐことになった。

このように御書物同心の職を引き継いだ事例もあるが、引き継がれなかった事例もある。出奔して行く方知れずになった宮田清五郎二十八歳、悪行から殺人事件をおこし虚偽の報告をして獄門になった内田平次郎など人生さまざまである。

譜代の場合、継承者が幼い時は俸禄は引き継がれても職は引き継がれず小普請入りになることもある。抱入れの場合でも、仮御抱入れとして見習いで入りポストが空いたらスライドで御書物同心になる場合もある。御書物同心から他の職場への異動希望が出されることも多々あった。日記には異動希望を出す場合の基準まで記されている。逆に他の職場から求人が来ることもある。細かく見ていくと、本質的な部分では現代と通じる労働環境である。しかし、勤務体制は大きく違っていた。

御書物同心の勤務体制

安永九年正月十五日の記録から、御書物同心の出勤者の明記が加わったことは前述したが、この情報を元に安永九年一月十五日から安永十年一月末まで、御書物同心の出勤状況を調査した。一月の十六日間と通常期と繁忙期のサンプルとして二月と七月を表示したのが、〈図24〉御書物同心の出勤簿である。出勤のパターンを眺めてみると、基本的には三人組で五日おきに出勤しているようである。休むときは交代あるいは助っ人として誰かに入ってもらっていたようである。福島三郎兵衛は世話役なので他の御書物同心と違う動きをしている。職務の必要性に応じて出勤しており、閑散期は見回りと称して出勤しているようである。御書物同心世話役の石川久次郎は、病気のため欠勤していたが、安永九年七月八日に小普請入りしている。和合弥八郎は安永九年十一月十三日に病気で亡くなっている。和合弥八郎の跡目は実子惣領の角次郎に引き継がれたが、安永九年十二月二十七日に小普請入りをしたので、二つの席が空席状態となる。組のメンバーは時々組み替えられるようである。七月は御書物の風干しがあるので、出勤日の翌日は助っ人として勤務するのが基本パターンのようである。七月十三日から十六日はお盆休みで作業が中止されるので助っ人は勤務しないと推測される。一月二月は、早川孫太郎・林市之丞・加山斧吉がチームで働いているが、七月は早川孫太郎・勝田金三郎・田端権七郎がチームで、林市之丞・加山斧吉・林定四郎がチームで働いていると推測される。通常期は三人で勤務し、繁忙期は六人で勤務し、欠勤するときは勤務を交代するか、助っ人として入り、可能な限り三人体制、あるいは六人体制を

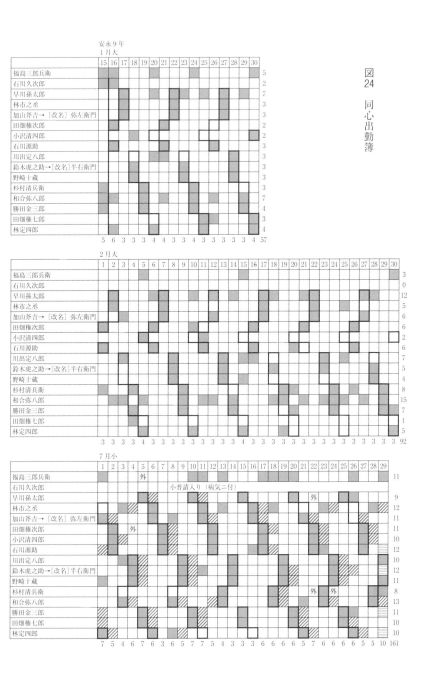

図24　同心出勤簿

安永９年
１月大

	15	16	17	18	19	20	21	22	23	24	25	26	27	28	29	30	
福島三郎兵衛																	5
石川久次郎																	2
早川孫太郎																	7
林市之丞																	3
加山斧吉→［改名］弥左衛門																	3
田畑権次郎																	2
小沢清四郎																	2
石川源助																	3
川出定八郎																	3
鈴木虎之助→［改名］半右衛門																	3
野崎十蔵																	3
杉村清兵衛																	3
和合弥八郎																	7
勝田金三郎																	4
田畑権七郎																	3
林定四郎																	4
	5	6	3	3	3	4	4	3	3	4	3	3	3	3	3	4	57

２月大

	1	2	3	4	5	6	7	8	9	10	11	12	13	14	15	16	17	18	19	20	21	22	23	24	25	26	27	28	29	30	
福島三郎兵衛																															3
石川久次郎																															0
早川孫太郎																															12
林市之丞																															5
加山斧吉→［改名］弥左衛門																															6
田畑権次郎																															6
小沢清四郎																															2
石川源助																															6
川出定八郎																															7
鈴木虎之助→［改名］半右衛門																															5
野崎十蔵																															4
杉村清兵衛																															8
和合弥八郎																															15
勝田金三郎																															7
田畑権七郎																															1
林定四郎																															5
	3	3	3	3	4	3	3	3	3	3	3	3	3	3	4	3	3	3	3	3	3	3	3	3	3	3	3	3	3	3	92

７月小

	1	2	3	4	5	6	7	8	9	10	11	12	13	14	15	16	17	18	19	20	21	22	23	24	25	26	27	28	29	
福島三郎兵衛					外																									11
石川久次郎								小普請入り（病気ニ付）																						
早川孫太郎																						外								9
林市之丞																														12
加山斧吉→［改名］弥左衛門																														11
田畑権次郎				外																										11
小沢清四郎																														10
石川源助																														12
川出定八郎																														10
鈴木虎之助→［改名］半右衛門																														12
野崎十蔵																														11
杉村清兵衛																						外		外						8
和合弥八郎																														13
勝田金三郎																														11
田畑権七郎																														10
林定四郎																														10
	7	5	4	6	7	6	3	6	5	7	7	5	4	3	3	3	6	6	6	6	5	7	6	6	6	6	5	5	10	161

維持し、必要に応じて世話役が、ほかの用務で御書物同心が出勤していたようである。日記に明記された名前の上に、「助」、「外出《ほか》」と書き入れされていることによりわかる。享保の頃は、風干しを二つのチームで八人体制で行なっていたが、作業手順が定着し、より少ない人数で業務がおこなえる状態になったと推測できる。

天明二年五月朔日の記録には、チーム替えの記録がある。氏家幹人の研究により次のことが明らかになっている。呼称は「類」という単位であったこと、一番類には田畑権七郎・林市之丞・野崎十蔵、二番類には加山弥左衛門・林定四郎、三番類には石川源助・勝田金三郎、四番類は小沢清四郎・田畑権次郎・大塚造酒蔵、五番類には川出定八郎・鈴木半右衛門が配属されていたことである。他の情報とつなぎ合わせると、この時点では、御書物同心は十三人で杉村清兵衛の名前が見当たらないが、世話役だったため「類」の割り当てからはずれていた可能性がある。安永十年正月時点での御書物同心の顔ぶれと入れ替わっている。石川久次郎と和合弥八郎の空席には、福島三郎兵衛と鈴木半右衛門の倅を入れようと働きかけたが認められず、天明元年（一七八一）閏五月十一日に大塚造酒蔵と浦野吉十郎が小普請より任命されている。天明元年十一月十六日に御書物同心の早川孫太郎が病死している。跡目は実子惣領の幸十郎に下されるが、御書物同心の明跡は空となったようである。天明二年二月十一日に御書物同心になったばかりの譜代の浦野吉十郎は病気を理由に小普請入りする。そして、天明二年二月十五日七時過ぎに福島三郎兵衛が病死する。御書物同心の欠員は三人になった。そして五月朔日に類替えが行われ、五月四日に小普請より小林三吉と山本小右衛門が御書物同心に任命される。十三人から十五人となる。

勤務に関する興味深い記録として、寛政六年閏十一月二十日の事例がある。背景は、寛政六年十一月十六日に御書物同心木村佐右衛門より倅清五郎の無足見習いの希望がでる。御書物同心世話役の小沢清四郎と山本庄右衛門が面接し、推薦書を提出する。寛政六年十一月二十八日に無足見習が認められる。この木村清五郎の勤務条件については、「其方御書物同心無足見習加人に付、毎月日数五日五頬、御修復之内へ一日つゝ出番、御風干中も同様、雨天は用捨、助は一頬持切、助埋に組入候節は五頬へ出番に不及、其外使手形番早成は用捨之事候」とある。月五日の勤務で、チームは五番、書物の修復作業の場所で勤務、雨の日は勤務なし、欠勤者の助っ人担当はチーム一番を担当、助っ人として出勤した場合はチーム五番の出勤はしなくてよい。その他の手形番で早く来ることはしなくてよいとのことである。無足なので、月五日以上の勤務は要求されていないが、チームに組み入れられ、助っ人に入るチームが決められていることがわかる。修復作業は雨の日にはおこなわないことも推測できる。大事な書物が湿気を帯びる危険や糊が乾かないなどの作業上の観点から、無足見習いは勤務はしなくてよいとなるのであろう。享保二十年に勤務体制が変わる時にも、小沢与右衛門が無足見習いの倅清四郎にも番割りをしていただきたいと御書物同心と同じようチームへの配属願いを出していた先例がある。

安永九年ごろの御書物同心の出勤日数の一年分の統計をとったものが、〈表5〉御書物同心の出勤日数である。お風干しの時期である六月から八月がもっとも繁忙期で特に七月が忙しいことがうかがえる。述べ一二六一人出勤しており、この期間は十五人で勤務（途中で一人減るが助っ人補助）しているので、年間出勤日数は平均八十四日になる。閏月が入らない年は一年が三五四日になるので、五日に一回の勤

表５　同心出勤日数

	安永９											安永10	
	２月大	３月小	４月大	５月小	６月大	７月小	８月小	９月大	10月小	11月大	12月小	１月大	
福島三郎兵衛	3	3	3	5	9	11	10	12	13	13	7	6	95
石川久次郎	0	0	0	0	0								0
早川孫太郎	12	10	9	9	8	9	8	6	6	5	6	6	94
林市之丞	5	8	6	6	6	12	10	8	7	10	8	9	95
加山斧吉→［改名］弥左衛門	6	4	8	10	5	11		4	7	9	4		68
田畑権次郎	6	6	7	8	12	11	12	5	4	5	4	2	82
小沢清四郎	2	7	7	2	10	10	9	7	5	7	5	6	77
石川源助	6	3	6	8	8	12	4	6	8	8	7	8	84
川出定八郎	7	6	7	8	7	10	4	6	7	6	6	6	80
鈴木虎之助→［改名］半右衛門	5	6	4	4	6	12	6	6	9	8	7	5	78
野崎十蔵	4	6	9	7	11	11	9	10	9	7	10	10	103
杉村清兵衛	8	6	6	7	7	8	11	8	5	8	6	6	86
和合弥八郎	15	15	10	4	7	13	9	5					78
勝田金三郎	7	6	7	8	6	11	8	8	9	9	8	8	95
田畑権七郎	1	0	0	0	2	10	9	6	7	4	4	10	53
林定四郎	5	3	5	7	11	10	10	7	9	8	7	11	93
	92	89	94	93	115	161	119	104	105	107	89	93	1261

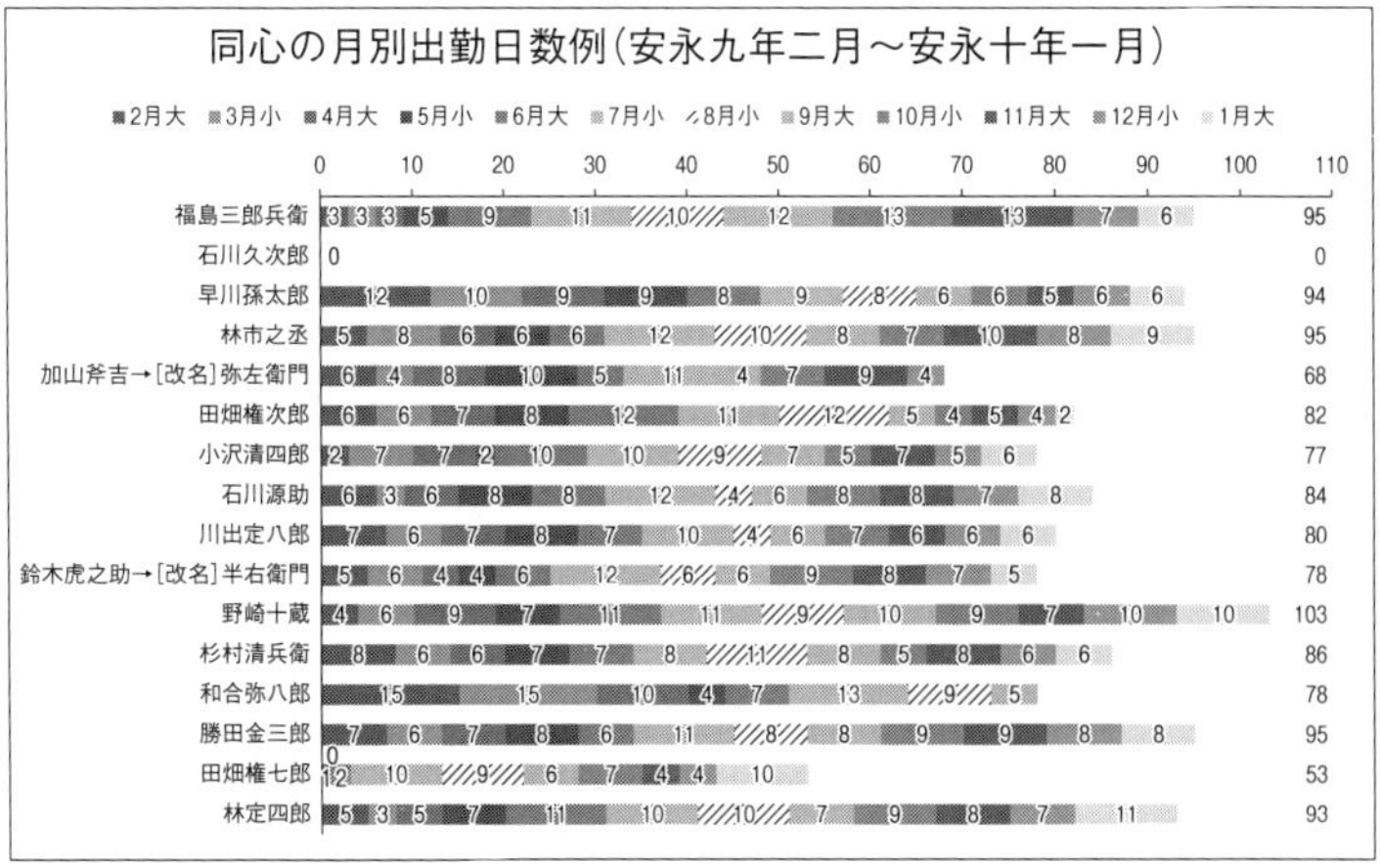

務ならば年間約七十一日の出勤日になるが、繁忙期の助としての出勤が十二日ほど増えるので、平均八十四日は妥当な日数であろう。年間二四％の出勤日という生活である。学問や武芸、趣味、場合によっては内職に勤しむに十分な余暇が持てたであろう。御書物同心に焦点をあてた検討ではあるが、下級の幕臣は同じような暮らしぶりではなかっただろうか。病気や幼かったり老いなど様々な理由で職についていない人々は小普請に組み入れられ、譜代である限り俸禄は支給された。このような十分な余暇が、江戸において文化が成熟する要因の一つだったのだろうと考える。朝顔や椿の品種改良といった園芸、釣りの毛針といった細工物、謡曲や尺八といった音楽、文芸・絵画・書道、出版文化への寄与など多義に影響を与えたことであろう。年収四百万円以下でも経済的価値を離れて考えると、豊かな生活と評価することもできる。現在働き方改革という言葉が流布しているが、下級の幕臣の働き方は、ワークシェアリングという働き方に近いのかもしれない。働けなくなっても俸給が受け取れること、住む家が保証されていることは、この制度を成立させるための大事な要件かもしれないが、限られた人の特権だったともいえる。

一方で、もちろん激務をこなして働いている幕臣もいる。何人かの御書物奉行や御書物同心は自宅に仕事を持ち帰って出勤日以外も仕事をしている事例も見られる。地位や立場によって多様な働き方が存在していた。

次に勤務方法についての取り決め以外に、どのような役割分担があったのかを日記の記録から見てみる。

寛政七年（一七九五）八月十七日の条の記録に御書物方同心についての問い合わせに対する回答が記録されている。「御書物同心都合十六人之内　世話役と唱来候者両人、書役と唱来候者四人御座候」「場所高無御座候。尤御役金・御役扶持無御座候。以上」とあり、寛政七年の頃は、世話役が二人と書役が四人いたことがわかる。そして、御書物奉行のように二〇〇俵七人扶持といった場所高、御役金・御役扶が御書物同心にはなかったことが確認できる。

文化九年三月二十日の条の記録では、御書物同心のそれぞれの担当がわかる。

御書物書入帳目録認直等懸《かか》り	木下伊右右衛門
	石井良平
日記提要懸り	野崎十四郎
御修復は勿論都《すべ》て御役所向心附候様	増田磐蔵
樟脳片脳出入懸り	小田与惣次
	鈴木専助
	大本小市
御修復懸り書付並筆順専助上座	津田哲五郎
書役申し渡し候	大本小市

定式達書其外手形取扱懸り

持田金蔵

持田金蔵

御文庫も歴史を重ねる中で、図書館業務に関する知識や経験の集積が行われ、当初は御書物奉行が遂行していた業務が御書物同心の業務とへ切り替えられていく。例えば、御書物目録の作業・編集・清書といった制作過程は初期は林大学頭とその門弟で、成熟期前期になると作業・編集は林家が中心となり補佐を御書物方が補佐する形式から、御書物方が作業し、御書物奉行が編集にあたり、さらには清書し、林家は必要に応じて助言する形式になり、成熟期後期では、御書物奉行の仕事であった清書作業が、御書物同心が分担して家に持ち帰り作業をしている様子が読み取れる。御書物同心の働きが世話役を中心として自律的になされていく。組織のヒエラルキーは維持されているが、このような担当を決めることで業務と共に一定の権限譲渡がなされていたと考えられる。経験の積み重ねが、技術として構築され次世代に伝えられていく。業務シフトの象徴的な分岐点は、日記の日付の次の記録される担当者の記録の部分に御書物同心の名前も加えられるようになる安永八年正月十五日と考える。安永八年正月十五日は、成熟期の前期と後期を分ける一つのメルクマールといえよう。

知識・技術の集積は、財務分析には反映されない資産で組織の貴重な財産なのだが、昨今の図書館では指定管理者制度の導入などで、直営の組織内で集積していた知識・技術が、指定管理者制度で入ってきた組織に移転してしまい、長期スパーンで考えると空洞化する懸念がある。空洞化してしまった組織で、指定管理者の監督機能が正常に動作するのか不安が残る。組織運営において、ヒトは要であり、給与面以外に労働環境や生活環境をよくすることで、業務の効率が上がり、個々人のモチベーションを維持することにもつながる。そのような仕組みの一つとして組織の福利厚生があげられる。

2　福利厚生

住宅制度

国立公文書館所蔵の「諸向地面取調書」十三（請求記号一五一・〇二四六）には、安政三年（一八五六）時点での御書物奉行と御書物同心、御用達町人の住まいに関するデータ（図25）が収録されている。

御書物奉行
一　居屋敷　永田馬場　二百二拾五坪　石井内蔵允
　拝領屋敷　浜町元□ノ倉　百四拾坪
　　右者地守附置内奥医師吉田秀哲井上検校御小人浦部節助右三人江貸置
一　居屋敷　麻布谷町　二百坪　中井太左衛門
一　居屋敷　水道橋内　二百九拾坪余　島田帯刀

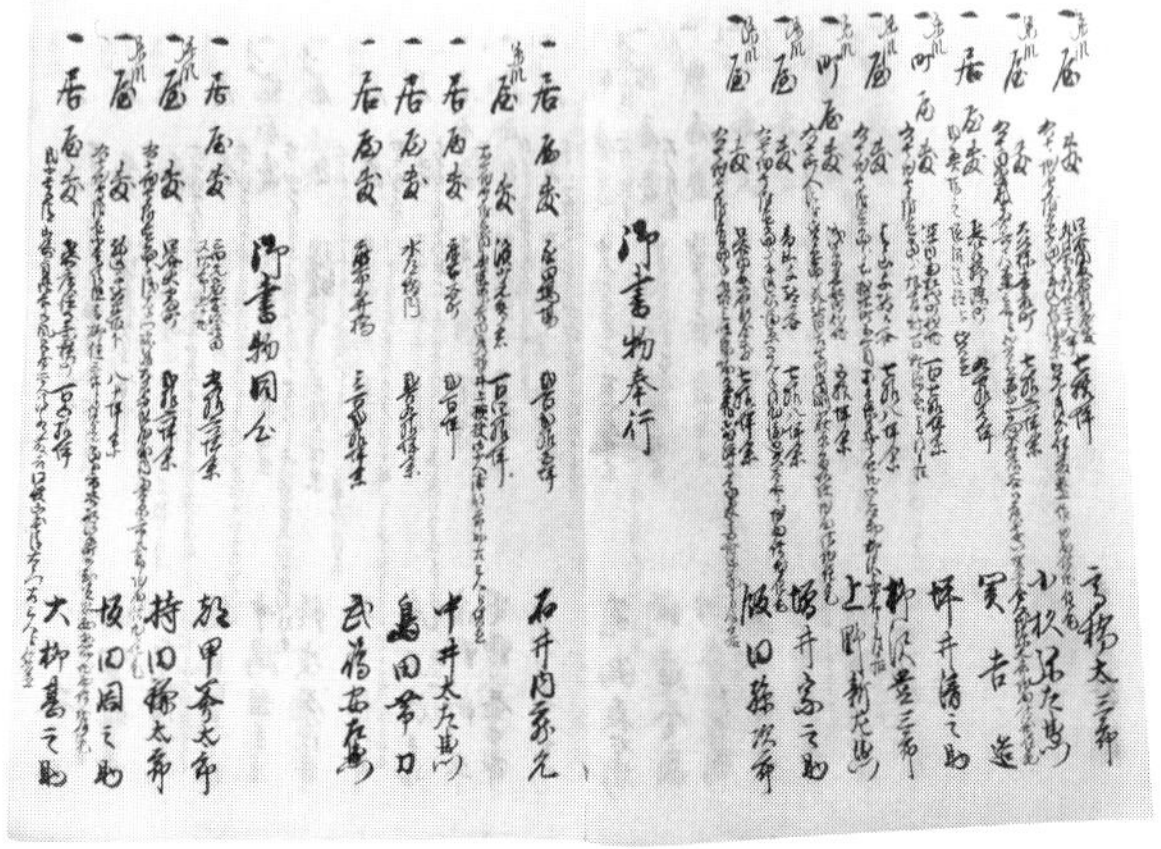

図25-1　国立公文書館所蔵「諸向地面取調書」十三（請求記号一五一・〇二四六）①

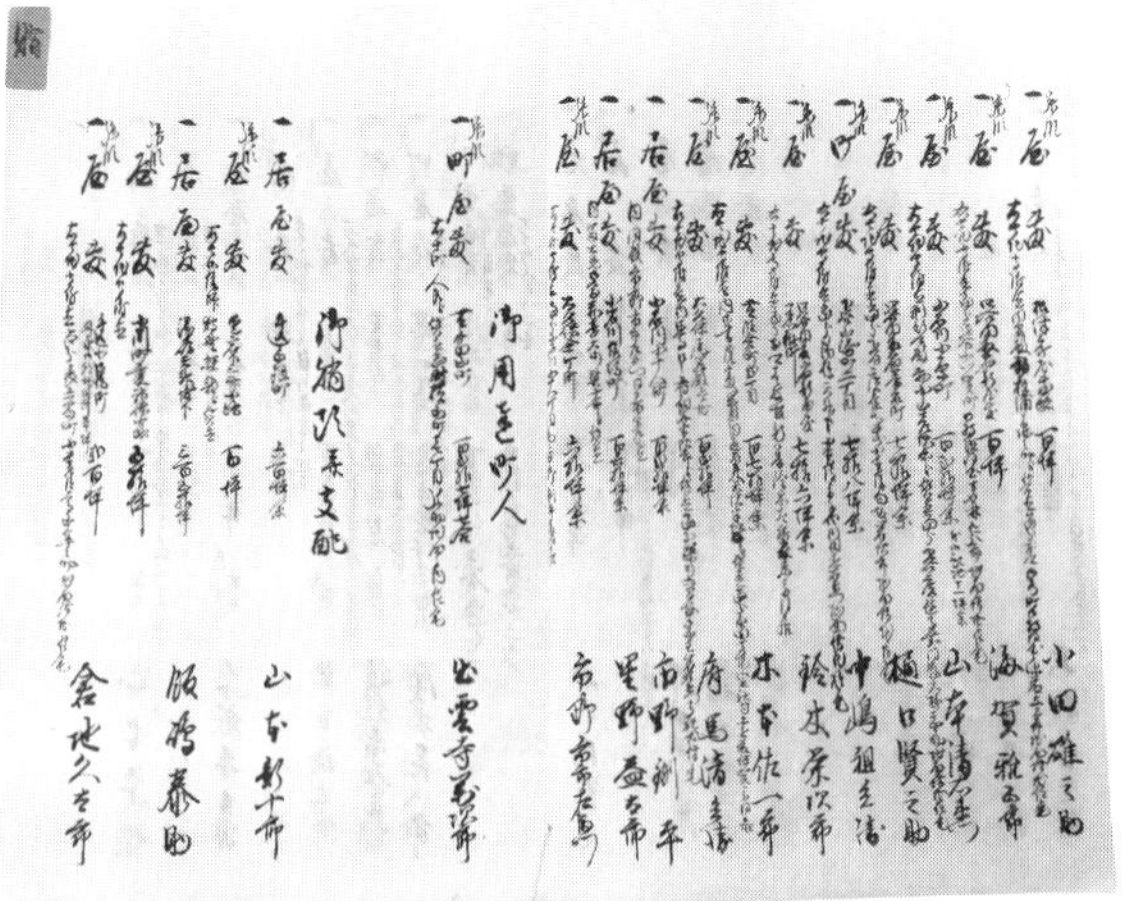

図25-2　国立公文書館所蔵「諸向地面取調書」十三（請求記号一五一・〇二四六）②

一　居屋敷　麻布笄橋　三百二拾坪余　武嶋安左衛門

御書物同心

一　居屋敷　三田元御屋敷跡嶋田又次郎上ケ地　九拾六坪余　都甲斧太郎

一　拝領屋　敷　四谷大番町　二拾六坪余　持田鎌太郎
右者地守附置当分浅草門跡後大番組屋敷内奥原市太郎地面借地住宅

一　拝領屋　敷　駒込千駄木坂下　八十坪余　坂田周之助
右者地守附置小普請組青柳健三郎江貸置当分市谷船河原町御勘定安西惣助地面借地住宅

一　居屋敷　下谷広徳寺前横町　百五拾坪　大柳甚之助
内小普請山崎貞次郎御風呂屋六尺清水藤吉同役山本清右衛門右三人江貸置

一　拝領屋　敷　根津元御屋敷跡　百坪　小田雄之助
右者地守附置田安殿勤杉浦亀之助江貸置当分本郷御弓町御持同心近藤与三郎地面借地住宅

一　拝領屋　敷　四谷内藤宿新屋敷　百坪　海賀雅五郎
右者地守附置当分四谷北い賀町御持組同心若井仁八郎地面借地住宅

一　拝領屋　敷　小石川小原町　百二拾坪余　外御預地十一坪余　山本清右衛門

一　拝領屋　敷　四谷内藤宿番衆町　七拾坪余　樋口賢之助
右者地守附置刑部卿勤小山彦次郎江貸置当分下谷広徳寺前同勤大柳甚之助地面借地住宅

右者地守附置当分下谷広徳寺前小普請勾坂岩次郎地面借地住宅

一　拝領町屋敷　下谷山崎町二丁目　七拾八坪余　中嶋祖兵衛

右者地守附置当分湯嶋天神下小普請方手代川田直右衛門地面借地住宅

一　拝領屋　敷　四谷内藤宿新屋敷黒鍬町　七拾六坪余　鈴木栄次郎

右者地守附置当分本郷壱　枝〔岐カ〕坂新御番鈴木左膳家来方同居

一　拝領屋　敷　芝飯倉町二丁目　百七拾坪余　木本佐一郎

右者地守附置内御書院番岡部内匠家来大沢半次江貸置当分永田馬場山王社内遠藤伊方同居

一　拝領屋　敷　大久保尾張殿上ケ〔カ〕地　百二拾坪　府馬清兵衛

右者家守附置内御馬口之者細谷半次郎江貸置当分深川六間堀家主岩右衛門支配地借宅

一　居屋敷　小石川小十人町　百二拾坪余　市野■平

内同役市野市郎左衛門同居差置

一　居屋敷　小石川諏訪町　百七拾坪余　星野益太郎

内冨士見御宝蔵番大川堅十郎江貸置

一　拝領屋　敷　大久保余丁〔カ〕町　六拾坪余　市野市郎左衛門

右者地守附置当分小石川小十人町同勤市野■平方同居

御用達商人

一　拝領町屋敷　芝富山町　　百二拾七坪七合　　出雲路万次郎
右者町人共ゟ貸置当時横山町壱丁目弥助地面之内仮宅

この時の御書物奉行は四人で、およそ二〇〇坪から三二〇坪の敷地で暮らしていることがわかる。石井内蔵允だけが拝領屋敷を所持しているが、その拝領屋敷には土地を管理する者を置き、奥医師の吉田秀哲・井上検校・御小人《おこびと》浦部節助の三人へ貸していたことがわかる。

また、この時の御書物同心は十五人で、内十一人が拝領屋敷を持っている。ほとんどが拝領屋敷には住まず、土地を管理する者を置いている。場合によっては他人に貸し、本人は他人から土地を借りて暮らしていることがわかる。

拝領屋敷に住んでいないのは、通勤距離の問題があげられる。拙者も二度、根津と市ヶ谷から御書物同心になったつもりで、乾門まで歩いてみた。秋に歩いた市ヶ谷からの通勤は約三十分ぐらいで適度な運動になり、往復可能だと思ったが、早春に根津神社を起点として歩いた時は、高低差があり、日のある内に帰る場合は良いが、夜道の寒い中を小一時間も歩いて帰るのは辛いだろうなと個人的に思った。また、雨の日も足元が辛かろうと感じた。健康状態が良い時はなんの差し障りもないが、体調不良の時はこの距離を歩くのは辛いなというのが、当たり前の感想ではあるが、実際に歩いての感想である。

拝領屋敷を得るために奔走した事例を日記から見てみる。享保十一年十一月十八日の条に、「荻野清左衛門へ理右衛門屋敷くだされ候ように」と認めた書付が若年寄の本多伊予守へ提出されたが、享保十一年十一月二十一日の条で却下されたことを前節でみてきたが、この続きの対応を追ってみる。

享保十一年十一月二十八日の条

一　大佐渡守殿、可児孫十郎を以被仰渡候ハ、先達而相願候松村左兵衛御屋敷御引替之義難成由ニて、願書ニ御付札被成則御返シ、幸大夫請取之申候。

十一月二十八日

堆橋主計
下田幸大夫

一　大〔久保〕佐渡守殿、可児孫十郎を以って仰せ渡され候は、先達て相願い候松村左兵衛御屋敷御引替の義成りがたき由にて、願書に御付札なされ、則ち御返し、幸大夫これを請け取り申し候。

十一月二十八日

堆橋主計
下田幸大夫

これは、別件であるが御書物奉行松村左兵衛が拝領屋敷の交換を希望したが、難しいとのことで願書が返却されたというものである。このような屋敷の交換の例は、明和六年（一七六九）九月二十七日の条でもみることができる。これは「屋敷相対替願」が認められた例である。御書物奉行青木文蔵が冨永隼人（西丸新御番天野三郎右衛門組）の拝領屋敷へ、冨永隼人が大林豊太郎（富士見御宝蔵番）の拝領屋敷へ、大林豊太郎が青木文蔵の拝領屋敷へ移った。青木文蔵は木挽丁四丁目の百六十五坪の屋敷から、愛宕下三斎小路の六百坪之内の二百坪へ十一月朔日に引越しをする。冨永隼人は、四ツ谷新宿の百九十坪を拝領することになる。

享保十二年正月二十五日の条

一　御目付稲葉多宮より切紙ニ而被申越候ハ、御書物同心幷支配之職人・町人、屋敷願仕候者、何年以前何月誰殿へ願書差出候訳、且又勤之品替り或ハ隠居・病死等之者右之願之内ニ有之候訳、又ハ御屋敷被下候との被仰渡有之いまた場所見立不申候分も、四五日中ニ書付多宮へ差出候様ニと申来候、近日相認差出可申候。

正月二十五日　　堆橋主計

一　御目付稲葉多宮より切紙にて申し越され候は、御書物同心ならびに支配の職人・町人、屋敷願い仕り候は、何年以前何月誰殿へ願書差し出し候訳、且又《かつまた》勤の品替りあるいは隠居・病死等の者右の願の内にこれ有り候訳、又は御屋敷下され候との仰せ渡されこれ有り、いまだ場所見立て申さず候分も、四五日中に書付多宮へ差し出し候様にと申し来候、近日相認め差し出し申しべく候。

正月二十五日　　堆橋主計

拝領屋敷を希望している者の調査が行われる。御書物同心だけではなく、支配の職人・町人についても調査される。いつ誰に願書を出したのか、その中の職場異動、隠居・病死した者がいるのかどうか、または、拝領屋敷を下されると仰せ渡されたがまだ場所の候補を決められずにいる分も合わせて、四、五日中に書類を御目付の稲葉多宮差し出すよう、切紙で伝達されていることがわかる。

享保十二年正月二十八日の条

一　去ル二十五日稲葉多宮ょり被申越候屋敷之義ニ付、荻野清左衛門屋鋪願上候年月・御書物師唐本屋清兵衛山形屋伊右衛門屋敷拝領仕度旨願上候年月等書付一通、新規ニ御屋敷願申上、被下置相済候者此方支配之内ニ無御座候段書付一通、都合二通、御城ニて稲葉多宮へ直ニ相渡候所、被請取之、好之義無之候ハ、案内申間敷候、存寄之義も候ハヽ、追而可申入由、被申候。

一　去る二十五日稲葉多宮より申し越され候屋敷の義に付き、荻野清左衛門屋鋪願い上げ候年月、御書物師唐本屋清兵衛・山形屋伊右衛門屋敷拝領仕りたき旨願い上げ候年月等書付一通、新規に御屋敷願い申し上げ、下し置かれ相済み候はこの方支配の内に御座なく候段書付一通、都合二通、御城にて稲葉多宮へ直に相渡し候所、これを請け取られ、好みの義これ無き候わば案内申すまじく候、存じ寄りの義も候わば、追って申し入れべく由、申され候。

ここで確認して置きたい言葉の用法は、「御城にて」と表現していることである。時代が下がると会所から本丸に行くことは「御殿」と表現されることが多いが、自分たちの勤務している紅葉山下の宝蔵地区に対して「御城」と表現していることである。紅葉山下の宝蔵地区も大きく見れば江戸城の中であるが、彼らの御城の概念には紅葉山地区は入っていないと考えられ、西の丸も御城と区別していたと考えられる。

御書物同心の荻野清左衛門と御書物師の唐本屋清兵衛と山形屋伊右衛門が拝領屋敷を希望していること、新規に御屋敷願いをして屋敷を下された者が組内にいないことがわかる。

享保十二年閏正月二十八日の条

一　稲葉多宮より手紙にて、当御役所支配之御用達家鋪願之者共何れの
御代より御用相勤候哉、年号月日幷御用之品ともに書付可差出旨、申来候ニ付、
唐本屋清兵衛・山形屋伊右衛門両人
文昭院様御代、桜田御殿より御書物御用相達来り候、右年号月日ハ相知れす候段、返答申遣候。

一　稲葉多宮より手紙にて、当御役所支配の御用達家鋪願の者ども、何れの
御代より御用相勤め候哉、年号月日ならび御用の品ともに書付差し出すべき旨、申し来り候につき、
唐本屋清兵衛・山形屋伊右衛門両人、
文昭院様御代、桜田御殿より御書物御用相達し来り候、右年号月日は相知れず候段、返答申し遣し候。

この記録によって、唐本屋清兵衛と山形屋伊右衛門は六代将軍家宣（在職一七〇九～一七一二）の頃、御文庫に出入りするようになったことがわかる。

ここで、もう一つの御書物師、出雲寺の由緒がわかる記録が国立公文書館所蔵「御書物師出雲寺万次郎年始五節句歳暮御礼奉願候書付」（請求番号　多０２８２６７）の中にあるので紹介しておく。御書物師出雲寺の由緒がわかる資料は、この他にも国立公文書館には「書物師出雲寺万次郎由緒書立」（請求記号　多〇〇一四〇九）、「書物師出雲寺万次郎由緒書」（請求記号　多〇〇二〇三九）、「書物師出雲寺氏由緒書断片」（請求記号　多〇二七五九一）、と第一部で関連文書として提示したうちの一つ「某由緒書」（前後欠）（請求記号　多七〇一七〇八）等がある。慶応三年に書かれた出雲寺万次郎の由緒書は、『東京市史稿』産業篇三二（一六六～一七二頁）に翻刻されており、藤實久美子著『近世書籍文化論』には京都出雲寺家旧蔵「由緒」とともに付録資料として再録され、研究成果として、藤實久美子著『武鑑出版と近世社会』に「書物師出雲寺家略系図」が作成されている。

「御書物師出雲寺万次郎年始
五節句歳暮御礼奉願候書付

林大学頭
林式部少輔
坂井右近将監」

御書物師

出雲寺万次郎

右万次郎儀、文久三亥年七月中父
万次郎家業相続被　仰付、家業
相励、既ニ同年
御本丸炎上之砌御焼失ニ相□□（成候カ）御書
籍御買上被　仰付候処、鮮明之御品
相撰御買上代之儀も精々差働、
右之内丹鶴叢書百余冊新規
摺立被　仰付候処、是亦格別出精仕、
御買上代不相増候様骨折相納申候。
其外天保十三寅年中、学問所官
板摺立売捌之儀林大学頭林式部ゟ
伺之上、祖父金吾江引請之儀申付候。
以来、当万次郎義も同様引請、業
体之儀ニ付而者格別出精相励一廉
之者ニ御座候先祖出雲寺残庵義、
厳有院様御代御書物御用被　仰付。

二代目出雲寺白水儀、元禄二巳年
十二月廿六日
御目見之儀奉願候処、願之通被
仰付、年始・五節句・歳暮御礼、毎年
罷出、其後別紙由緒書之通代々
右御礼罷出候間、当万次郎儀年始・
五節句・歳暮御礼等
御目見罷出候様仕度奉願候尤高祖
父冨五郎・曾祖父幸次郎・祖父金吾
病身ニ而三人共纔年数相続仕候故、
右御礼可奉願間合茂無御座退身
仕候、父万次郎儀者暫御用職相勤候ニ付
御目見之儀奉願候得共未不被
仰付内、病身ニ罷成、奉願、隠居仕
先祖残庵御書物御用被　仰付候、
以来数代連綿家業相続仕候
家筋ニ而、当万次郎者前書申上候通

御用向出精相励候者ニ付、先格之通
御礼罷出候様被　仰付候ハ、規模ニも
相成、猶又差はまり家業出精可仕
奉存候間、何卒願之通被　仰付
被下候様於私共奉願候、依之
由緒書相添、此段奉申上候以上
卯
十二月
林大学頭
林式部少輔
坂井右近将監」

「御書物師出雲寺万次郎年始
五節句歳暮御礼願い奉り候書付
御書物師
出雲寺万次郎
右万次郎儀、文久三亥年七月中父

万次郎家業相続　仰せ付けられ、家業
相励み、既に同年
御本丸炎上の砌御焼失に相なり候　御書
籍御買い上げ　仰せ付けられ候ところ、鮮明の御品
相撰び御買上代の儀も精々差し働く、
右の内、丹鶴叢書百余冊新規
摺り立て　仰せ付けられ候ところ、是亦格別出精仕り、
御買上代相増やさず候様、骨折り相納め申し候。
其外、天保十三寅年中、学問所官
板摺り立て売り捌きの儀、林大学頭林式部より
伺の上、祖父金吾へ引き請けの儀申し付け候。
以来、当万次郎義も同様引き請け、業
体の儀に付きては格別出精相励み、一廉
の者に御座候。先祖出雲寺残庵義、
厳有院様御代御書物御用　仰せ付けらる。
二代目出雲寺白水儀、元禄二巳年
十二月廿六日
御目見の儀願い奉り候ところ、願の通り
仰せ付けられ、年始・五節句・歳暮御礼、毎年
罷り出で、其後別紙由緒書の通り代々

右御礼罷り出で候間、当万次郎儀、年始・
五節句・歳暮御礼等
御目見え罷り出で候よう仕りたく願い奉り候。尤、高祖
父冨五郎・曾祖父幸次郎・祖父金吾
病身にて三人共纔《わずか》年数相続仕り候故、
右、御礼願い奉るべき間合も御座なく退身
仕り候。父万次郎儀は暫く御用職相勤め候に付き
御目見の儀、願い奉り候えども未だ
仰せ付けられざる内、病身に罷り成り願い奉り隠居仕り、
先祖残庵御書物御用　仰せ付けられ候。
以来数代連綿家業相続け仕り候
家筋にて、当万次郎は前書申し上げ候通り
御用向出精相励み候者に付き、先格の通
御礼罷り出候よう　仰せ付けられ候わば規模にも
相成り、猶又差はまり家業出精仕るべく
存じ奉り候あいだ何卒願いの通り　仰せ付けられ
下され候よう、私共に於いて願い奉り候。これにより
由緒書相添え、此段申し上げ奉り候。以上。

卯
十二月

この史料からは日記に残されていない文久三年の様子が窺える。まず、御書物師出雲寺は文久三年七月に代替わりしたこと、文久三年に本丸が炎上し、本丸に置かれていた御書籍が焼失したため、その書籍を補充するに当たって版面の鮮明な書籍を選び、納入価格も精一杯、値引きしたことが主張されており、その中でも丹鶴叢書百余冊は新規に印刷することを命令され、格別に一生懸命仕事をし、販売価格を値上げせず、苦労して納品したとその貢献ぶりをアピールしている。さらに、天保十三年に祖父金吾に命じられた学問所出版物の製作・販売を由緒書作成時点でも引き継いでおり、製作・販売の業務を格別一生懸命行なっているとやはりその貢献ぶりを強調している。

初代出雲寺残庵が四代将軍家綱（在職期間　慶安四年〈一六五一〉～延宝八年〈一六八〇〉）の時代から御書物御用に任命されたこと、二代目の出雲寺白水が元禄二年（一六八九）十二月二十六日に御目見の儀を願い出、許され、それ以来、毎年年始・五節句・歳暮の御礼の儀式に代々の当主が罷り出でているので、当代万次郎も同じく毎年年始・五節句・歳暮の御礼の儀式に出られるよう願いでていることがわかる。ただし、「代々、右御礼罷り出で候」と書いているものの、高祖父、曾祖父、祖父の三代冨五郎・幸次郎・金吾は年始・五節句・歳暮等の御礼の儀式に参加（御目見得）していない。その理由として、病身で代替わりも早く、御礼の儀に参加できるよう願う間もなく引退してしまったと記しているが、実際は違う事情があった。藤實久美子著『武鑑出版と近世社会』（東洋書林、一九九九）によると、十代目源七郎は文政七年（一八二四）十一月五日に「不束《ふつつか》」により「御用差留押込」となり、跡式を養子の冨五郎へ相続することが命ぜられ、同時に出雲寺は御目見得の資格が剥奪されているのである。十一代目の冨五郎は天保三年（一八三二）に引退するので八年間、十二代目をついだ養子の幸次郎は天保四年に引き継ぎ天保九年に引退するので五年間、十三代目の幸次郎甥・養子の金吾の場合は、天保九年七月二十七日に家督をついでから天保十五年二月に引退するので六年弱の間、当主の座にあった。確かにその期間は短かいが、不祥事を起こしてから間もないことが儀式に出られなかった原因だと思われる。加えて十三代目の金吾の場合は、『日光道中記絵図面』を届け出を出さずに出版したことにより「心得違い」で、天保十四年十月二十一日から天保十五年二月三日の間は押込処分を下されていたゆえに、御目見得願いが出せなかったと思われる。十四代目の万次郎（父）の代になって、やっと御目見得願いを出したのだが、許可されないまま、文久三年（一八六三）七月に病気で引退してしまったことがわかる。年始・五節句・歳暮の御礼の儀式に参加して扇子を献上することは、御書物師としての誇りであり、ステータスの象徴だったようで、この「御書物師出雲寺万次郎年始五節句歳暮御礼奉願候書付」では、先格の通り年始・五節句・歳暮の御礼の儀式に出られるよう切実にお願いをしていることが窺える。

藤實久美子は、『武鑑出版と近世社会』の中で次のように述べている。

幕府の御用達町人に認められている身分証憑には①扶持の給付、②町屋敷の給付、③帯刀の許可、④熨斗目・白帷子の着用許可、⑤家名の通用許可、⑥将軍目見え許可、⑦「御用」箱・高張提灯の使用許可などがある。このうち出雲寺には②⑤⑥⑦が許されていた。②の幕府からの町屋敷の給付は、御用達町人のうち約四割のものに限定された。

唐本屋清兵衛や山形屋伊右衛門が、拝領屋敷を望んでもなかなか実現しなかったことが納得できる記述である。三人の御用達町人のうち古参の一人だけが拝領屋敷が与えられていたこととも符号する。幕末の記録に飛んでしまったが、享保十二年に戻って拝領屋敷関連の記事を再び追ってみる。

享保十二年三月三十日の条

一　稲葉多宮より手紙来、唐本屋清兵衛、前清兵衛家職相続候以降、屋敷願何年何月誰殿へ申上候哉。其以降願上不申候哉之事、被申越候ニ付、正徳二年前清兵衛屋敷願上候已後、家職相続仕候ニ付、前清兵衛願を用、当清兵衛ハ改而願上不申候。三年以前巳三月多宮より被申越候ハ、山形屋伊右衛門・唐本屋清兵衛今以屋敷願仕候哉と被相尋候節も、彌先年願上候通今以両人共相願候段、申遣候ニ付、其趣も委細返報申遣之。

一　稲葉多宮より手紙来たる、唐本屋清兵衛、前清兵衛家職相続候以降、屋敷願何年何月誰殿へ申し上げ候哉。それ以降願い上げ申さず候哉のこと、申し越され候につき、正徳二年前清兵衛屋敷願い上げ候已後、家職相続仕《つかまつ》り候につき、前清兵衛願を用い、当清兵衛は改て願い上げ申さず候。三年以前巳三月多宮より申し越され候は、山形屋伊右衛門・唐本屋清兵衛今もって屋敷願い仕り候哉と相尋ねられ候節も、いよいよ先年願い上げ候通り今もって両人共相願い候段、申し遣わし候につき、その趣も委細返報これを申し遣わす。

拝領屋敷を希望している唐本屋清兵衛についての質問が御目付の稲葉多宮よりくる。質問内容は、先代の唐本屋清兵衛が家職を相続して以降、拝領屋敷の願いをいつ誰に申請したのか、それ以降は願いを出していないのかとのことで、その質問に対して正徳二年に前の清兵衛が拝領屋敷を願い上げてから以後は、家職相続をしているが前の清兵衛の願いのままで、当清兵衛は改めて願い上げをしていないことと回答し、三年以前の享保十年（一七二五）三月に稲葉多宮より、山形屋伊右衛門・唐本屋清兵衛は今も拝領屋敷を願っているのかと尋ねられた際も、先に願い上げしたとおり二人とも希望している旨を伝えたことを併せて回答している。町屋敷の拝領は困難な状態であることが窺える。

享保十二年四月二十八日の条

一　月次御礼有之候。

（略）

一　御礼過居残候様御目付中被申聞候ニ付、扣罷在候へハ、伊予守殿御逢、左之書付御渡被成候。

御書物奉行江
御書物方同心
荻野清左衛門

右、願之通、屋敷被下候、所ハ見立願候様、可被申渡候。

右之通ニ付、受取、清左衛門会所ニ在合候故、直ニ申渡候、為右御礼、御用番左近将監殿・若年寄

中江幸大夫相廻り候。但、能登守殿江も罷越候。

四月二十八日

松村左兵衛
下田幸大夫

一　月次御礼これ有り候。

（略）

一　御礼過ぎ居残り候よう御目付中申し聞けられ候につき、ひかえ罷り在り候えば、伊予守殿御逢い、左の書付御渡しなされ候。

御書物奉行江
御書物方同心
荻野清左衛門

右、願の通り、屋敷下され候、所は見立て願い候様、申し渡されべく候。

右の通りにつき、受け取り、清左衛門会所に在合《いあわ(せ)》候故、直に申し渡し候、右御礼のため、御用番左近将監殿・若年寄中へ幸大夫相廻り候。但、能登守殿江も罷り越し候。

四月二十八日

松村左兵衛
下田幸大夫

享保十二年四月二十八日にやっと、拝領屋敷が下されることになる。場所については、本人が空いている拝領屋敷から選び申請するように申し渡されている。拝領屋敷の権利は得たものの、実際の場所探しが控えている。部下のことであっても、必ずその上司である御書物奉行が、取り計らってくれた部署の上司と直属の上司など関係者にお礼を申し上げに行くことが慣行であった。

「月次御礼有之候」とあったが、御書物奉行は、月次御礼《つきなみ》のため江戸城へ朔日、十五日、二十八日に出向くことになっていた。現代的感覚では、役職者が一堂に会する定例会議と考えてしまうが、これは将軍に謁見する儀式であった。御書物奉行が必ず全員出席するわけではなく、当日の詰番が出席していたようである。お正月などの年頭の御礼は、「同役中残らず出仕」と全員が参加する事例もある。正月三ヶ日に別れて参加する事例もあった。この他、正月元日から三日の年始の御礼、三月三日上巳の御礼、五月五日端午の御礼、七月七日七夕の御礼、八月朔日八朔の御礼、九月九日重陽の御礼と六月十六日嘉祥の御祝、十月上亥日は玄猪の御祝があり、享保二十年に勤番体制に変わってから一月十一日の御具足御祝も加わった。五節句の正月七日人日の御礼もあるはずだが、日記には記載がない。例外もあり「二月朔日　御鏡御頂戴ニ付、例年どおり月次御礼無之」と日光御鏡頂戴の儀式（鏡餅開き）があるため二月の朔日は行われなかったし、三月朔日も三月三日があるのでなくなる。つまり、他の何かの行事と重なった場合は、取りやめになるのである。享保十一年三月十五日の条には「参府御礼有之ニ付、月次御礼ハ無之」とあり、享保十四年五月五日の条には「御法事ニ付、御礼者無御座候、御老中方御出座、各退出候、拙者儀罷出候」と四代将軍家綱（一六四一〜一六八〇）の五十回忌のため月次御礼はなかったことが記されている。

このほか、享保十六年十二月朔日の条に「月次御礼有之、左兵衛罷出候。但、蝕ニ付、御礼九ッ時揃」と日蝕により月次御礼の刻限を変更し、正午に変えた例がある。寛保二年五月朔日の条には「月次御礼、日蝕故四ッ時ゟ始リ、御目見仕候、暫ク居残リ、御老中御列座、御法事相済候、恐悦申上候」とある。寛保二年の事例では、四月二十九日に目付より二通の廻状が届いており、一通は明朔日（寛保二年四月は小の月）の出仕は日蝕に付き四ツ時揃いであること、もう一通は（月次）御礼の後居残るよう通達されたことが川口頼母の記録でわかる。寛保二年五月朔日の御書物奉行小田切治大夫の記録では、この日の天気は雨で、月次御礼の後、法事がおこなわれたことがわかる。七代将軍家継（一七〇九～一七一六）の二十七回忌の法要と考えられる。ちなみに、大阪市立科学館学芸員江越航さんのウェッブページ情報によると寛保二年五月朔日（一七四二年六月三日）の日食は、七時四〇分から始まり、蝕の最大は八時四五分、終わりは九時五八分で、神戸、京都などで皆既日蝕、大阪市内では皆既日蝕にはならなかったとのことである。

延享元年九月朔日の条では、「今日日蝕ニ付御礼四時揃之由御目付中ゟ御触書、去ル廿八日夜新兵衛方江到来、今日会所江致持参候」とあり、八月二十九日の条（延享元年八月は小の月）には、九月一日朝は日蝕であるので御礼四時揃いであることが記され、この記録によって一日の詰番である近藤源次郎方へ申し伝えることも記録されている。通達の書状は、二十八日の詰番である深見新兵衛の自宅へ二十八日夜届いたので、念のため、書状を持って新兵衛門は九月朔日に出勤したようである。

この三つの事例から、日蝕時は避けて執り行われ、通常の月次御礼は四ツ時揃いでも九ツ時揃でもないことがわかる。

御書物奉行にはこのほか、月次講釈という現代でいう研修会が毎月十日に、行われることとなっており、出席が求められていたようである。しかし、「不快ニ付、不致出席候」「出席可致心掛候処、…（略）…出席不致候」「少々不快ニ付、闕座」など、何かと理由をつけて欠席しており、御書物奉行たちの心情が読み取れる。なお、月次講釈の日程は変更されることも多く、度々日付変更の連絡も見られる。

享保十二年五月十六日の条

一　先頃壱岐守殿江差出候荻野清左衛門屋敷場所願書ニ、此場所難成候由被成御附札、於　殿中御渡被成候。

五月十六日　　下田幸大夫

一　先頃壱岐守殿へ差し出し候荻野清左衛門屋敷場所願書に、この場所なりがたく候由御附札なされ、　殿中において御渡しなされ候。

五月十六日　　下田幸大夫

享保十二年四月二十八日に書御書物同心荻野清左衛門は拝領屋敷がもらえることが決まり、具体的な場所のお願いをしたが、その場所は却下された。

享保十二年五月二十八日の条

一　荻野清左衛門、小石川元御殿近所成田三彌上り屋敷拝領仕度之旨ニ付、願書并絵図相添、昨二十七日、御用番水壱岐守殿江主計持参、御直ニ差上之。

一　荻野清左衛門、小石川元御殿近所成田三彌上り屋敷拝領つかまつりたきの旨につき、願書ならびに絵図相添え、昨二十七日、御用番水［野］壱岐守殿へ主計持参、御直にこれを差し上ぐ。

荻野清左衛門は、次に小石川元御殿近くの成田三彌が返上した屋敷を希望し、御書物奉行堆橋主計は願書と絵図を水野壱岐守に直接渡していることがわかる。

享保十二年六月二十二日の条

一　壱岐守殿より御手紙ニて、荻野清左衛門屋敷願之場所難成旨、付札ニて被仰下、右願書并屋敷之絵図御返し被成候ニ付、其段清左衛門ニ申渡候。

一　壱岐守殿より御手紙にて、荻野清左衛門屋敷願の場所なり難き旨、付札にて仰せ下され、右願書ならびに屋敷の絵図御返しなされ候につき、その段清左衛門に申し渡し候。

享保十二年五月二十八日に出された願書が却下されて、願書ならびに屋敷之絵図が戻される。口頭による伝達ではなく、付け札で伝達されている。

享保十三年十二月二十八日の条

一　荻野清左衛門、屋敷場所見立候由ニて願候ニ付、願書ニ絵図相添、本伊予守殿江金五郎持参、用人を以申上候処、書付御請取被成候よし被仰聞候。

一　荻野清左衛門、屋敷場所見立て候由にて願い候につき、願書に絵図相添え、本［多］伊予守殿へ金五郎持参、用人をもって申し上げ候ところ、書付御請け取りなされ候よし仰せ聞けられ候。

荻野清左衛門は三度目の屋敷場所を選ぶ。御書物奉行松波金五郎が本多伊予守の自宅へ願書と絵図を持参し、用人に取り次いでもらい、書類を提出する。

享保十四年七月十九日の条

一　太備中守殿ゟ御書幷御書付被遣之、荻野清左衛門旧臘願上候御屋敷、願之通被下候間、御普請奉行江相談、請取候様ニ可申渡之旨ニ御座候。則刻御請、五人名付ニ而遣候。

一　清左衛門今日出勤候故、右之趣申渡候。

一　御普請奉行江対談可申与、主計　御殿江罷出、稲葉出雲守殿江申談候処、被相渡候案内、追而可被申聞由ニ御座候。

一　清左衛門為御礼、御用番左近将監殿・備中守殿・且又旧冬伊予守殿江願上候ニ付伊予守殿、右御三人江主計罷越候。

一　右備中守殿御状幷御書付、会所文匣ニ差置候、御覧可被成候。右書付ハ、何様茂御披見之上、清左衛門江相渡可申存候。

一　太［田］備中守殿より御書ならびに御書付これを遣わされ、荻野清左衛門旧臘《きゅうろう》願い上げ候御屋敷、願の通り下され候間、御普請奉行へ相談じ、請け取り候様に申し渡すべきの旨に御座候。則刻御請け、五人名付にて遣し候。

一　清左衛門今日出勤候故、右の趣申し渡し候。

一　御普請奉行へ対談申すべしと、主計　御殿へ罷り出で、稲葉出雲守殿へ申し談じ候ところ、相渡され候案内、追って申し聞けらるべき由に御座候。

一　清左衛門御礼のため、御用番左近将監殿・備中守殿・且又旧冬伊予守殿へ願い上げ候につき伊予守殿、右御三人へ主計罷り越し候。

一　右備中守殿御状ならびに御書付、会所文匣に差し置き候、御覧なされべく候。右書付は、何様も御披見の上、清左衛門へ相渡し申すべく存じ候。

　昨年の十二月（享保十三年十二月二十八日）に出した御書物同心荻野清左衛門の屋敷拝領願いが聞き届けられ、太田備中守から届いた公文書（許可状）と申し渡しの送り状が届いた。御書物奉行の堆橋主計は、荻野清左衛門が出勤していたので、右の趣を申し渡し、御普請奉行へ相談して請け取る様指示されていたので、御普請奉行の稲葉出雲守に相談のため江戸城本丸御殿へ罷り出で、面談、追って連絡するとの返事を得る。また、当時のしきたりとして、お世話になった上司へお礼にいく。今回の場合、御用番（月番老中）松平乗邑左近将監、若年寄の太田備中守、願いを提出した時の若年寄本多伊予守の三人の元へ行っている。そして、太田備中守から届いた公文書と申し渡しの送り状は、会所の文箱へ入れておくので見てください、皆様見られたあとは、清左衛門へ渡したい旨が伝達事項として記録されている。
　三度目の場所願を提出してから半年後、ようやく許可がでる。享保十二年四月二十八日に拝領屋敷の給付が決まってから約二年三ヶ月弱かかって、やっと具体的な物件が決まったのである。

享保十四年七月二十四日の条

一　御目付中より来書、幷鈴木伊勢守殿〻、荻野清左衛門屋敷明日可相渡由之書付、被差越候。即刻、主計方江右之書付為持遣之候、且又、清左衛門方江も、右書付之写、向寄之仲ヶ間衆被届候様ニ申達之遣候。

一　御目付中より来書、ならびに鈴木伊勢守殿より、荻野清左衛門屋敷明日相渡すべき由の書付、差し越され候。

　即刻、主計方へ右の書付持たせこれを遣わし候、且又、清左衛門方へも、右の書付の写し、向寄《むより》の仲ヶ間衆届けられ候様にこれを申し達し遣し候。

享保十三年七月二十四日に、明日、屋敷を渡すとの御普請奉行鈴木伊勢守からの通知がある。即刻、主計へ右の通知を持っていかせ、清左衛門へも、その写しを最寄りの仲間衆へ届ける様、伝達し持っていかせている。

享保十四年七月二十九日の条

一　先日太備中守ゟ被遣候清左衛門願之屋敷被下候御書付、清左、本紙ハ望ニ無御座由ニ付、箪笥引出シヘ入置申候。

一　先日太〔田〕備中守より遣わされ候清左衛門願の屋敷下され候御書付、清左〔衛門〕、本紙は望に御座なき由につき、箪笥引出しへ入れ置き申し候。

享保十四年七月二十四日に太田備中守より届いた御書付を、御書物同心荻野清左衛門が所持することを望まなかったので、会所の箪笥引き出して入れて置くと記録されている。

御書物同心の荻野清左衛門は、享保十一年十一月十八日に押野利右衛門の拝領屋敷跡を所望してから、足掛け四年でようやく拝領屋敷を手に入れることができたのである。

食に関する制度

現代の企業でも社員食堂の設置や食券・補助券の配布等、福利厚生の一部として食事を補助する制度があるが、徳川日本の統治機構でも職員には食事が提供されていた。例えば、日記には次のような記録がある。

享保十七年一月三十日の条

一　来二月中出勤日限之通御弁当被差越候様ニとの書付、御賄所組頭へ相渡之候。

一　来二月中出勤日限の通り御弁当差し越され候様にとの書付、御賄所組頭へこれを相渡し候。

勤番体制に変化するまでは、翌月一ヶ月分の弁当手配を月末にまとめて行なっていた。本丸御殿にある食堂へ行くのではなく、紅葉山下にある宝蔵地区の会所まで配達されていた。もし変更が生じた場合はその都度連絡をしていた。次の事例は、変更を行なった事例の記録である。

享保十七年二月二十七日の条

一　御賄所江、御書物奉行一人・同心二人弁当被差越候様ニ断申達候。

一　御賄所へ、御書物奉行一人・同心二人弁当差し越され候様に断り申し達し候。

弁当が御賄所から会所へ配達されており、身分によって弁当の内容も違うらしいことが窺える。享保二十年一月からは毎日「詰番書」を御徒目付へ提出する様になり、享保二十年二月二日から前日に提出することに変更になっている。享保十九年十二月に翌年正月から詰番制に切り替わる手続き等で「御台所断之書付」「御夕台所」という用語が見られ、享保十九年十二月二十六日の条では弁当の数変更する際においても「同役四人・同心五人分之夕御台所断候処、相廻リ申候」と「御台所」と用語が変わっていることがわかる。本丸御殿にある食堂「三之間・四之間」（図26）へ食事に行くのが基本であることから、一般的な用語に改められたとも考えられる。しかし、会所から本丸に食事のために毎日赴くのは実用的ではないので、配達されていたことが「廻し」という表現でうかがえる。次の記録からもそのことが窺える。

元文五年二月二十六日の条

一　此間之考物御用ニ付、三郎左衛門・新兵衛臨時ニ御台所断致置候処、昨日迄ニ相済候間、今日

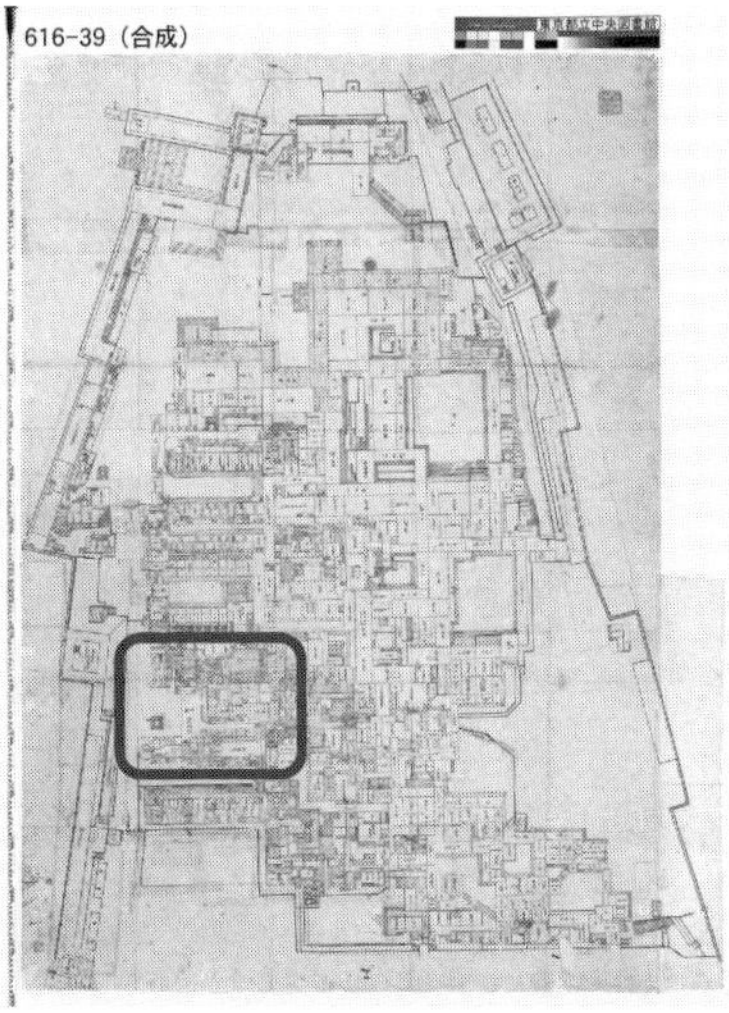

下図は囲み部分の拡大図

中央「石之間」の斜め右上に「四之間」「三之間」が読み取れる。

「三之間」「四之間」は幕臣たちの食堂で、身分によって部屋が分かれ、御料理の内容も違う。同心は「四之間」を利用する。

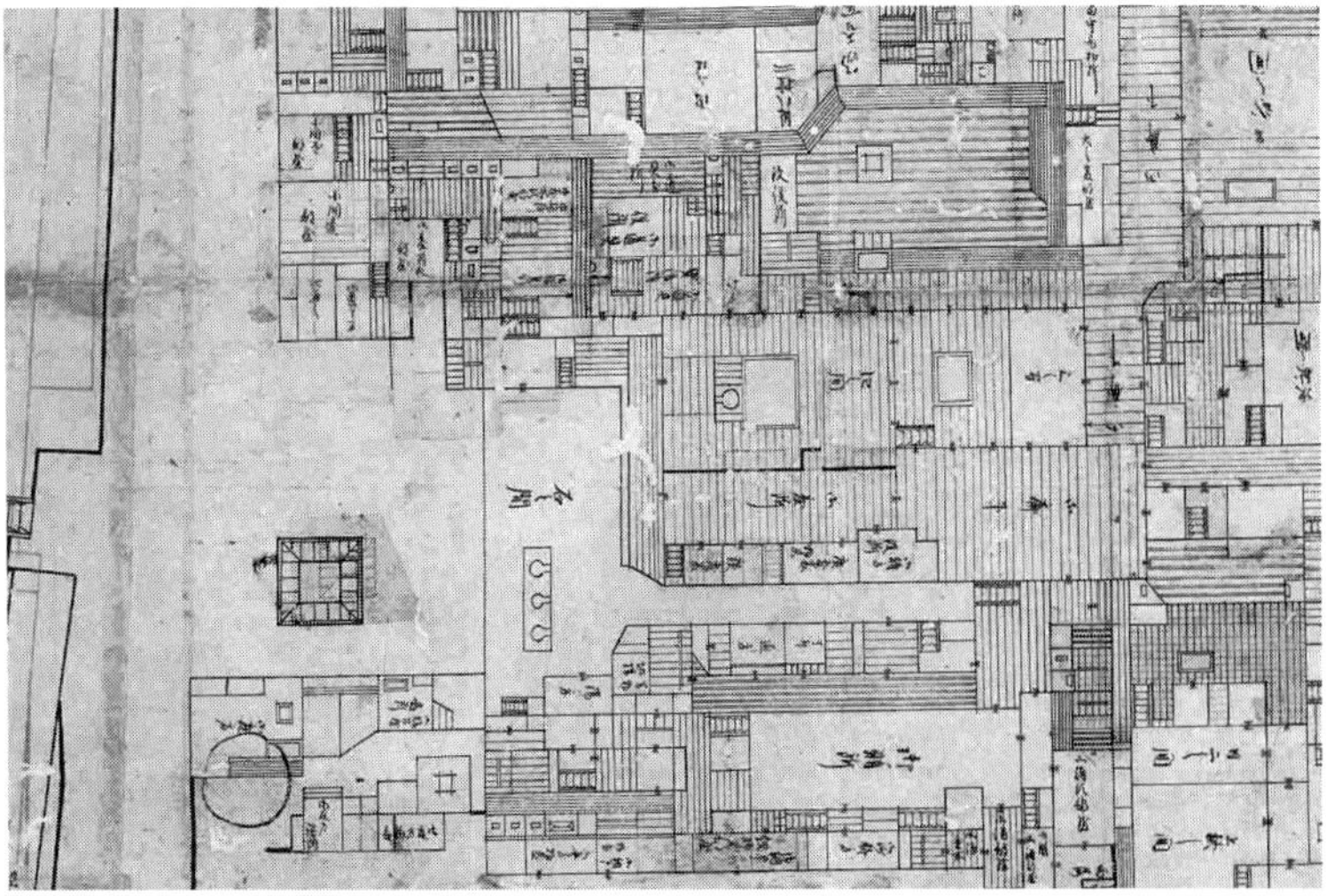

図26　東京都立中央図書館特別文庫室所蔵「御本丸表奥御殿向総絵図」
（請求記号　616-39／東616-039）

与定式計リ相廻し候様ニ御断返し、伊予守殿江差出之候。

一　此間の考え物御用につき、三郎左衛門・新兵衛臨時に御台所断り致し置き候ところ、昨日迄に相済み候間、今日より定式ばかり相廻し候様に御断り返し、伊予守殿へこれを差し出し候。

名称が「御弁当」から「御料理」と変更されていることが次の記録で伺える。御弁当ではなく御料理と名目が変わった理由はこの日記からは見出せないが、御弁当が享保二十年前後で御台所という用語に代わり、実際は配達されるので御台所という用語から御料理になったのだが、届けられるので御弁当と従来の用語を使用して、注意されたと思われる。

元文五年六月十一日の条

一　御弁当断り返シ差出候処、取次養哲申候ハ、御弁当ト申名目、只今ハ無御座候。重而ハ御料理ト認御出候へと申候、先むりニおし付ヶ申候。重而ハ左様ニ御心得被成候而、御認させ可被成候。

一　御弁当断り返し差し出し候処、取次養哲申し候は、御弁当と申す名目、只今は御座なく候、重ては御料理と認め御出し候へと申し候。先むりにおし付け申し候。重ては左様に御心得なされ候て、御認させなされべく候。

取り次いでくれる坊主衆の養哲から、「御弁当」という名目は今は使われておらず「御料理」であると注意されている。この注意により、次の通りに元文五年六月以前と以降で変化している。

元文三年五月二十一日の条

一　右御用ニ付、夕御弁当定式之外ニ両人分之断、御目付中江申達候。

一　右御用に付き、夕御弁当定式のほかに、両人分の断り、御目付中へ申し達し候。

寛保二年七月六日の条

一　明七日、例之通御風干休ニ付、夕御料理定式計リ相廻候様申遣之、

一　明七日、例の通り御風干休みにつき、夕御料理定式ばかり相廻し候様これを申し遣わす。

夕御弁当・夕御料理という表現により、残業して夕飯を頼んでいたと解釈されている場合もあるが、江戸時代は一日二食の習慣の名残から、朝夕、夜食と呼ばれており、ここで表現されている夕御弁当・夕御料理というのは、お昼に支給される食事だと考えられる。晩に食べる食事は夜食と呼ばれていた。そのことは次の日記の記事が有用な証拠となる。

元文五年三月七日の条

一　昨夜、三郎左衛門御宅江御目付三井采女より来書、頭幷支配之者朝・夕・夜食共ニ被下候哉、定人数等書付、差出候様ニ申来候。右之書付、今朝三郎左衛門殿ゟ御役所江為持御越候ニ付、頭一人・支配同心三人昼御台所計被下候趣、左之通書付采女江直ニ相渡候。

詰番
　御書物奉行
　　一人
　但、昼計
同支配
　同心三人
　但、昼計

右者、定式御台所毎日御書物蔵江廻シ御料理面之通御座候。尤、御用ニ付　不時ニ罷出候節者、其御断申上候。以上。

一　昨夜、三郎左衛門御宅へ御目付三井采女より来書、頭ならびに支配の者朝・夕・夜食ともに下され候哉、定人数等書き付け、差し出し候様に申し来り候。右の書き付け、今朝三郎左衛門殿より御役所へ持たせ御越し候につき、頭一人・支配同心三人昼御台所ばかり下され候趣、左の通り書付采女へ直に相渡し候。

詰番

御書物奉行

一人

但し、昼計り

同支配

同心三人

但し、昼計り

右は、定式御台所毎日御書物蔵へ廻し御料理面の通り御座候。尤、御用につき　不時に罷り出で候節は、その御断り申し上げ候。以上。

この記録から、非常に多くの情報を得られる。一つに「朝・夕・夜食」と区分していたこと、二番目に、御書物方の勤務体制つまり通常の勤務状態が、御書物奉行一人と同心三人体制であり、朝と夜食を必要としない勤務、つまり夜勤（当直当番）や夜食を必要とする遅くまでの残業がなかったことがわかる。福井は、「享保十八年（一七三三）三月、同心二名を増員し、宝暦十一年（一七六一）以降、同心は三名ずつ毎日交代で出勤する制に改められた」（福井　一九八〇　二十一頁）と述べているが、宝暦十一年以前の元文五年の時点でも定式は奉行一人同心三人体制であったことが伺える。三番目には、「毎日御書物蔵江廻シ」との記述から、紅葉山下にある御書物蔵まで届けられていたことがわかる。以前は毎日報告していたが、この頃は、定式どおりの時は連絡せず、臨時に変更のある時のみ連絡をしていたことが窺える。四番目は、御用で詰番以外に出勤することを「外出《ほかで》」と表現していたことがわかる。

次の事例は、三之間と四之間についての情報が得られる。

宝暦十三年十月十六日の条

一　大田三郎兵衛・曲淵勝次郎ゟ来書、定式御台所被下候人数承度、昼斗ニ而候哉。御支配之内、御台所被下候分有之候哉。左候ハヽ、席幷人数共ニ委細書付申聞可有之旨也。依之左之通相認メ返書ニ差添遣之。

覚

三之間御台所

奉行　　一人

四之間御台所

支配同心　　三人

右毎日御書物蔵江御台所昼斗、相廻り申候。以上。

十月十六日　　御書物奉行

深見新兵衛

一　大田三郎兵衛・曲淵勝次郎より来書、定式御台所下され候人数承わりたし、昼ばかりにて候哉。御支配の内、御台所下され候分、これ有り候哉。左候はば、席ならびに人数共に委細書き付け申し聞けこれあるべき旨也。
これにより左の通り相認め返書に差し添えこれを遣わす。

覚

三之間御台所
奉行　一人
四之間御台所
支配同心　三人

右、毎日御書物蔵へ御台所昼ばかり、相廻り申し候。以上。

十月十六日　御書物奉行
深見新兵衛

組織の頭と支配の者（部下）では、食事場所が違うことがわかる記述である。食事の支給について人数調査で、昼だけであるか、支配の者へも支給しているか、食堂の席（部屋）と人数を報告してほしいとの依頼に対して、回答の控えが記録されている。三之間で頭が食事をし、四之間で支配の者が食事していたことがわかる。実際の場所は、図26に示した箇所であるが、御書物方は本丸御殿へ出向くのではなく、会所へ配達されていたことがわかる。

福利厚生の一つとして、食事が提供されており、夕御弁当・夕御料理と記されているものは、昼に提供される食事であることを確認した。現代と違い、同心たちの通勤は徒歩であり、照明器具は火である。火事を嫌う職場環境では、よほど喫緊の業務でない限り、照明が必要となる夜間の残業はあり得なかったと考える。実際のところ、「始末記」を読んでいると、御書物奉行たちは寒いので持ち帰って仕事をすることを願い許可されていることが多い。時代が下ると、暖房として火鉢の使用を願い出て、帰宅するときは毎回番所へ返却することが決められている。

医療制度

福利厚生のもう一つの面として、医療に関する事例をあげる。現代でも、福利厚生の一環として、薬の支給や一括購入の際に代金の補助がなされる場合などがある。徳川日本の統治機構でも、薬が支給された事例を紹介しておく。

疱瘡の薬を配布した事例として元文五年（一七四〇）と寛保四年（一七四四）の事例を挙げる。

元文五年二月一日の条

一　昨夕御目付中ゟ御書付写、又助殿江到来、拙者方江御達し候ニ付、則今日書刺ニ置候、御順覧
　可被成候。但、疱瘡之御薬之事也。

一　昨夕御目付中より御書付写し、又助殿へ到来、拙者方へ御達し候につき、則今日書刺しに置き候、御順覧なされべく候。ただし、疱瘡のお薬の事なり。

現代では、ワクチン接種がなされているが、当時は薬が有効と考えられていたことが窺える。徳川実紀（有徳院殿御実記巻五十一、元文五年正月二十九日の条）では、「このほど疱瘡行はる、により、陰陽二血丸を下さるべしとて、拝謁ゆりし限り、望こふものは河野千寿院、栗本軒瑞がもとに就てこふべしと触らる」とあり、陰陽二血丸という薬が疱瘡に処方されていたことが判る。ただし「拝謁ゆりし限り」とあるので御目見以上のものに限定された。

陰陽二血丸は『本草綱目』によると、小児疱瘡に使われ、毎服十丸を「空心以酒送下」と空腹時に酒で飲むと記載されている。現代の感覚からすると薬を酒で飲むなど考えられないが、『本草綱目』を見てみると、「毎服二十丸空心温酒送下」などの服用方法も書かれているので、その様な服用方法もあったのであろう。「如緑豆大」と記載されているので、○・四糎ほどの大きさの錠剤を十粒、酒で服用することになる。薬の成分は、「鹿血一両、兎血（各以青紙盛、置灰上、曬干）一両、乳香一両、沒薬一両、雄黄五銭、黄連五銭、朱砂一銭、麝香一銭」とのことである。

この年は疱瘡が流行していた様で、御書物方でも子どもの看病で休みをとる事例が記録から見出せる。

二月十一日の条　　立石幸右衛門倅昨九日ゟ疱瘡ニ付、看病断。

二月十二日の条　杉村久左衛門倅疱瘡ニ付一昨十日ヨリ看病断。
二月二十二日の条　杉村久左衛門倅疱瘡日柄立、快気仕、今日より出勤致し候。
二月二十三日の条　立石幸右衛門倅疱瘡日柄立候ニ付、出勤仕候旨。
二月晦日の条　杉村久左衛門女子疱瘡ニ付、一昨二十九日より断差出候由。
三月四日の条　神谷加兵衛女子疱瘡煩候ニ付、看病断差出し候由。
三月十一日の条　杉村久左衛門女子疱瘡日柄立候ニ付、出勤仕候旨。
三月十七日の条　神谷加兵衛娘疱瘡日柄立候ニ付、来二十日詰番ゟ出勤仕候旨。

総じて、看病のため十日から十五日程度の休暇を得ていたことがわかる。

寛保四年正月二十三日の条

一　昨夜、当番御目付中ゟ、陰陽二血丸可被下旨之御触書、拙宅へ到来、今日持参、状さしニ差置申候。御順覧可被成候。

一　昨夜、当番御目付中より、陰陽二血丸下されべく旨の御触書、拙宅へ到来、今日持参、状さしに差し置き申し候。御順覧なされべく候。

今回のお薬配布も、御書物同心の世話役に伝達せずに、状さしに差し置いて回覧していることから窺うと、御目見以上に対する措置であったと考えられる。このお触れに対して、御書物奉行の川口頼母は陰陽二血丸を所望している。

寛保四年二月四日の条

一　今日於時計之間、栗本瑞見ニ逢申候間、二血丸拝領仕度之間、近日貴宅江罷越御留主ニ而頂戴可致と申候得者、暫相待候様被申、早速御薬十種入一包持参被相渡候。今日詰番故退出之刻限も難計候。明日為御礼貴宅迄可参と申候処、承知之旨挨拶ニ而御座候。尤、瑞見宅計ニ而御礼相済申候由御座候。

一　今日、時計之間に於いて、栗本瑞見に逢い申し候間、二血丸拝領仕りたくの間、近日貴宅へ罷り越し御留主にて頂戴致すべしと申し候えば、暫く相待ち候様申され、早速御薬十種入一包持参相渡され候。今日詰番故退出の刻限も計りがたく候。明日御礼のため貴宅迄可参ずべしと申し候処、承知の旨挨拶にて御座候。尤、瑞見宅ばかりにて御礼相済み申し候由御座候。

寛保四年二月四日の詰番であった川口頼母は、『夾漈通志』百二十四冊（十二帙三箱）を届けるため本丸御殿へ登城していた。時計之間で栗本瑞見に会い、陰陽二血丸十種入一包をもらっている。十種入一包というのは、十粒で一回の服用分ではないかと推測する。この日記の記録の面白いところは、「尤、瑞見宅計ニ而御礼相済申候由御座候」と書き手の感情が垣間見られるところである。

次の事例は、御書物奉行の奈佐又助が次男の病のために、薬として牛の干肉を拝領する事例である。

元文五年二月五日の条

一　又助殿御次男病気不勝候ニ付、御断、拙者助ニ罷出候。

一　又助殿御次男病気すぐれず候につき、御断り、拙者助に罷り出で候。

本来は奈佐又助が詰番であったが、奈佐又助の次男の病気が優れないため勤務を休む断りがあったので、前日の勤務に引き続き、深見新兵衛が助詰番として勤務したことがわかる。

元文五年二月八日の条

一　又助殿御次男病気ニ付、看病断有之、助順申合候。

一　又助殿御次男病気につき、看病断りこれ有り、助順申し合せ候。

このとき、詰番を深見新衛門、奈佐又助、水原次郎右衛門、川口頼母、桂山三郎左衛門の五人でまわしていた。九日の詰番は奈佐又助なのだが、次男の看病のため休む連絡がなされており、明日九日の詰番を決めている。奈佐又助が職場に復帰するのは、元文五年五月七日で、それまで四人で詰番を担当していた。

元文五年四月十九日の条

一　又助殿次男助之丞殿病気、段〻不勝、癆症之様ニ相成、諸医手を尽シ申候。或医申候ハ、正真之牛肉用見申度由申候。世上之牛肉真偽無心元ニ付、御□部屋之牛肉被下置候様ニ仕度被相願候。一昨日十七日　御成過拙者罷出、小堀土佐守殿へ相願置候。尤、助之丞殿年数・病症之体・医者之名等書付、差出候様ニとの事故、又助殿江申通、右之趣委細相認、世上ニて正真之牛肉相調兼候段専らニ相認、今朝差出候。八半頃願之通可被下置段、相済申候旨、土佐殿被申渡候而、七半過御膳番平次郎殿ゟ乾牛肉掛目五十目請取申候。今夕直ニ又助殿へ致持参、頂戴被致候様ニ可申通存候。

一　又助殿次男助之丞殿病気、段々すぐれず、癆症《ろうしょう》の様に相なり、諸医手をつくし申し候。或る医申し候は、正真の牛肉用い見申したき由申し候。世上の牛肉真偽心元なきにつき、御□部屋の牛肉下し置かれ候様に仕りたく相願われ候。一昨日十七日　御成過ぎ拙者罷り出で、小堀土佐守殿へ相願い置き候。尤、助之丞殿年数・病症の体・医者の名等書付、差し出し候様にとのこと故、又助殿へ申し通し、右の趣委細相認め、世上にて正真の牛肉相調《ととの》えかね候段専らに相認め、今朝差し出し候。八半頃願の通り下し置かれべき段、相済み申し候旨、土佐殿申し渡され候て、七半過ぎ御膳番平次郎殿より乾牛肉掛目五十目請け取り申し候。今夕直に又助殿へ持参致し、頂戴致され候様に申し通すべく存じ候。

干した牛肉が薬として使われていたこと、世の中で売られている干牛肉には偽物もあるらしいことが窺える。十七日に御小姓小堀土佐守に願い出、申請に必要な事項の提出を求められ、十九日の朝に提出し、八半頃（現在の十五時半ごろか）に拝領の許可が小堀土佐守から申し渡され、七半過ぎ（夕方十八時頃か）御膳番平次郎殿より乾牛肉目五十目（百八十七・五グラム）を受領し、夕方直接、奈佐又助の自宅へ持参していることがわかる。

元文五年四月二十一日の条

一　牛肉又助殿拝領ニ付、今朝、土佐守殿へ懸御目、御礼申上候。

一　牛肉又助殿拝領につき、今朝、土佐守殿へ御目にかかり、御礼申し上げ候。

元文五年四月二十七日の条

一　又助殿次男昨夜死去ニ付、忌服届書付佐渡守御殿宅江頼母持参、用人小池宅之右衛門を以差出

之候、

一　又助殿次男昨夜死去につき、忌服届け書付佐渡守御殿宅へ頼母持参、用人小池宅の右衛門をもってこれを差し出し候。

御書物奉行奈佐又助の次男助之丞は、看護の甲斐無く亡くなる。これまでは、看病のための休暇であったが、忌服届が若年寄の板倉佐渡守に提出さる。

元文五年五月七日の条

一　拙者儀忌明候ニ付、今日ゟ致出勤候。尤、今日佐渡守江参上、御届申上候。

一　拙者の儀忌明候につき、今日より出勤いたし候。尤、今日佐渡守へ参上、御届け申し上げ候。

元文五年五月七日の詰番は奈佐又助でこの日から忌明けで出勤している。亡くなったのは嫡子ではなく、次男なので、忌は十日、服は三十日であり、七日からの出勤となった。元文五年二月五日から元文五年四月二十七日まで、看病のための約八十日（三月は小の月）の休暇と十日の忌引き休暇であった。ちなみに、奈佐又助は元文五年八月四日に御本丸御裏門切手番の頭へ御役替えを仰せつけられる。

休暇制度

現代的な有給休暇というものはなかったが、奈佐又助の事例からもわかる様に、必要に応じて休むことは可能であった。自分が病気の時はもちろん、親、妻、子供が病気の時は、看病のために休暇を取ることができた。療養のために温泉に出かける「湯治願」なるものもあった。もちろん、水害や火災といった災害にあった場合も休暇が与えられた。休んだからといって、減給になるわけではない。

先にも挙げたが、小沢与四右衛門は元文四年四月四日に湯治願が許され、四月五日に御書物奉行深見新兵衛宅へ倅清四郎が呼ばれ、湯治の許可がおりたことを伝えられている。そして出発したことを、四月十一日に倅清四郎が御書物奉行の深見新兵衛宅へ報告に行っている。四月二十八日には、深見新兵衛が若年寄の板倉佐渡守へ書付をもって、小沢与四右衛門の湯治が済み、帰ってきたことを報告している。その後、小沢与四右衛門は調子が優れなかったのか、元文四年六月十一日には病気で休暇に入っている。七月二十一日には状態が悪化したらしく、倅清四郎が看病断りを差し出している。元文四年八月昨日の条には「小沢与四右衛門儀、六月初ゟ病気之処、養生不相叶、今日病死仕候旨相届候」と記録されている。治療のための休暇、病気休暇、看病のための休暇が見られる事例であった。この事例ではどこの湯治場へ治療に行ったのか情報がなかったが、御書物同心和合佐太郎の場合は、明和八年（一七七一）四月二十四日に、痛所につき湯治願が本人より御書物奉行へ出され、五月九日の朝に「相州木賀温泉」に出立した記録が残っている。五月十二日から湯治を始め、途中で一度、飛脚を使い延長を願い、六月七日に帰ってきたことが記録されている。相模国の木賀温泉は江戸時代の箱根七湯の一つで、現在では箱根十七湯の一つに数えられている。十二世紀末に源頼朝に仕えた木賀善司吉成が重病を癒したという伝承があり、江戸初期は将軍に献上するため江戸まで御湯が運ばれていたとのことで、当時、メジャーな湯治場であったのであろう。江戸から箱根まで当時は三日かけて歩いた様である。日本橋から戸塚までが約十里半（約四十二キロメートル）、戸塚から小田原まで約十里、小田原から箱根まで約四里、合計約二十四里半（百キロメートル弱）で一日平均三十三キロメートルの距離である。途中、どこで宿をとったかは不明であるが、『東海道中膝栗毛』では戸塚と小田原に宿泊する設定で描かれている。なかなか健脚でないと歩けない距離である。

一日八時間以上は歩くことになる。馬や駕籠、船などの移動手段も考えられなくはないが、御書物同心にそんな余裕はなかったのではないかと推察する。

穢れに対する休暇もあった。一つは「産褥断」で、子供が生まれた場合に適用される。産褥、血荒、流産、死穢、改葬等細部に渡って日数等が規定されている。血の穢れという考え方は今の感覚では女性に対する蔑視としか考えられないが、逆手に取れば、子供の誕生と生まれてからしばらく一緒に過ごせる休暇を無条件に与えられるのは幸せかもしれない。もちろん本妻の子供だけでなく、本妻以外の出産であっても夫は、同じく七日出勤を控え休むことになる。女性の場合は三十五日となる。もう一つは、死による穢れである。穢れという概念は、奈良時代後期または平安時代に仏教思想にのり流入したと言われており、一方、中国の儒教的な喪服制度の導入により、休みの体制が作られた。「東照大権現と将軍に穢れを及ぼすべきではない」という考え方があり、親族が亡くなった時に出勤を控えたのである。これまでも「定式之忌服」の例をあげていたが、関係性によってそれぞれの忌服の期間が決まっていた。例えば、父母は忌五十日・服十三月、養父母は忌三十日・服百五十日、嫡母は忌十日・服三十日、継母は忌十日・服三十日、離別之母は忌五十日・服十三月、夫は忌三十日・服十三月、妻は忌二十日・服九十日、嫡子は忌二十日・服九十日といった様に関係性より様々に規定されている。「服忌令《ぶっきりょう》」という。幕府にあっては貞享元年（一六八四）二月三十日に五代将軍綱吉が制定、公布し、以降度々改正されつつ受け継がれる。林由紀子は『近世服忌令の研究』（清文堂出版　一九九八）で「徳川幕府による服忌令は中国の儒教的な喪服制度に倣ったものであり、家族親族間の序列を明確化することによって、幕藩制身分階層秩序の維持強化を図ったもの」と評価し、根崎光男は「生類哀れみ政策の成立に関する一考察」（人間環境論集　5（1）　二〇〇五）で、「将軍家の権威を高め、幕藩制秩序確立の一助とするという服忌令の意義（穢れの側面）をさらに徹底させると同時に、儒教的な礼制に倣って、家族制度秩序を明確にして身分秩序の維持強化を図るという意義（礼の側面）をも、服忌令の重要な意義の一つとして加えることになった」と評価している。

この様な意図で制度化された休暇かもしれないが、受容する立場の視線で考えれば、ありがたいシステムではないだろうか。有給休暇があっても、実際に子供が生まれたからといって七日も休めるだろうか。子供が病気だからといって約三ヶ月間休暇が取れるだろうか。親が重篤だからといって約四十日看病のための休暇が取れるだろうか。有給休暇の範囲で休暇を取っていても、その事情を考慮することなく、有給休暇を取りすぎであるとか、授業期間以外の夏休みや冬休み、春休みに出かけていても毎年ヨーロッパやアメリカへ出かけてもらっては困る（ただし、韓国や台湾ならいいがとか、出身がドイツやフランスで御里帰りならわかるが）といった注意が学部長からなされる様な陰湿な社会とでは、どちらが人間味溢れ、豊かな社会であろうか。それ以前に、現代において有給休暇の定義が浸透していない地域性や企業風土の方が問題である。

徳川日本の官僚機構でのシステムに過ぎないが、もっと我々は百五十年以前の経済的には貧しいかもしれないが、人間味ある豊かな社会についても考える必要性があるのではないだろうか。維新百五十年によって得たものと失ったものは何なのか。明治、大正、昭和前期の戦争の歴史と、静謐な平和の時代について不特定多数の住民目線で考えるべきであろう。戦争が起こると辛いのは誰なのか。喜ぶのは武器商人とその利害関係者だけであり、それ以外の不特定多数の住人は傷つく。けして封建社会を礼賛するわけではないし、ましてや君主主権の時代が良かったなど論外である。平和な国民主権の時代をありがたいと考える。

ゆっくりではあるが、向上し、反動で少し後退し、また向上して少しづつ進歩しているのは、人権に対する考え方であろう。地域差はあるものの、日本においては第二次大戦後、外的圧力によってではあるが間違いなく、向上し、良い方向に進んでいるであろう。良いとは、ある特定の人にとって有利に働くものではなく、不特定多数の住民にとって良いということである。

貸付制度

御書物奉行も御書物同心も災害に会う。出水で床下浸水にあったり、類焼で住宅が燃えたり、台風で普請したばかりの家作が倒壊したり、立て続けに二度も被災したりと、様々な被害にあっている。その様な場合、当座必要な金銭を貸し付ける制度があった。

享保十一年十二月十日、杉山平左衛門が五年賦の拝借金一口を完納したことが、次の記録で判る。

享保十一年十二月十日の条（1）

一　杉山平左衛門類焼拝借金一口ハ当冬五年賦皆済ニ付、今日御金蔵江上納之。四年以来御金奉行ゟ之請取手形、差戻之、五年以前差出候同役連名之拝借手形、御金蔵奉行ゟ被返之候。此拝借手形之裏書、御勘定奉行衆幷吟味役衆裏印有之ニ付、近日幸大夫御勘定奉行衆江対談之上、消印等之義承合申筈ニ有之候。

一　杉山平左衛門類焼拝借金一口は当冬五年賦皆済《かいさい》に付き、今日御金蔵へこれを上納。四年以来御金奉行よりの請取手形、これを差し戻し、五年以前差し出し候同役連名の拝借手形、御金蔵奉行よりこれを返され候。この拝借手形の裏書、御勘定奉行衆ならびに吟味役衆裏印これあるにつき、近日幸大夫御勘定奉行衆へ対談の上、消印等の義承け合い申す筈にこれ有り候。

毎年返済するたびに、発行されていた請取手形を渡し、提出してある拝借手形を返却してもらい、近々、拝借手形の抹消手続きをする旨も記されている。

拝借金の返済を終える者もいれば、返済を開始する者もいる。同日の享保十一年十二月十日の条には次のような記載もある。

享保十一年十二月十日の条（2）

一　小沢与四右衛門・宮寺五兵衛・石渡藤左衛門・杉山平左衛門四人、去春類焼拝借五年賦上納、当冬始而上納之、元方御金蔵江相納之、則御金奉行衆より之請取手形被越之、上封いたし新御蔵箪笥之内江納置申候。

一　小沢与四右衛門・宮寺五兵衛・石渡藤左衛門・杉山平左衛門四人、去春類焼拝借五年賦上納、当冬始めてこれを上納、元方御金蔵へこれを相納め、則ち御金奉行衆よりの請け取り手形これを越され、上封いたし新御蔵箪笥の内へ納め置き申し候。

去春というのは、享保十年二月十四日の常に記録されている大火のことと思われる。「八ッ時青山辺ゟ出火有之。南風ニて大火ニ成候ニ付、無心元。御蔵江罷出、しはらく罷在見合候処、大方風上之火気静ニ成、無別条様子ニ罷成候ニ付、七つ時罷帰候」（八つ時青山辺より出火これ有り。南風にて大火に成り候に付き、心元なし。御蔵へ罷り出で、しばらく罷り在り見合せ候ところ、大方風上の火気静かに成り、別条なき様子に罷り成り候に付き、七つ時罷り帰り候）と御書物奉行奈佐又助によって記録されており、翌日の記録には御書物奉行の浅井半右衛門と川窪斎宮、御書物同心の五人が被災したとある。享保十年三月七日の条に、五年間に二度類焼に遭った者の拝借手形の裏書きが済み、今日御金を請け取ったという記録がされている。なお、小沢与四右衛門・宮寺五兵衛・石渡藤左衛門が金五両、杉山平左衛門が金三両を拝借している。

五年で完済するのが一般的だった様である。拝借金は無利子と思いきや、次の様な記録を見つけたので驚いた。

享保十四年十月二十七日の条

一　本伊予守殿御渡候由、借金銀利分定之御書写一通、御目付中ゟ夜五時過来候。

一　本〔多〕伊予守殿御渡し候由、借金銀利分定の御書写一通、御目付中より夜五時過ぎ来り候。

しかし、この借金が拝借金の範疇に入るのか、慎重な検討が必要であり、実際の金利の調査も含めて今後の研究課題でもある。

享保十四年十月二十九日の条

一　近年諸人勝手向難儀之由ニ付、諸拝借今年分上納之義御用捨被差延候旨御書付写、御蔵迄御目付中ゟ申来候。

一　近年諸人勝手向き難儀の由につき、諸拝借今年分上納の義、御用捨差し延ばされ候旨御書付写し、御蔵まで御目付中より申し来り候。

打って変わって温情に溢れる方針が伝達されている。各人の家計を察し、今年に限り返済をご猶予された事例である。

次の事例は、享保十四年の拝借金返済が猶予された事情が見えてくる記録でもある。

享保十五年十二月十五日の条

一　今日月次御礼有之、主計・次郎右衛門致出仕候、同役之内一人居残ﾘ候様ニ御目付中被申聞候ニ付、次郎右衛門残罷在候。

一　残ﾘ候分芙蓉之間江廻ﾘ候様ニ御目付中被申聞、廻ﾘ申候処、御老中・若年寄御列座ニ而左近将監殿被仰渡候者、前〻より倹約之義度〻被　仰出候へ共、用不申候、近年米別而下直ニ候、依之下〻困窮之義被及　聞召、来春ハ急度以御書付倹約之義可被　仰出候、堅ｸ相守可申旨、そ

れ迄続かね可申と被思召、拝借金被　仰付候、委細ハ中ノ口江御張紙出候間、可得其意旨、被
　仰候。

一　今日月次御礼これ有り、主計・次郎右衛門出仕いたし候、同役之内一人居残り候様に御目付中申し聞けられ候につき、次郎右衛門残り罷り在り候。

一　残り候分芙蓉之間へ廻り候様に御目付中申し聞けられ、廻り申し候処、御老中・若年寄御列座にて左近将監殿仰せ渡され候は、前々より倹約の義度々　仰せ出でられ候へ共、用申さず候、近年米別て下直《げじき》に候、これにより下々困窮の義　聞こし召しに及ばれ、来春は急度御書付をもって倹約の義　仰せ出でられべく候、堅く相守り申すべき旨、それ迄続きかね申すべしと思し召され、拝借金　仰せつけられ候、委細は中之口へ御張紙出し候間、その意を得べき旨、仰せられ候。

ここで近年、米価が下がっているという情報が得られる。そして、享保十四年の「勝手向きが難儀」という原因が見えてくる。前々からの倹約令に効果が無く、その上米価が下落し、幕臣が困窮しているとのことで、当座の救済策として、拝借金が手当てされたのである。中之口に掲示されるというのも、なんだか現代のオフィスに通じるところがあって、興味深い。堆橋主計と水原次郎右衛門が月次御礼に出席していたが、月当番の水原次郎右衛門が残っている。

次の記録は、月当番の水原次郎右衛門によって記録されたものである。

享保十五年十二月二十一日の条

一　拝借金証文、今日、御勘定所江差出、組頭石原半右衛門八木半三郎江相渡候。

一　拝借金証文、今日、御勘定所へ差し出し、組頭石原半右衛門八木半三郎へ相渡し候。

享保十五年十二月二十二日の条

一　今日拝借金証文御裏印相済候筈ニ而、請取ニ罷出候処、御取込ニ付、惣御裏印不被成候由ニ付、請取不申候。

一　今日拝借金証文御裏印相済み候筈にて、請け取りに罷り出で候処、御取り込みにつき、惣御裏印なされず候由につき、請け取り申さず候。

享保十五年十二月二十三日の条

一　今日、拝借証文、伊予守殿御裏印相済、請取之、直ニ御金蔵ニ而借金請取、同心衆拝借之分、証文取之、於会所、次右衛門・次介江相渡、又助殿・左兵衛殿御両所へハ、私持参仕御渡申候、私拝借金茂請取申候。

一　今日、拝借証文、伊予守殿御裏印相済み、これを請け取り、直に御金蔵にて借金請け取り、同心衆拝借の分、証文これを取り、会所において、次右衛門・次介へ相渡し、又助殿・左兵衛殿御両所へは、私持参仕り御渡し申し候、私拝借金も請け取り申し候。

御書物奉行も同心も、年の瀬を越すために必要なお金を拝借したと考えられる。当時は現金ではなく、掛売りで物を購入し、盆暮れあるいは年末に支払うのが一般的だったからである。この商習慣を変えたのが、三井越後屋の「現銀、掛値なし」の商いである。

享保十一年十二月から拝借金の返済を始めた小沢与四右衛門・宮寺五兵衛・石渡藤左衛門・杉山平左衛門たちは、享保十四年は返済が猶予され、享保十六年十二月二十八日に石渡藤左衛門・杉山平左衛門が御金蔵へ持参したが、当年は納め難く、当年の証文を持って来春納めるように言われ、納金と証文を全て、御蔵の掛硯（箱）に入れ置くと記録されている。会所の鍵は御書物奉行・同心が持っており、出入りもあるが、御蔵の鍵は御書物奉行だけが管理しており厳重な出入りの管理がなされていることもあり、御蔵の掛硯を保管場所にしたのであろう。享保十七年四月十八日の条に「類焼拝借皆済ニ付、御金蔵証文引替、本紙請取、たんす江入置候。重而御勘定奉行衆消印有之候様可致候」（類焼拝借皆済に付き、御金蔵証文引き替え、本紙請け取り、たんすへ入れ置き候。重ねて御勘定奉行衆消印これ有り候様致すべく候）とあり、同心四人の返済が終わったこと、借金証文の裏書消印の手続きがまだであることが記録されている。享保十七年四月二十五日の条に「同心中類焼ニ付拝借金上納去亥年皆済ニ付、此間御金蔵ゟ証文引替相済、依之御勘定奉行并吟味役衆江差遣シ消印相済、今日請取之申候」（同心中類焼に付き拝借金上納去亥年皆済に付き、このあいだ御金蔵より証文引き替え相済み、これにより御勘定奉行ならびに吟味役衆へ差し遣わし消印相済み、今日これを請け取り申し候）とあり、手続きが完了したことがわかる。

福利厚生の一つとして、現代でも貸付制度があるが、徳川日本の統治機構では、被災状況や生活状況に応じて貸付が行われていたことがわかった。社宅、社員食堂、医療補助、貸付など現代の福利厚生の要素の源流がわずかではあるが垣間見られるのではないかと考える。

＊「御書物同心の俸禄と御褒美（ボーナスと退職金）」で触れた表6を章末に掲載しておく。

15俵 1人半 扶持	15俵 1人 扶持	10俵 1人半 扶持	不明	見習・ 仮抱入	
					譜代
					鈴木斧右衛門乱死→御抱入　小沢与四右衛門
					吉田浅右衛門→御入人　押野利右衛門
					押野利右衛門　病気につき→倅　押野理右衛門
					打込4人20俵2人扶持　高橋勘兵衛、疋地治助、小沢又四郎、杉村久左衛門、中山閑右衛門（10／29中奥帳付へ）桜田より
					8人増員（杉山平左衛門20俵2人扶持、高野次右衛門20俵2人扶持、神谷加兵衛20俵2人扶持、高橋八兵衛20俵2人扶持、和合甚左衛門18俵2人扶持、高橋佐治右衛門18俵2人扶持、立石幸右衛門18俵1人半扶持、早川政右衛門18俵1人半扶持）
					杉山平左衛門→弟杉山伝五郎相続
					高橋佐次右衛門　召放
					萩野政右衛門20俵2人扶持　改名清左衛門
					疋地治助病死→養子疋地治助　相続
					石渡藤左衛門→養子石渡藤左衛門　相続
					押野利［理］右衛門　御暇
					稲村伝助　20俵1人半扶持
				（1）	小沢与右衛門倅清四郎　見習い
				（1）	早川政右衛門病死
				（1）	高野治右衛門病気につき小普請入
				（1）	石渡藤左衛門死亡→二十六日　三浦新左衛門養子願い　閏五月四日　同心職引継
				（1）	佐野六兵衛、大槻九助　20俵2人扶持
				（1）	高橋甚兵衛（桜田者）病気につき小普請入
				（1）	大槻九郎　逐電
				（1）	三浦半之丞　20俵2人扶持　御入人
				（1）	三浦半之丞　病死　実子牛之助　小普請入
					足高・足扶持、持つもの一人もなし　総計326俵29人扶持
				（1）	浜野藤蔵　20俵2人扶持
				（1）	宮寺五兵衛病死　養子平吉（相続七月二十七日）小普請入願
				（1）	稲村伝助　願によって　小普請入
				0	小沢清四郎（小沢与右衛門倅）見習から同心採用30俵2人扶持、高橋幸左衛門（高橋勘兵衛倅）20俵2人扶持
					高橋幸左衛門　病気断　小普請入
					小沢与右衛門病死
					杉山半次郎（杉山平左衛門倅）20俵2人扶持、和合佐太郎（和合甚左衛門倅）18俵2人扶持　御抱入
					小沢惣右衛門（小沢又四郎（桜田者）倅）30俵2人扶持　御抱入、小沢与右衛門跡へ

表6　同心人事関係記事一覧

	計	30俵 2人半 扶持	30俵 2人 扶持	20俵 2人 扶持	20俵 1人半 扶持	20俵 1人 扶持	18俵 2人 扶持	18俵 1人半 扶持	17俵 5升 1人半 扶持	17俵 2人 扶持	15俵 3人 扶持	15俵 2人 扶持
元禄六年十一月	4		4									
元禄七年五月	4		4									
元禄十一年	4		4									
宝永五年三月												
宝永六年十月	8		4	4								
正徳五年七月二十八日	16		4	8			2	2				
享保三年十月	16		4	8			2	2				
享保七年九月十九日	15		4	8			1	2				
享保七年十一月朔日	16		4	9			1	2				
享保九年正月	16		4	9			1	2				
享保九年六月	16		4	9			1	2				
享保十一年	15		3	9			1	2				
享保十二年十一月二十六日	16		3	9	1		1	2				
享保十四年七月	16		3	9	1		1	2				
享保十四年八月	15		3	9	1		1	1				
享保十六年七月	14		3	8	1		1	1				
享保十七年三月二十五日	14		3	8	1		1	1				
享保十八年三月十二日	16		3	10	1		1	1				
享保十八年九月十八日	15		3	9	1		1	1				
享保十八年十一月晦日	14		3	8	1		1	1				
享保十九年三月十三日	15		3	9	1		1	1				
享保十九年九月一日	14		3	8	1		1	1				
享保十九年九月十八日	14											
享保二十年三月五日	15		3	9	1		1	1				
享保二十年八月四日	14		2	9	1		1	1				
元文二年二月二十七日	13		2	9	0		1	1				
元文二年十二月二十日	15		3	10			1	1				
元文三年十二月十八日	14		3	9			1	1				
元文四年八月朔日	13		2	9			1	1				
元文四年九月二十五日	15		2	10			2	1				
元文四年九月二十八日	16		3	10			2	1				

15俵 1人半 扶持	15俵 1人 扶持	10俵 1人半 扶持	不明	見習・ 仮抱入	
					杉山半次郎　父杉山平左衛門の跡へスライド（譜代）
					川出清大夫　30俵2人扶持
					神谷加兵衛転出　進物取次上番へ
					「譜代7人、桜田者4人、抱入4人」
					問合
					大塚弥市　20俵1人扶持　御入人
					問合
					和合甚左衛門　小普請入
					問合
					立石伝次郎（立石幸右衛門倅）18俵1人半扶持御入人
					褒美　世話役　小沢又四郎（金2枚）同心14人（白銀1枚）大塚弥市は病休でなし
					大塚弥市（20俵一人扶持）減
					問合
					石川庄助　20俵2人扶持
					佐野六兵衛病死
					内田平次郎　20俵2人扶持
					小沢惣右衛門　病気につき→従弟　宮原安兵衛　30俵2人扶持
					荻野清左衛門病死　実子清蔵　御抱入者に付、跡目不相立候　御書院番で採用（6月29日）30俵2人扶持
					1名欠員と報告
					内田平次郎　獄門　宝暦四年四月二十日事件発生　父又次郎　遠島
					高橋市之丞　桜田者　20俵2人扶持
					福嶋弥七郎　譜代者　30俵2人扶持
					立石幸右衛門　老衰につき　小普請入　褒美銀子3枚
			1		小普請組筒井内蔵組　加藤勝五郎　採用　病気出勤せず
			0		加藤勝五郎　筒井内蔵よりお断り
					石川久次郎　宝暦八年正月13日より見習い16日から本番
					石川庄助　死亡　八月六日（石川庄助→石川源助　跡式下され置き）
					濱野藤蔵　異動　御広敷御用部屋書役へ（「19回も異動願いを出していた」氏家氏）
					立石伝八郎（延享二年閏十二月十九日御抱入）家督認められる（立石幸右衛門病死　高18俵1人半扶持）
					立石伝八郎　小普請入
					高橋市之丞　小普請入
					石渡新左衛門　小普請入
					小沢又四郎（褒美銀5枚）→小沢勝五郎
					世話役（小沢又四郎、杉山平左衛門）の後任、世話役（杉村久左衛門　和合佐太郎）

	計	30俵 2人半 扶持	30俵 2人 扶持	20俵 2人 扶持	20俵 1人半 扶持	20俵 1人 扶持	18俵 2人 扶持	18俵 1人半 扶持	17俵 5升 1人半 扶持	17俵 2人 扶持	15俵 3人 扶持	15俵 2人 扶持
元文五年二月二十四日	15		3	9			2	1				
寛保元年五月二十九日	16		4	9			2	1				
寛保三年七月十二日	15		4	8			2	1				
寛保三年九月六日	15											
寛保三年九月十日	15		4	8			2	1				
寛保三年九月十二日	16		4	8		1	2	1				
延享二年七月二十日	16											
延享二年十二月十日	15		4	8		1	1	1				
延享二年十二月二十八日	15		4	8		1	1	1				
延享二年閏十二月十九日	16		4	8		1	1	2				
延享三年十二月二十六日	16		4	8		1	1	2				
?			4	8		0	1	2				
延享五年四月二十六日	15		4	8			1	2				
延享五年六月十二日	16		4	9			1	2				
寛延二年九月二十四日	15		4	8			1	2				
宝暦二年十二月二十一日	16		4	9			1	2				
宝暦三年三月五日	16		4	9			1	2				
宝暦三年十一月朔日	15		4	8			1	2				
宝暦四年閏二月二十七日	15											
宝暦四年七月二十九日	14		4	7			1	2				
宝暦四年八月二日	15		4	8			1	2				
宝暦四年九月九日	16		5	8			1	2				
宝暦六年閏十一月二十六日	15		5	8			1	1				
宝暦七年三月六日	16		5	8			1	1				
宝暦七年七月二十五日	15		5	8			1	1				
宝暦七年十二月二十八日	16		5	8			1	1		1		
宝暦九年六月三日	15		5	7			1	1		1		
宝暦九年十二月二十五日	14		5	6			1	1		1		
宝暦十年十一月十二日	14		5	6			1	1		1		
宝暦十一年十二月十五日	13		5	6			1	0		1		
宝暦十二年閏四月十六日	12		5	5			1			1		
宝暦十三年五月四日	11		4	5			1			1		
明和元年閏十二月十日	11		4	5			1			1		
明和二年正月十五日												

15俵1人半扶持	15俵1人扶持	10俵1人半扶持	不明	見習・仮抱入	
	1	1			5名拝命、田畑権次郎30俵2人半扶持、福谷善次郎18俵2人扶持、亀井伝次郎15俵1人扶持、荒川庄之助10俵1人半扶持、早川孫太郎15俵3人扶持
	1	1			疋地治助→疋地富次郎
	1	1			
	1	1			杉村久左衛門（褒美銀5枚）→杉村清兵衛
	1	1		1	福谷善次郎の跡　杉山茂十郎（杉山半次郎倅）仮御抱入10俵1人扶持
	0	1		1	亀井伝次郎　病死
		0		1	荒川庄之助　御目付支配無役
				3	小沢安之丞（小沢又左衛門倅）、田畑権七郎（田畑権次郎倅）仮御抱入10俵1人扶持
				2	杉山茂十郎　杉山半次郎病気につき、御暇願
				3	川出定八郎（川出清大夫倅）仮御抱入10俵1人扶持
				3	杉山半次郎→杉山茂十郎
				3	小沢勝五郎（桜田者）→小沢秀之助
				3	和合佐太郎→和合弥八郎
					世話役（小沢又左衛門、福嶋三郎兵衛）、詰番免除（川出清大夫）、又兵衛頬書役（杉村清兵衛）、書助役（早川孫太郎）
				3	杉山茂十郎　病気につき、小普請入願
				2	川出清大夫→川出定八郎
			2	2	加山斧吉、石川源助
					書役助（川出定八郎）
					書役、御書物御修復頭取を病気にて退役（宮原安兵衛）、書役（川出定八郎）
			2	2	疋地富次郎→小田惣七（母方従弟）
			2	2	高橋金蔵（褒美銀3枚）御目付支配無役　御譜代者
			2	2	小沢秀之助　御扶持被召放
			2	2	林市之丞（20俵2人扶持）、勝田金三郎（20俵2人扶持）
			2	2	小田惣七（病気）→林定四郎（父方従弟違）
			2	2	宮原安兵衛（病気）30俵2人扶持→野崎十蔵（父方従弟違）
					福嶋三郎兵衛、石川久次郎、早川孫太郎、林市之丞、加山斧吉、田畑権次郎、小沢清四郎、石川源助、川出定八郎、鈴木寅之助、野崎十蔵、杉村清兵衛、和合弥八郎、勝田金三郎、田畑権七郎、林定四郎
			2	2	石川久次郎　小普請入
			2	2	和合弥八郎病死
			2	2	和合角次郎（和合弥八郎実子）
			2	2	和合角次郎　小普請入
			3	2	大塚造酒蔵、浦野吉十郎（20俵2人扶持）
			3	2	早川孫太郎病死　天明元年十二月二十七日跡目→早川幸十郎（早川孫太郎実子）

	計	30俵 2人半 扶持	30俵 2人 扶持	20俵 2人 扶持	20俵 1人半 扶持	20俵 1人 扶持	18俵 2人 扶持	18俵 1人半 扶持	17俵 5升 1人半 扶持	17俵 2人 扶持	15俵 3人 扶持	15俵 2人 扶持
明和二年六月八日	16	1	4	5			2			1	1	
明和二年十月三十日	16	1	4	5			2			1	1	
明和三年七月十日	15	1	4	5			1			1	1	
明和三年十一月二十六日	15	1	4	5			1			1	1	
明和三年十二月二十八日	16	1	4	5			1			1	1	
明和四年三月二十日	15	1	4	5			1			1	1	
明和四年四月二十五日	14	1	4	5			1			1	1	
明和四年十二月二十七日	16	1	4	5			1			1	1	
安永二年五月二十一日	15	1	4	5			1			1	1	
安永二年六月十一日	16	1	4	5			1			1	1	
安永二年八月六日	16	1	4	5			1			1	1	
安永三年［五月二十九日］	16	1	4	5			1			1	1	
安永三年九月二日	16	1	4	5			1			1	1	
安永三年十一月十一日												
安永四年［三月二十三日］	15	1	4	4			1			1	1	
安永四年十月二十七日	14	1	4	4			1			1	1	
安永四年十二月二十八日	16	1	4	4			1			1	1	
安永五年正月二十一日												
安永六年正月十五日												
安永六年三月二十七日	16	1	4	4			1			1	1	
安永七年四月二十五日	15	1	4	3			1			1	1	
安永七年五月九日	14	1	4	2			1			1	1	
安永七年六月二日	16	1	4	4			1			1	1	
安永七年十二月十三日	16	1	4	4			1			1	1	
安永八年六月九日	16	1	4	4			1			1	1	
安永八年十一月二十三日	16											
安永九年七月八日	15	1	4	4			1			0	1	
安永九年十一月十三日	14	1	4	4			0				1	
安永九年十二月二十七日	15	1	4	4			1				1	
安永十年正月十九日	14	1	4	4			0				1	
天明元年閏五月十一日	16	1	4	5							1	
天明元年十一月十六日	15	1	4	5							0	

15俵1人半扶持	15俵1人扶持	10俵1人半扶持	不明	見習・仮抱入	
			3	2	福嶋三郎兵衛病死（譜代）→福嶋八右衛門　天明二年五月一日以降か
			3	2	浦野吉十郎　小普請入
					（1）田畑権七郎、林市之丞、野崎十蔵（2）加山弥左衛門、林定四郎（3）石川源助、勝田金三郎（4）小沢清四郎、田畑権次郎、大塚造酒蔵（5）川出定八郎、鈴木半右衛門（世話役）杉村清兵衛
			4	2	小林三吉、山本庄右衛門（15表3人扶持）
			4	2	福嶋八右衛門？
					書役助→書役（鈴木半右衛門）、樟脳方頭取（林市之丞）
			3	2	加山弥左衛門［辞職］
			4	2	加山弥左衛門跡へ　宮田伝五郎
			4	2	福嶋八右衛門　病気につき　小普請入
			6	2	片山惣兵衛、内田岩五郎
			6	2	勝田金三郎　病気につき　小普請入
			5	2	内田岩五郎　病気につき　小普請入
			5	1	田畑権七郎（仮抱入者　10俵1人扶持）病気につき　小普請入
			6	1	木本佐右衛門（火消役同心）
			6	2	御書物同心船岸茂兵衛倅　船岸松之助　仮御抱入
			6	2	田畑権次郎　眼病につき　御暇→田畑房之助（孫）
			5	2	1名欠？
			5	3	野崎幸次郎（野崎十蔵倅）仮御抱入　10俵1人扶持
			4	3	片山惣兵衛　減
					書物同心定人数16人内　定人明き（片山惣兵衛・石川源助）＊石川源助は願書が出た状態
			3	3	石川源助　願により　小普請入
			4		1人増加
					書物同心定人数16人内　定人明き1人
			4	3	小島三郎右衛門　御入人　＊石川源助跡
			3	3	船岸茂兵衛減
1			3	3	宇田川専助（奥六尺より）15俵1人半扶持内足高3俵足扶持半人　＊船岸茂兵衛跡
					小島三郎兵衛「芸術書付」
1			3	3	15俵1人半扶持は内足高3俵足扶持半人
1			3	3	小嶋三郎兵衛　不埒につき　小普請入
0			3	3	宇田川専助　不埒につき　勤差免　御目付支配無役
			3	3	部屋住仮御抱入　3人10俵1人扶持
					定式御修復掛り（杉村清兵衛、山本庄右衛門、野崎十蔵、大塚造酒蔵、船岸松之助）
			4	3	鏑木吉五郎
			5	3	1人増加

	計	30俵 2人半 扶持	30俵 2人 扶持	20俵 2人 扶持	20俵 1人半 扶持	20俵 1人 扶持	18俵 2人 扶持	18俵 1人半 扶持	17俵 5升 1人半 扶持	17俵 2人 扶持	15俵 3人 扶持	15俵 2人 扶持
天明二年二月十六日	14	1	3	5								
天明二年三月八日	13	1	3	4								
天明二年五月一日	13											
天明二年五月四日	15	1	3	4							1	
?	16	1	4	4							1	
天明三年六月朔日												
?	15	1	4	4							1	
天明四年八月十七日	16	1	4	4							1	
天明六年五月二十五日	15	1	3	4							1	
天明七年二月二十五日	17	1	3	4							1	
天明七年六月十一日	16	1	3	3							1	
天明七年十一月二十一日	15	1	3	3							1	
天明七年十一月	14	1	3	3							1	
天明七年十二月二十九日	15	1	3	3							1	
天明七年十二月二十九日	16	1	3	3							1	
天明七年十二月二十九日	16	1	3	3							1	
?	15	1	3	3							1	
天明八年六月十一日	16	1	3	3							1	
?	15	1	3	3							1	
天明八年六月十五日	14 (15)											
天明八年六月二十二日	14	1	3	3							1	
天明八年八月六日	15											
天明八年九月十四日	16	1	3	3					1		1	
?	15	1	3	3					1		1	
天明八年十二月二十七日	16	1	3	3					1		1	
天明八年十二月二十九日												
寛政元年十二月十六日	16	1	3	3					1		1	
寛政三年四月三日（1）	15	1	3	3					0		1	
寛政三年四月三日（2）	14	1	3	3							1	
寛政三年四月三日	14	1	3	3							1	
寛政三年五月七日												
寛政四年閏二月二十四日	15	1	3	3							1	
?	16	1	3	3							1	

15俵 1人半 扶持	15俵 1人 扶持	10俵 1人半 扶持	不明	見習・ 仮抱入	
					定人数16人当時明跡無御座
			4	3	宮田清五郎（28歳）出奔行方知れず
				3	不明4人の俸給は（20俵2人扶持1名、20俵1人半扶持1名、18俵2人扶持1名、15俵2人扶持1名と考えられる）精査は今後の課題
				3	部屋住仮御抱入　3人10俵1人扶持
					林忠兵衛？　寛政五年三月十六日働いている
					御修復掛りの交替（山本庄右衛門、船岸松之助、田畑房之助）→（林忠兵衛、林惣右衛門、野崎幸次郎）
					御修復掛に褒美　金2両（山本庄右衛門、船岸松之助、田畑房之助、林忠兵衛）
					江西瀧之介？　20俵2人扶持
					山本庄之助　世話役助53歳15俵3人扶持「御場所替願書」（田安家）不採用
					小目録作成褒美　金2枚宛（小沢清四郎、野沢又四郎、野島金七郎）
					当年の御書物御修復掛り（山本庄右衛門、野崎金七郎、大塚理助）
					山本庄右衛門、林惣右衛門、野崎幸太郎、小沢清四郎、木本佐右衛門、野沢大輔、野島金七郎、田畑彦四郎、林忠兵衛、船岸松之助、大塚理助、江西瀧之助、小田利兵衛、病気断（川出定八郎、杉村良助、野崎十蔵）
					御修復掛に褒美　金2両ずつ（林惣右衛門、林忠兵衛、野崎幸太郎）
					木本清五郎（木本佐右衛門倅）無足見習
					御修復掛に褒美　金300疋充（同心2人）
					江西瀧之介「御場所替願書」進物下次下番明へ
					小森藤四郎、坂田忠右衛門、津田金七郎
					御書物同心都合十六人之内　世話役二人、書役四人、場所高無、御役金、御役扶持無
					林惣右衛門　小普請入
					木下猪之吉（御書院番同心より）
					大塚理助「場所替願」進上取次之番へ
					御修復ご褒美　金2両ずつ（山本庄右衛門、大塚理助、野島金七郎）
					山本庄之助　世話役助56歳15俵3人扶持「御場所替願書」（田安御屋形火之番　8石2人扶持）
					小峰孫助（大御番同心より）
					野沢大助　小普請方伊賀者へ転出
					木本佐右衛門　年寄不眼に付き　退職
					「小目録」ご褒美計2両金100疋ずつ（江西文蔵、野島金七郎、津田権八郎、小森藤四郎、木下猪之吉、小峰孫助、船岸松之助、西村二作）
					世話役（江西文蔵）、世話役助（津田権八郎、小森藤四郎）、御修復方頭方（大塚理助、船岸松之助）、書役（木下猪之吉）
					山本庄右衛門　小普請世話役へ
					野島金七郎　病気につき　小普請入

	計	30俵 2人半 扶持	30俵 2人 扶持	20俵 2人 扶持	20俵 1人半 扶持	20俵 1人 扶持	18俵 2人 扶持	18俵 1人半 扶持	17俵 5升 1人半 扶持	17俵 2人 扶持	15俵 3人 扶持	15俵 2人 扶持
寛政四年四月二十三日	16											
寛政四年七月九日	15	1	3	3							1	
	15	1	3	4	1		1				1	1
寛政四年十月十九日	15	1	3	4	1		1				1	1
寛政五年												
寛政五年四月二十九日												
寛政五年九月二十三日												
寛政五年十月十九日												
寛政五年十二月五日												
寛政六年五月十九日												
寛政六年五月二十四日												
寛政六年九月十六日	16											
寛政六年十月二十四日												
寛政六年十一月二十八日												
寛政七年三月十四日												
寛政七年四月十一日												
寛政七年八月七日												
寛政七年八月十七日												
寛政七年八月												
寛政七年九月四日												
寛政七年九月十八日												
寛政七年九月二十日												
寛政八年正月十九日												
寛政八年正月二十三日												
寛政九年正月元日												
寛政九年正月五日												
寛政九年四月十二日												
寛政九年五月十三日												
寛政九年七月五日												
寛政九年七月九日												

15俵 1人半 扶持	15俵 1人 扶持	10俵 1人半 扶持	不明	見習・ 仮抱入	
					世話役（小森藤四郎）
					谷行喜十郎（30俵2人扶持）、川嶋安右衛門（20俵2人扶持）
					御修復掛り（小森藤四郎、津田権八郎、木下猪之吉、坂田中右衛門、大柳甚右衛門）、同助（小峰孫助、谷行喜十郎、福田武左衛門、川嶋安五郎）
					江西文蔵「御場所替願」提出
					木本佐右衛門「御場所替願」御宝蔵下番　提出
					江西文蔵「御場所替願」提出
					木本佐右衛門、小峰孫助「御場所替願」と由緒書　提出
					御書物御仕立の手当金　福田武左衛門へ
					眼鏡使用願　川嶋安左衛門→勝手次第
					木本佐右衛門「御場所替願」を提出
					小森藤四郎「御場所替願」を提出
					修復御用褒美　金500疋ずつ（小森藤四郎、木下猪之吉、坂田中右衛門、大柳甚右衛門、谷行喜十郎、小峰孫助）、金300疋？　ずつ（福田武左衛門、川嶋安五郎）、金300疋ずつ（江西文蔵、野崎十四郎、木本佐右衛門、小田与惣次、津田哲五郎、小田惣五郎、平野運平）
					長崎四郎左衛門「御役替願書」、小森藤四郎「御場所替願書」提出
					小森藤四郎「淑姫君様御用部屋書役」に異動
					小田与惣次「御場所替願書」提出
					坂田磐蔵、大柳甚右衛門の「御場所願」を提出
					御修復褒美　坂田磐蔵、大柳甚右衛門
					木下猪之吉「御場所替願書」提出
日記記録なし					
					谷行喜十郎　拝命　転出
					木下猪之吉「御場所替願書」提出
					年々の臨時修復作業2人では難しい。増人を申請　正月二十六日許可
					御修復掛り（坂田磐蔵、川嶋孫三郎、井上百五郎）
					「無板本御外題認御褒美」金300疋　江西文蔵・・・乾隆四庫全書
					江西清太郎（江西文蔵倅）の「仮御抱入願書」提出
					川嶋孫左衛門　脚気　小普請入
					平野徳次郎の妻、御乳持に召し抱えられた届書出す
					御書物書入帳目録認直し等懸り（木下伊右右衛門、石井良平）、日記提要懸り（野崎十四郎）、御修復は勿論宮古テゴ役所向心附候様（坂田磐蔵）、樟脳片脳出入懸り（小田与惣次、鈴木専助、木本小市）、御修復懸り書付並筆順専助上座（津田哲五郎）、書役申渡し候（木本小市、持田金蔵）、定式達書其外手形取扱懸り（杉山庄五郎、持田金蔵）
					平野徳次郎「御鉄炮玉御薬奉行同心」へ
					小田吉左衛門　定火消役同心より
					野崎十四郎「御腰物方同心」へ

	計	30俵 2人半 扶持	30俵 2人 扶持	20俵 2人 扶持	20俵 1人半 扶持	20俵 1人 扶持	18俵 2人 扶持	18俵 1人半 扶持	17俵 5升 1人半 扶持	17俵 2人 扶持	15俵 3人 扶持	15俵 2人 扶持
寛政九年閏七月三日												
寛政九年十二月九日												
寛政十一年正月十四日												
寛政十一年三月十七日												
寛政十一年六月二十八日												
寛政十二年五月八日												
寛政十二年五月十日												
寛政十二年十一月二十七日												
寛政十三年正月二十日												
享和二年三月二日												
享和二年十月二十七日												
享和二年十二月二十日	15											
享和三年三月十六日												
文化元年五月二十七日												
文化元年八月十四日												
文化元年十二月十八日												
文化元年十二月十九日												
文化二年十一月朔日												
文化三年四月十三日～四月二十一日												
文化三年七月十日												
文化四年十一月十一日												
文化五年正月二十日												
文化五年正月二十六日												
文化五年七月十二日												
文化七年正月十九日												
文化七年十月十五日												
文化八年七月十四日												
文化九年三月二十日												
文化九年三月二十五日												
文化九年四月十六日												
文化九年十月六日												

15俵 1人半 扶持	15俵 1人 扶持	10俵 1人半 扶持	不明	見習・ 仮抱入	
					江西文蔵　上州草津　湯治願書　七月二十五日帰府
					御書目并御書籍題号等認違之御品校正懸り（木下伊右衛門、坂田磐蔵、杉山庄五郎、持田金蔵、石井良平）
					校正御用の同心　手当一ヶ月一人金一分
					御書目校正始　寄合　奉行（詰番　近藤重蔵、加番　高橋作左衛門、鈴木岩次郎）同心（木下伊右衛門、坂田半蔵、杉山庄五郎、持田金蔵、石井良平）
					鈴木専助　病気につき御暇　養子万之助へ御番代替
					木本禎蔵　病気につき　御抱替願書　提出　養父木本古市の娘婿（杉山善兵衛次男）を弟之続をもって番代相続→木本金次郎
					小田専吉（小田与惣治倅）無足見習
					江西文蔵、木下伊右衛門、津田哲五郎、持田金蔵、江西清太郎、野崎斧次郎、小田善左衛門、石井良平、杉山善兵衛、小田専吉、鈴木万之助、木本金次郎
					同心　規律強化
					松平加賀守　書物拝借お礼　金300疋ずつ（同人世話役二人と助之者）
					校正担当同心（木下伊右衛門、坂田半蔵、杉山精一郎、持田金蔵、井上長蔵）「御書目」宅下げ
					書物同心５人増員（岸根忠太、海賀善四郎、長岡進蔵、市野釜（令）司、白井民五郎）
					樫根祐蔵　火消役同心より
					風邪を病んでいる組中に御薬　一度目八人分書面相認受取候
					病気断（木本金次郎、江西文蔵、江西清太郎、石井誠平、海賀善四郎、津田藤五郎）
					坂田磐蔵　持病と眼病のため　懸り役并御世話役御免願　退職→坂田福太郎（倅）
					江西文蔵、倅江西清太郎、「場所不相応に付」文蔵「小普請押込」、清太郎「御切米御扶持方差上　勤差免　押込」
					木下伊右衛門、杉山善一郎、持田金蔵、津田哲五郎、野崎斧次郎、大柳亀十郎、小田善左衛門、鈴木安太郎、木本金次郎、杉山海輔、井上長蔵、根岸忠太、海賀善四郎、長岡進蔵、市野金司、樫根祐蔵、小田幸助
					持田鎌太郎（持田金蔵倅）、津田藤太郎（津田哲五郎倅）仮御抱入
					小田吉太郎　無足見習
					上原熊次郎（松前奉行同心より）吉川克蔵（元松前奉行同心より）20俵２人扶持
					吉川克蔵　当分「天文方作左衛門手附出役」
					大柳亀十郎　大病に付き御暇　三月十八日病死
					長岡進蔵「測量御用下約定人」拝命
日記簿冊なし					
					長岡進蔵　御暇→長岡栄之助（御抱替）
					小田幸助　病気につき　聟養子の「番代願書」提出
日記簿冊なし					

	計	30俵 2人半 扶持	30俵 2人 扶持	20俵 2人 扶持	20俵 1人半 扶持	20俵 1人 扶持	18俵 2人 扶持	18俵 1人半 扶持	17俵 5升 1人半 扶持	17俵 2人 扶持	15俵 3人 扶持	15俵 2人 扶持
文化十年五月九日												
文化十一年九月十六日												
文化十一年十二月四日												
文化十二年正月二十六日												
文化十二年四月十九日												
文化十一年五月二十二日												
文化十一年五月二十二日												
文化十二年六月二十三日	12											
文化十三年十二月九日												
文化十四年七月十三日												
文化十五年三月十六日												
文政二年閏四月十日												
文政二年九月十四日												
文政四年二月晦日												
文政四年三月七日												
文政四年十一月二十七日												
文政四年十二月二十五日												
文政五年閏正月十日	17											
文政五年閏正月二十七日												
文政五年二月十七日												
文政五年九月十八日												
文政五年十月朔日												
文政八年三月朔日												
文政九年七月八日												
文政十年正月～六月												
文政十年七月十七日												
文政十年十月十六日												
文政十一年正月～天保元年十二月												

15俵 1人半 扶持	15俵 1人 扶持	10俵 1人半 扶持	不明	見習・ 仮抱入	
日記簿冊なし					
					椙山精一郎　学問所勤番を拝命
					笹間鎌三郎　黒鍬より　御入人
日記簿冊なし					
					日光社参の御供　宇都宮明神再建に寄付　奉行中山栄太郎（銀4匁）書物同心御世話役岩崎多左衛門、同心市野市郎左衛門（二人で銀1匁）
日記簿冊なし					
					「御書籍目録」の書写・製本を左の同心へ申し渡す（持田佐右衛門、小田雄之助、山本清右衛門、樋口賢之助、鈴木文蔵、筒井勇造、中嶋祖兵衛）
					「御書籍目録」の書写・製本の手当　総額四両三分
日記簿冊なし					
					持田佐右衛門　御譜代になる
日記簿冊なし					
					堀田孫之丞　学問所下役より
					持田佐右衛門　世話役御免　50俵（御扶持方共）席順之儀はこれまで通り　もう一人の世話役は大柳甚之助
日記簿冊なし					
日記簿冊なし					
					堀田孫之丞　講武所出役拝命
日記簿冊なし					
日記簿冊なし					

一　組織

	計	30俵 2人半 扶持	30俵 2人 扶持	20俵 2人 扶持	20俵 1人半 扶持	20俵 1人 扶持	18俵 2人 扶持	18俵 1人半 扶持	17俵 5升 1人半 扶持	17俵 2人 扶持	15俵 3人 扶持	15俵 2人 扶持
天保二年七月～天保十二年六月												
天保十三年二月十三日												
天保十三年四月二十一日												
天保十三年七月～天保十四年六月												
天保十四年七月十一日												
天保十五年正月～弘化三年十二月												
弘化四年二月十日												
弘化四年十月朔日												
弘化五年正月～嘉永二年正月												
嘉永三年九月朔日												
嘉永四年正月～六月												
嘉永五年二月四日												
嘉永五年五月六日												
嘉永五年六月～十二月												
嘉永六年七月～安政二年十二月												
安政三年二月二十一日												
安永三年七月～十二月												
安永四年七月以降												

二　蔵書と施設

この章では、ヒト・モノ・カネの「モノ」について述べる。ただし、先行研究で明らかにされていることは、簡単な紹介にとどめ、日記やその他の史料を照合することで、解明したことを中心に紹介する。

1　御文庫の蔵書

図書館を構成する要素として、司書・蔵書・建物施設と利用者があげられ、それに「図書館の自由」を加えて考える研究者もいると図書館概論の授業では一般に語られる。では、御文庫の蔵書構成はどのようなものであったのであろう。

最後の目録である国立公文書館所蔵『元治増補御書籍目録』から蔵書冊数と蔵書構成がどのようなものであるか図27と表7に分析結果をまとめた。御文庫はナショナル・ライブラリーであるとともに、アーカイブの役割も担っている。蔵書点数のうち二十二・九パーセントはこのアーカイブの資料点数に当たる。漢籍（韓語・満語も含む）の内訳は六十六・六パーセント、国書の内訳は十・五パーセントとなる。先人たちが指摘しているとおり、漢籍が大半を占めるという特徴が見られる。漢籍には中国の伝統的な分類法である四部分類が使われており、新しい分野の演義類や国書以外で漢籍にも当てはまらないものを附存部として取り扱っている。

　国書は国書独自の分類体系を用いている。扱う資料も冊子体の図書だけでなく、様々な単位が存在するので、図27ではこれらを併せて点数とした。個々の類を集計した部の合計冊数と目録に記録されている部の冊数が若干合わない箇所や御家番外部や国書番外部の資料が紹介されていない事例もあるので、新たに詳細に統計を取ったのが表7である。福井保が紹介した点数十一万三千九百五十点と若干食い違うのは、このような理由からである。総蔵書数は十一万八千百二十九点となる。二六五年間の歴史において、蔵書を受け入れるばかりではなかった。重複本は抜かれ、蕃書類は昌平坂学問所へ移管されていた。

　『御文庫始末記』によれば、正徳年間には四万冊弱だったとのことから、おおよそ三倍に増加したことが窺える。第一部第三章で紹介した「文化三年丙寅十二月以来新収書目（翻刻）」をもとに、一つの事例として年間受入点数の統計を作成し、推移を追ったのが表8と図28である。文化三年（一八〇六）から文政四年（一八二一）の十六年間で四四六部六六七一点の増加である。一年あたり四一七点の増加である。図28を見る限り、予算管理をして書物の購入をしていたわけではなさそうである。正徳年間四万冊弱から毎年四一七点増加すると元治元年（一八六四）まで一四九年間で六万二千百三十三点の増加となり、およそ十万冊の蔵書となる。総蔵書数は十一万八千百二十九点であるが、漢籍と国書の総計は九万千三十点であり、重複本の処分や移管本があったことを考慮すると正確ではないかもしれないが、平均受入点数は年間四百冊程度と推定できる。

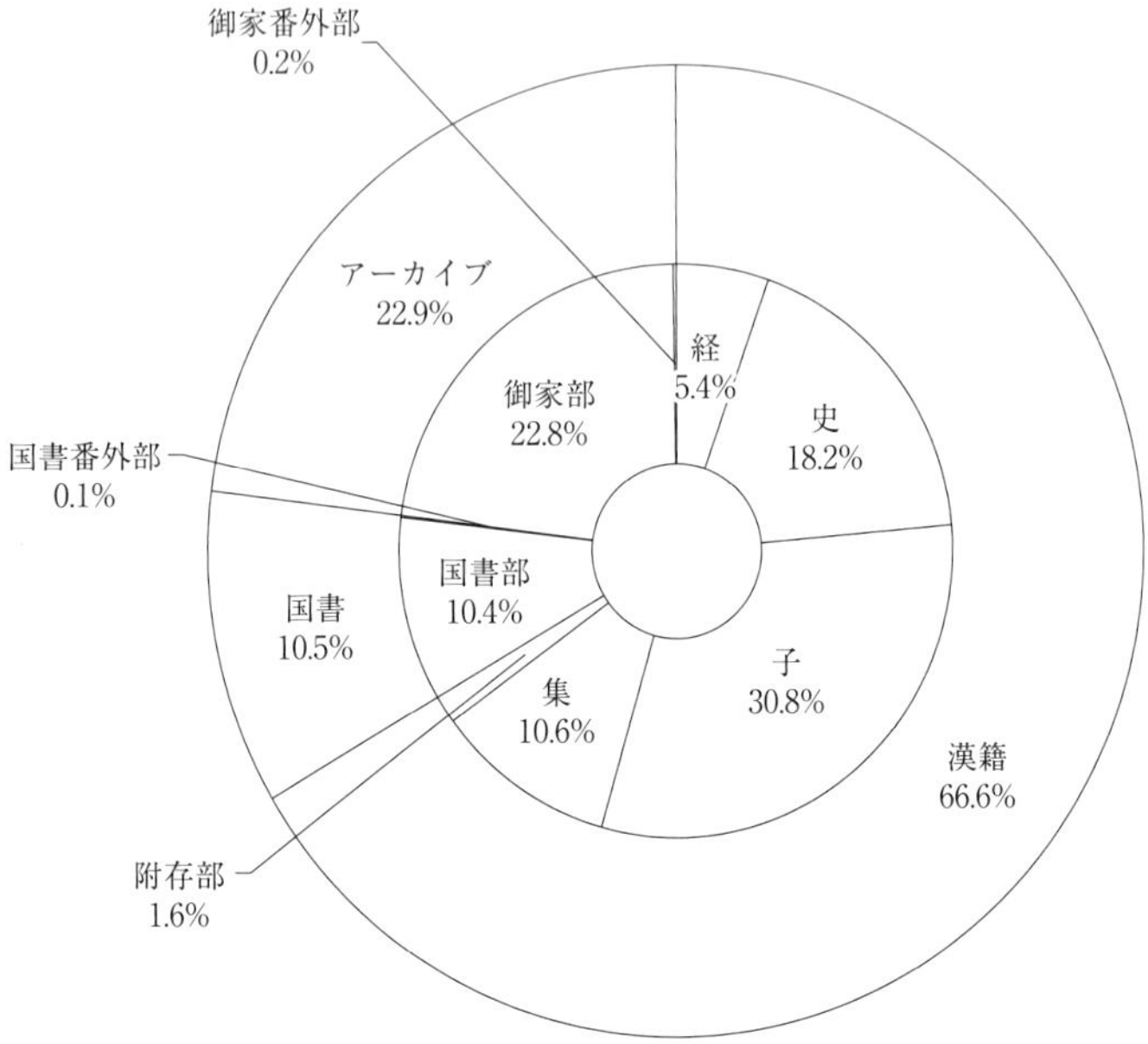

漢籍		78689
経	6363	
史	21564	
子	36402	
集	12474	
附存部	1886	
国書		12341
国書部	12245	
国書番外部	96	
アーカイブ		27099
御家部	26901	
御家番外部	198	
計		118129

図27　御文庫の蔵書構成
＊単位は点数

表７　分類別蔵書冊数一覧

	類	属	部数	巻数	内無巻数の部数	冊数	帖数	軸数	張数	通数
経	易類		59	716	2	452				
	書類		28	367		189				
	詩類		30	587	1	265				
	礼類		58	1800	1	746	0	0	0	0
		礼類周礼之属	12	117		70				
		礼類儀礼之属	3	50		23				
		礼類礼記之属	21	422		152				
		礼類三礼総義之属	6	376		222				
		礼類通礼之属	7	782		258				
		礼類雑礼之属	9	53	1	21				
	楽書類		10	343		111				
	春秋類		45	1032		405		30		
	孝経類		6	47		16				
	経総類		47	5182	11	2121	360			
	四書類		58	1310	1	759	10			
	小学		108	1549	4	899	0	0	0	0
		小学類訓詁之属	11	102	2	55				
		小学類韻書之属	41	493	1	328				
		小学類字書之属	56	954	1	516				
	実際の集計		449	12933	20	5963	370	30	0	0
	記述の計		449	12933	20	5963	370	30		

	類	屬	部数	巻数	内無巻数の部数	冊数	帖数	軸数	張数	通数
史	正史類		39	8913		2252				
	編年類		43	3017		1339				
	紀事本末類		16	764	1	311				
	別史類		33	2607	1	959				
	雑史類		48	751		377				
	詔奏類		58	1319	1	695	0	0	0	0
		詔奏類総類之屬	21	887	1	458				
		詔奏類別類之屬	37	432		237				
	実録類		8	2910	1	1275				
	伝記類		113	2088	5	937	0	0	0	0
		伝記類聖賢之屬	14	232		88				
		伝記類名人之屬	23	237		101				
		伝記類総録之屬	76	1619	5	748				
	譜牒類		9	233		92				
	史鈔類		32	1934	2	781				
	載記類		6	281		61				
	時令類		11	208	1	87				
	職官類		19	302	1	158	0	0	0	0
		職官類官制之屬	12	244	1	136				
		職官類官箴之屬	7	58		22				
	政書類		76	4281	2	1675	0	0	0	0
		政書類通制之屬	13	2593		850				
		政書類典礼之屬	24	750	1	358				
		政書類邦計之屬	10	125		64				
		政書類軍政之屬	3	160		135				
		政書類法令之屬	26	653	1	268				
	吏務類		66	1158	2	1500	0	0	0	0
		[政書類] 賦役之屬	13	193		387				
		[政書類] 法例之屬	23	400		392				
		[政書類] 詔諭之屬	4	7	2	371				
		[政書類] 科制之屬	2	65		15				
		[政書類] 兵政之屬	4	75		31				
		[政書類] 造営之屬	6	191		168				
		[政書類] 職考之屬	4	19		14				

史		［政書類］治務之属	10	208		122				
	目録類		26	829	4	393	0	0	0	0
		目録類経籍之属	15	710	3	329				
		目録類金石之属	11	119	1	64				
	史評類		31	555	2	250	2			
	地理類		854	15607	11	8387	29	0	4	0
		地理類総志之属	36	1063	2	536				
		地理類通志之属	44	2533		1443				
		地理類府志之属	118	3488	1	1927				
		地理類州志之属	62	765	1	447				
		地理類県志之属	428	5638	1	3070				
		地理類衛志之属	6	56		13				
		地理類河渠之属	22	503		197				
		地理類古蹟之属	24	287	2	110				
		地理類山水之属	67	839	1	401				
		地理類遊記之属	6	87	1	83				
		地理類外記之属	9	112		45				
		地理類図絵之属	10				26		4	
		地理類雑記之属	12	124		47				
		地理類辺防之属	10	112	2	68	3			
	実際の集計		1488	47757	34	21529	31	0	4	0
	記述の計		1488	48157	34	21529	31		4	

	類	属	部数	巻数	内無巻数の部数	冊数	帖数	軸数	張数	通数
子	儒家類		135	3114	3	9332		47		
	兵家類		135	1980	11	1109				
	法家類		17	231		83				
	農家類		10	155	1	68				
	医家類		460	5954	9	3787	0	0	0	0
		医家類経論之属	10	132		104				
		医家類方論之属	20	148	1	94				
		医家類脈法之属	9	46	1	28				
		医家類治法之属	127	1878	2	1453				
		医家類鍼灸之属	10	44		40				
		医家類雑治之属	29	1031		511				
		医家類方書之属	85	1182	2	688				
		医家類本草之属	32	421		233				
		医家類傷寒之属	37	370		182				
		医家類婦人科之属	13	79	2	44				
		医家類小児科之属	57	377	1	236				
		医家類外科之属	21	193		148				
		医家類眼科之属	7	32		15				
		医家類附録之属	3	21		11				
	天文算法類		35	946	2	834	1	3	2	0
		天文算法類推歩之属	26	896	2	805	1	3	2	
		天文算法類算書之属	9	50		29				
	術数類		66	797	5	409	0	0	0	0
		術数類数学之属	13	108		66				
		術数類占候之属	11	181	2	100				
		術数類相宅相墓之属	15	211	1	86				
		術数類占卜之属	9	92	1	51				
		術数類命書相書之属	6	69		34				
		術数類陰陽五行之属	12	136	1	72				
	芸術類		67	653	7	444	2	0	0	0
		芸術類書画之属	33	396	4	256	1			
		芸術類琴譜之属	8	54		27				
		芸術類篆刻之属	12	128	1	102				
		芸術類碁譜之属	14	75	2	59	1			

子	譜録類		23	428	1	207				
	雑家類		284	11815	22	5012	101	0	0	0
		雑家類法帖之属	25				101			
		雑家類雑学之属	28	410	1	180				
		雑家類雑考之属	25	587		192				
		雑家類雑説之属	46	997		352				
		雑家類雑品之属	7	148		65				
		雑家類雑纂之属	79	1696	4	863				
		雑家類雑編之属	74	7977	17	3360				
	類書類		112	20589	1	13759				
	小説類		72	1455	1	380	0	0	0	0
		小説類雑事之属	29	436		157				
		小説類異聞之属	26	798	1	138				
		小説類瑣語之属	17	221		85				
	釈家類		115	922	1	427	3			
	道家類		76	752	3	392				
	実際の集計		1607	49791	67	36243	107	50	2	0
	記述の計		1508	49782	67	28243	4222		2	

	類	属	部数	巻数	内無巻数の部数	冊数	帖数	軸数	張数	通数
集	楚辞類		7	67		23				
	別集類		736	16492	22	6424				
	餘集類		30	78		52				
	総集類		241	13172	12	4961				
		総集類文選之属	8	301		232				
		総集類楽府之属	7	316		74				
		総集類詩文全録之属	15	985		320				
		総集類詩文鈔之属	22	2208		624				
		総集類文全録之属	2	1017		242				
		総集類文抄之属	69	2881	8	1542				
		総集類詩全録之属	10	1174		222				
		総集類詩抄之属	108	4830	4	1705				
	閨集類		29	357	2	155				
	制科芸類		12	69	9	87				
	賦類		7	239	1	118				
	詩文評類		33	810		216				
	詞曲類		16	170		98				
	四六類		9	173		72				
	尺啓類		27	657	0	268				
		尺啓類彙集之属	13	442		164				
		尺啓類専集之属	10	82		38				
		尺啓類啓箋之属	4	133		66				
	実際の集計		1147	32824	46	12474				
	記述の計		1147	32824	46	12474				

	類	属	部数	巻数	内無巻数の部数	冊数	帖数	軸数	張数	通数
附存部	演義類		31	402	3	264				
	雑記類		31	322	2	201				
	雑劇類		24	111	1	117				
	韓人著撰類		55	968	6	897	1	0	0	3
		韓人著撰類経之属	4	41		20				
		韓人著撰類史之属	17	502	1	429	1			3
		韓人著撰類子之属	16	137	2	148				
		韓人著撰類集之属	18	288	3	300				
	満文類		24	407	4	403				
	実際の集計		165	2210	16	1882	1	0	0	3
	記述の計		165	2210	16	1882	1			3

	類	属	部数	巻数	内無巻数の部数	冊数	帖数	軸数	張数	通数
御家部	御事蹟類		39	38	36	1823				
	日記類		18	105	14	893				40
	故事類		43	234	35	366			34	
	諸家譜類		16	2477	9	21969	3			5
	寺院類		2		皆無巻数	35				11
	地理類		15	18	13	292		35	661	240
	外国類		15	388	11	492	2			
	実際の集計		148	3260	118	25870	5	35	695	296
	記述の計		147	3206	117	25870	5	35	695	296

＊封印物之部は除く

	類	属	部数	巻数	内無巻数の部数	冊数	帖数	軸数	張数	通数
国書部	神書類		17	32	1	29		2		
	帝紀類		86	2063	18	2027			1	
	家記類		70	230	69	1929				
	公事類		48	704	34	786		1	1	
	律令類		25	213	12	260		22		
	官位類		10	101	5	105				
	氏族類		21	45	10	110	2	5		
	天文類		43	532	14	592	1	4		
	地理類		34	517	13	630				
	詩文類		30	901	9	474		13		
	和歌類		189	1620	122	694	0	1	0	0
		和歌類総集之属	38	492	20	290		1		
		和歌類千首百首之属	24			29				
		和歌類歌合之属	63	22	61	97				
		和歌類家集之属	34	106	23	169				
		和歌類歌学之属	26	990	15	101				
		和歌類連歌之属	4	10	3	8				
	仮名類		42	266	28	568	0	0	0	0
		仮名類物語之属	23	202	14	444				
		仮名類名文之属	19	64	14	124				
	管絃類		10	35	6	40		3		
	謡曲類		5		皆無巻数	262				
	武家類		35	633	28	727		140		
	軍記類		61	567	28	541				
	医書類		41	394	14	861				
	仏書類		17	82	8	49				
	雑類		85	401	52	607	21	3	1	
	附録類		74	1471	17	724	5	2	2	0
		附録類経類	22	961	2	252	5			
		附録類史類	16	165	7	176		2	2	
		附録類子類	32	345	8	291				
		附録類集類	4			5				
	実際の集計		943	10807	488	12015	29	196	5	0
	記述の計		943	10807	488	12015	29	196	5	

	類	属	部数	巻数	内無巻数の部数	冊数	帖数	軸数	張数	通数	枚数	備考
御家番外部	御文書類		1					4				
	御書物類		16	7		85			10	10	1	
	朝鮮書翰類									26		＊朝鮮書并別幅写21通
	御返翰類									14		＊朝鮮書并別幅写17通
	琉球書翰類									15		＊後期停対冊写琉球図差出１通
		琉球御返翰写類并目録漢文之属								27		法式１通
		琉球御返翰写類并目録和文之属								6		法式１通
国書番外部		国書番外部古文書之属	9					3			38	
		国書番外部諸書物之属	26				4	13	38			

経	実際の集計		449	12933	20	5963	370	30	0	0		
史	実際の集計		1488	47757	34	21529	31	0	4	0		
子	実際の集計		1607	49791	67	36243	107	50	2	0		36402
集	実際の集計		1147	32824	46	12474						
		計	4691	143305	167	76209	508	80	6	0	0	
附存部	実際の集計		165	2210	16	1882	1	0	0	3		
		計	4856	145515	183	78091	509	80	6	3	0	78689

経	記述の計		449	12933	20	5963	370	30				
史	記述の計		1488	48157	34	21529	31		4			
子	記述の計		1508	49782	67	28243	4222		2			32467
集	記述の計		1147	32824	46	12474						
		計	4592	143696	167	68209	4623	30	6	0	0	
四部通計	記述の計		4592	143696	167	68209	4623	80	6			
附存部	記述の計		165	2210	16	1882	1			3		
		計	4757	145906	183	70091	4624	80	6	3	0	74804

表8　年間受入数量一覧

受入年	（西暦）	部	数量	点数
文化3	1806	104	1036冊	1036
文化4	1807	122	1799冊8帖	1807
文化5	1808	17	355冊	355
文化6	1809	27	300冊	300
文化7	1810	3	42冊	42
文化8	1811	17	272冊8帖	280
文化9	1812	9	863冊	863
文化10	1813	0	0	0
文化11	1814	37	308冊	308
文化12	1815	5	23冊＋不明	23
文化13	1816	8	95冊7棹1巻1張	104
文化14	1817	48	381冊207帖	588
文化15＝文政元年	1818	0	0	0
文政2	1819	8	238冊2帖	240
文政3	1820	31	416冊23通	439
文政4	1821	10	62冊1帖223張	286
合計	16年間	446	6190冊226帖224張7棹1巻23通＋不明	6671

平均約417点／年

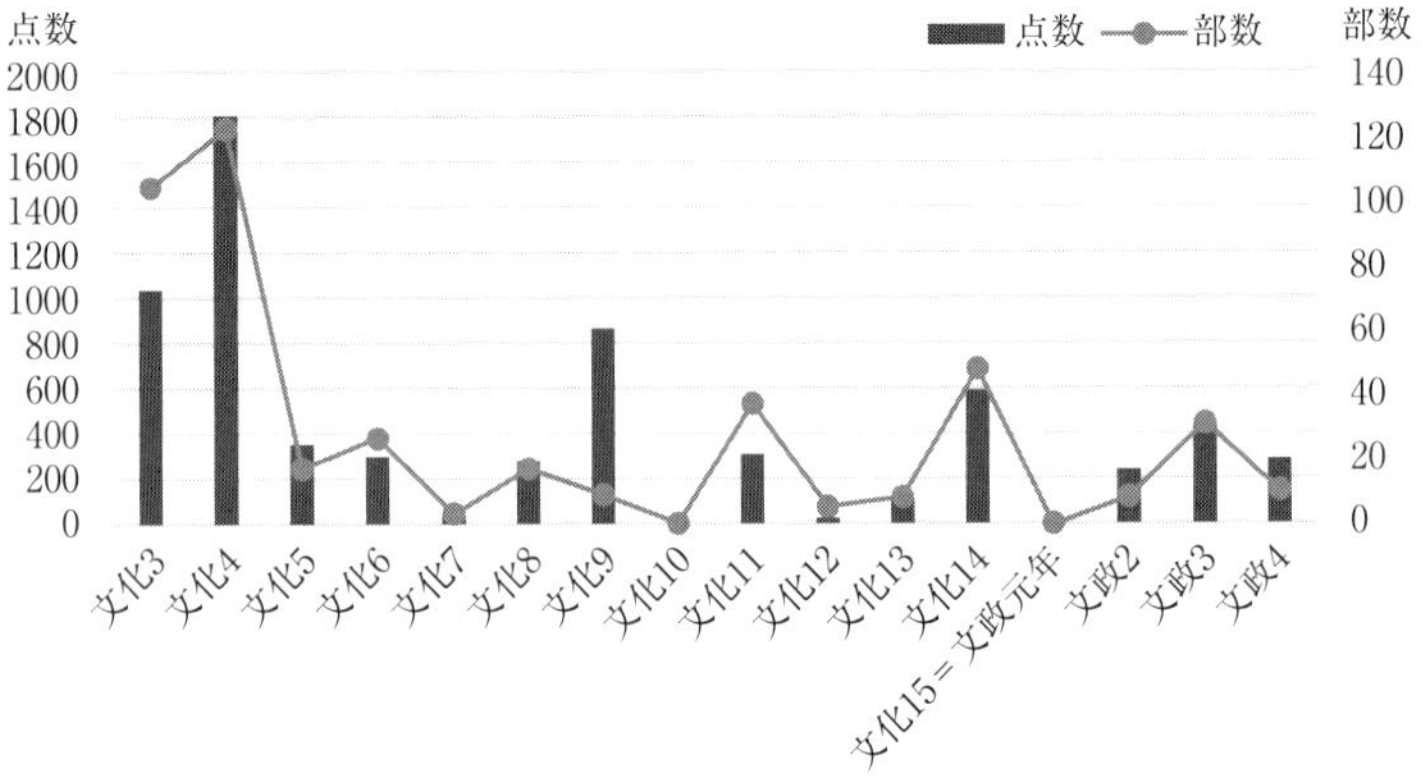

図28　受入部数と受入点数の推移

享保五年に目録を新規に編纂した際、蔵書点検、分類の訂正、配置場所の訂正、叢書の欠本調査などがなされ、本を収納している箪笥や長持に番号が割り振られ、収納している本の一覧を貼（張）紙にし、貼（張）紙と収納物が一致しているか、目録の記載と間違いがないか調査され、新しい目録が二部作られた。一部は御蔵に、一部は将軍の元に置かれた。

享保五年の蔵書の再整理後の享保六年と七年の曝書の記録から次の様な書庫の状態が復元出来た。分類一部から五部は、漢籍の四部分類である経・史・子・集と国書に相当すると考えられる。

西御蔵　分類一部（一〜七八）と二部（一〜六五）

東御蔵　分類二部（六六〜一〇二）と三部（一〜一〇二）と四部（一〜一一七）と五部（一〜三〇）と御家部（九〜十三上・下、二〇）、「本朝通鑑」五棹、「琉球来翰并御返翰」二棹、「通鑑」清書五棹、「寛永系図」一棹

新御蔵　分類五部（三一〜八八）（＊享保七年は分類五部〈三三〉からに変更か）と御家部（一〜八）

収蔵場所不明（新御蔵一階カ？）「新国絵図」一五棹、「享保四年乙亥十月朝鮮〻書翰・同御返翰之写」二箱、「（御代〻）朝鮮〻来簡」五箱、「城小絵図」長持二棹、「古国絵図」四一箱「城絵図」一一棹

容器（コンテナー）の数は、分類一部が七十八、分類二部が一〇二、分類三部が一〇二、分類四部が一一七ある。分類五部は、享保五年では八七まで確認でき、続く記録が「下ノ間不残取出シ」との記録のため、最終番号が確認出来ない。しかし、翌年の享保七年では八八が最終番号であることが確認でき、

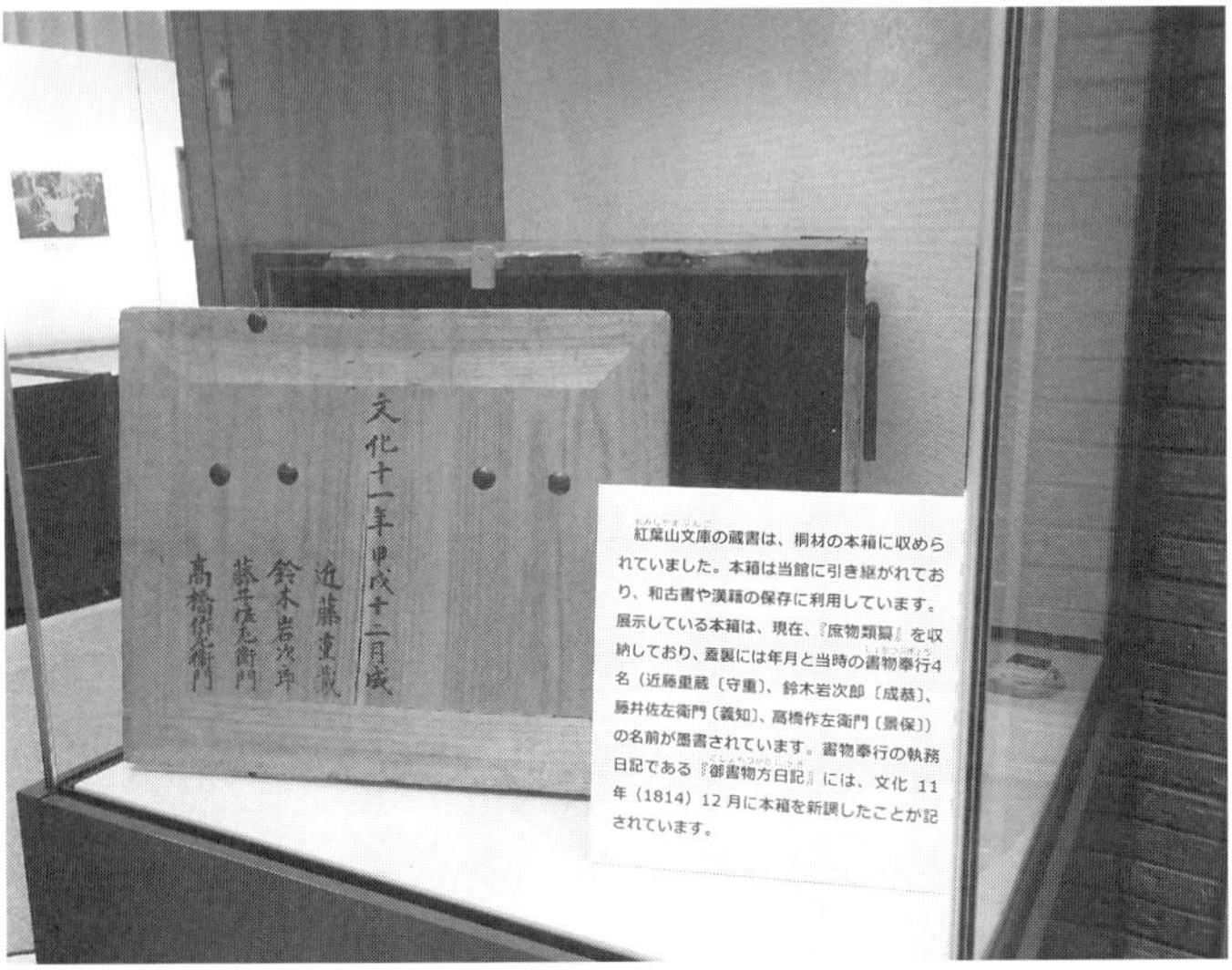

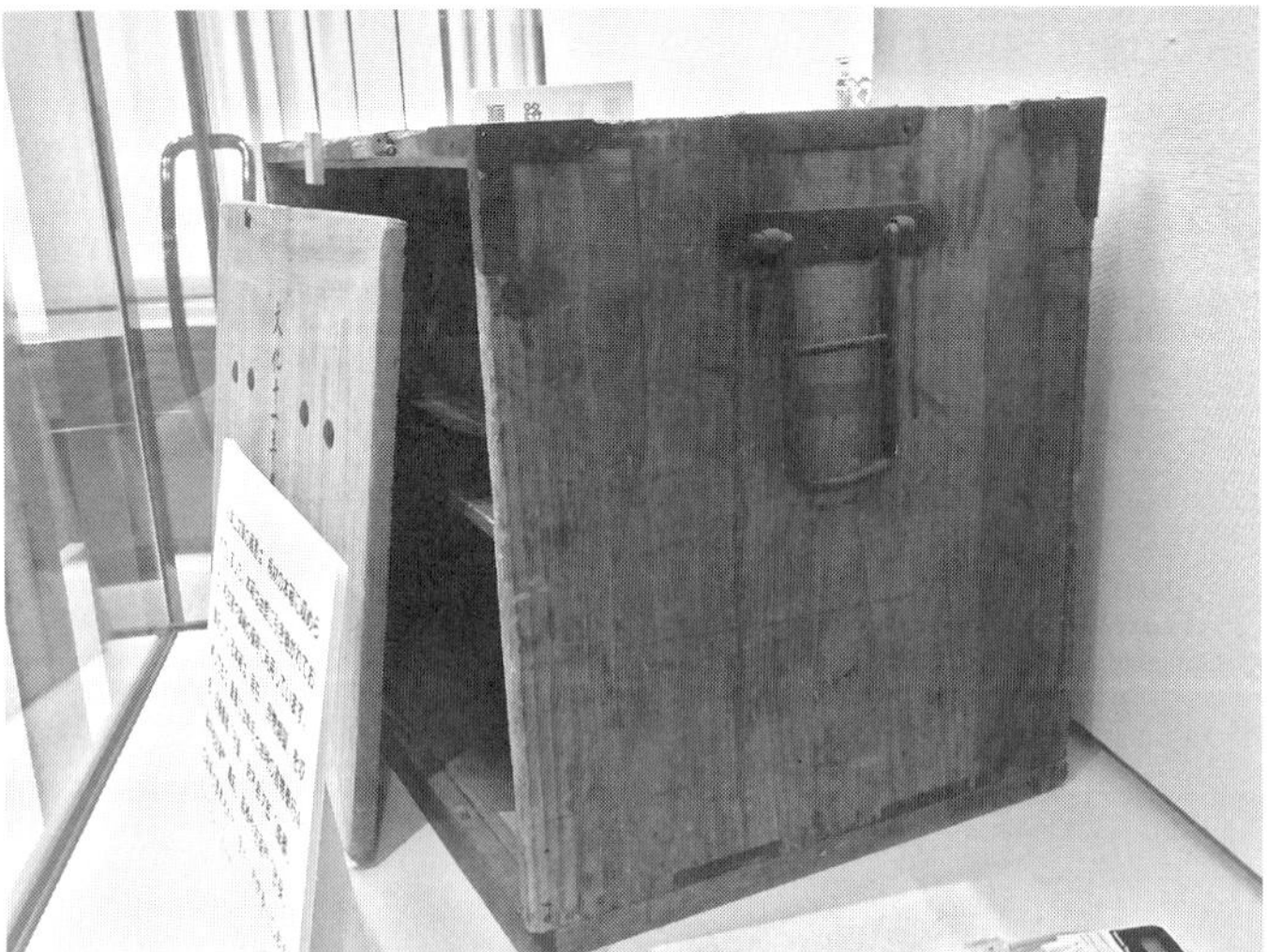

図29　御文庫の備品：御書物箪笥（御書物箱）国立公文書館展示室にて撮影

享保八年では一〇三まで確認でき、享保七年から八年における和本の増加が著しいことがわかる。容器と表現したのは、箪笥や長持、半櫃などの種類があり、絵図などは棚に箱で置かれていたように読み取れるからである。具体的に示すと、享保七年の記録では、新御蔵二階の五部の八五から八八は長持二棹、半櫃一棹、箪笥一箱で構成されていることがわかる。また、享保六年の記録では御家部の具体的な記録は見出せないのだが、享保七年の記録から、東御蔵に御家部の九から十三上下と二十が、新御蔵二階に御家部の一から八までが収められていることが推測できる。また、五部（一〜三〇）は東御蔵二階に置かれていることも記録からわかる。

2　御文庫の施設

書物を収蔵する御書物蔵と事務所である会所で御文庫は構成される。蔵書が増加するに従い、蔵の数も増えていく。御文庫が置かれていた場所は、御書物蔵だけでなく御具足蔵、御鉄炮蔵、御屛風蔵などが一緒に建ち並ぶ、紅葉山下宝蔵区であった。

福井保は

寛永十六年（一六三九）に紅葉山下の宝蔵区域内に建てられた書庫一棟は、長さ十五間、幅三間の規模であった。宝永七年（一七一〇）になって、隣接地に霊廟を修築するため、長さを縮小し、十間に三間の大きさに改めた。そのままでは全蔵書を収容できないので、翌正徳元年（一七一一）に一棟を増築して、書庫は二棟となった。二棟になると、区別のために呼称が必要なので、古いほうを「東御蔵」、新築のほうを「西御蔵」と呼ぶこととした。（福井、一九八〇）

と記している。

＊念のため、新藤透著『図書館と江戸時代の人々』の記述も確認したが、

「書庫のほうは宝永七年（一七一〇）になって、隣の霊廟を修築するために縮小させる必要が生じてしまい、長さ一〇間（約一八メートル）幅三間（約五・五メートル）になってしまいました。

当然このままでは全蔵書を収容できないので、翌正徳元年（一七一一）に一棟を増築して書庫は二棟となり、古いほうを「東御蔵」、新築のほうを「西御蔵」と区別して呼ぶようになりました。」

と表現していた。

宝永七年に御蔵の書庫面積が減少したという情報が得られるのだが、もともとあった建物の一部を壊して長さを縮小して改めたのか、新たに立て直して十間に三間の大きさに改めたのか判断がつかない。福井の記述から、当初は前者と理解していた。ところが、「紅葉山惣指図　正徳四年午改之」（複製『幕府書物方日記　四』添付図版　原版　東京都立日比谷図書館所蔵）を眺めていると、建物の位置関係がどうも釈然としない。建物の一部を壊して長さを縮小して改めたのではないと考えるようになった。

それでは、福井は何を根拠としてこのような記述をしたのか。「留牒」には、宝永七年二月の記録の

次は七月の記録で、宝永七年六月の記録はない。つまり、「文庫始末記」の次の記述が福井の根拠になったと考えられる。

宝永七年庚寅六月、紅葉山御宮修繕アリシトキ、御文庫ヲ旧貫ヨリセハメテ、改メ造ラル、モト十五間ナリシヲ、コレヨリ十間トナル、今、東御文庫ト称スルモノ、コレナリ。

「改メ造ラル」と記述されていることから、後者であることは明らかに思われる。しかし、これだけでは明確な証拠とはならない。宝永七年以前の図面はないものか調査を行った結果、後者であることが判明した。東京都立中央図書館特別文庫室所蔵「紅葉山御宮御仏殿物絵図」（請求記号　６１７５—１０／東６１７５—０１０）と東京都立中央図書館特別文庫室所蔵「紅葉山御宮四ヶ所御仏殿絵図」（請求記号６１７５—６／東６１７５—００６）である。言葉で煩雑に紹介するよりは、図面を見ていただくのが良いと考える。まず、図30—1を見ていただきたい。宝蔵区には御蔵と書かれた建物が七棟、番所が二棟、不明な建物が一棟ある。霊廟は四箇所に描かれており、参道も長くひときわ大きく祀られているのが東照大権現（家康）の霊廟である。二つ並んでいるのが、大猷院（家光）と厳有院（家綱）の霊廟である。一つ向きが違う霊廟には名前が書かれていない。五代将軍綱吉（常憲院）や六代将軍家宣（文昭院）の霊廟は描かれていない。図30—2を見て見ると、台徳院様と書かれた霊廟が出てくる。この指図は、台徳院（秀忠）の霊廟を移転する計画で作られたものと考えられる。向きの方向を統一したかったのかもし

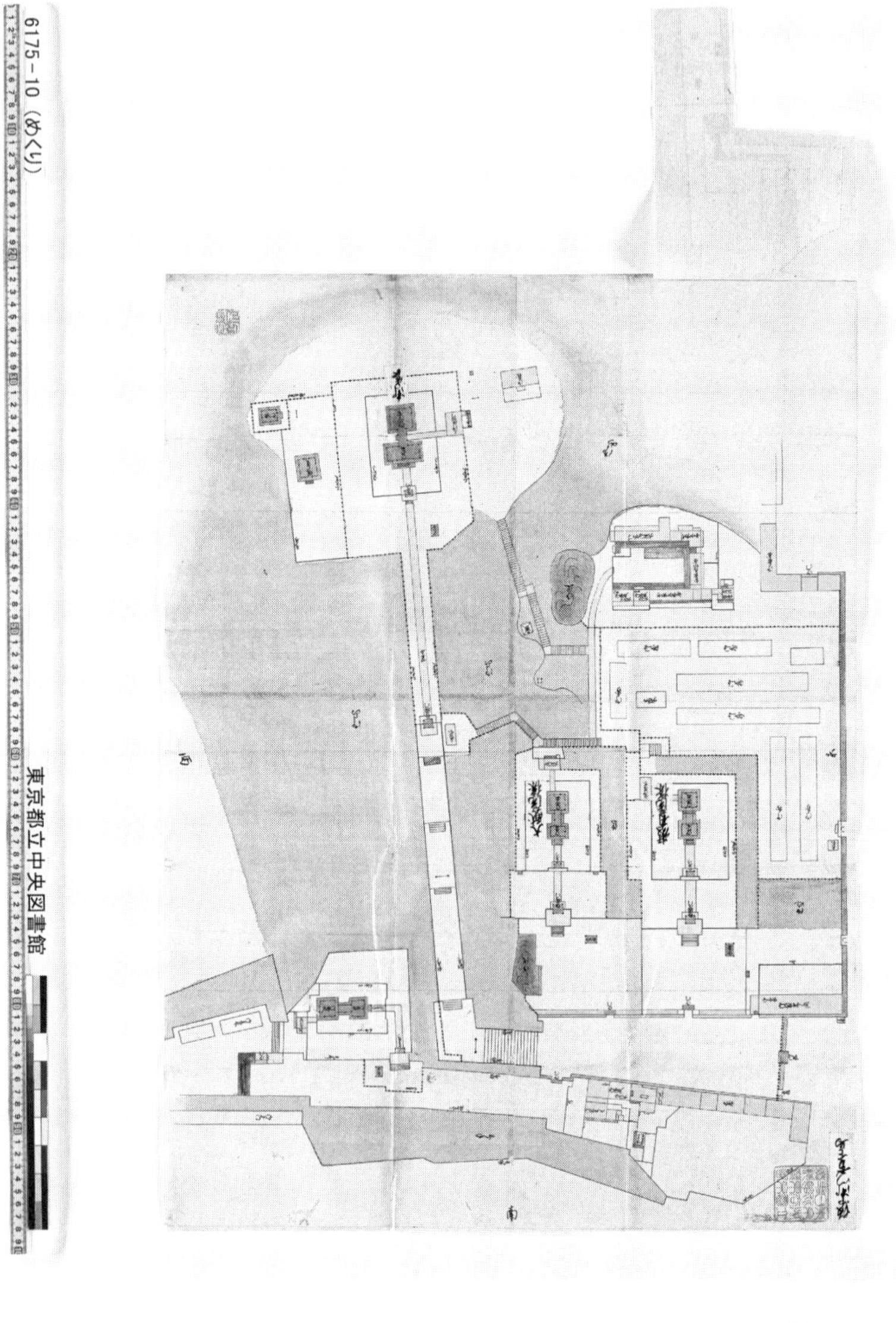

図30−1　東京都立中央図書館特別文庫室所蔵「紅葉山御宮御仏殿惣絵図」a（請求記号　6175-10／東6175-010）

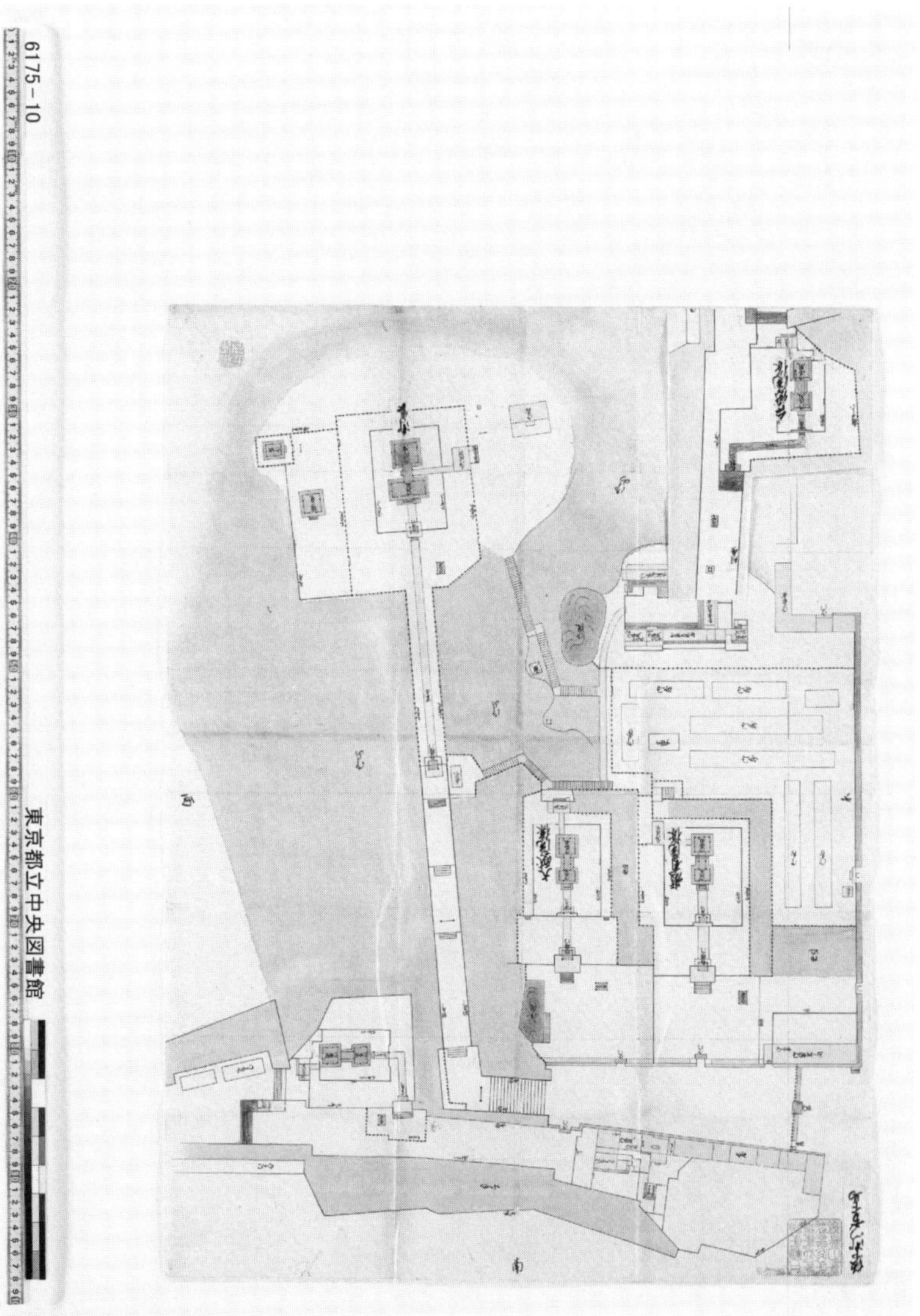

図30−2　東京都立中央図書館特別文庫室所蔵「紅葉山御宮御仏殿惣絵図」b（請求記号　6175-10／東6175-010）

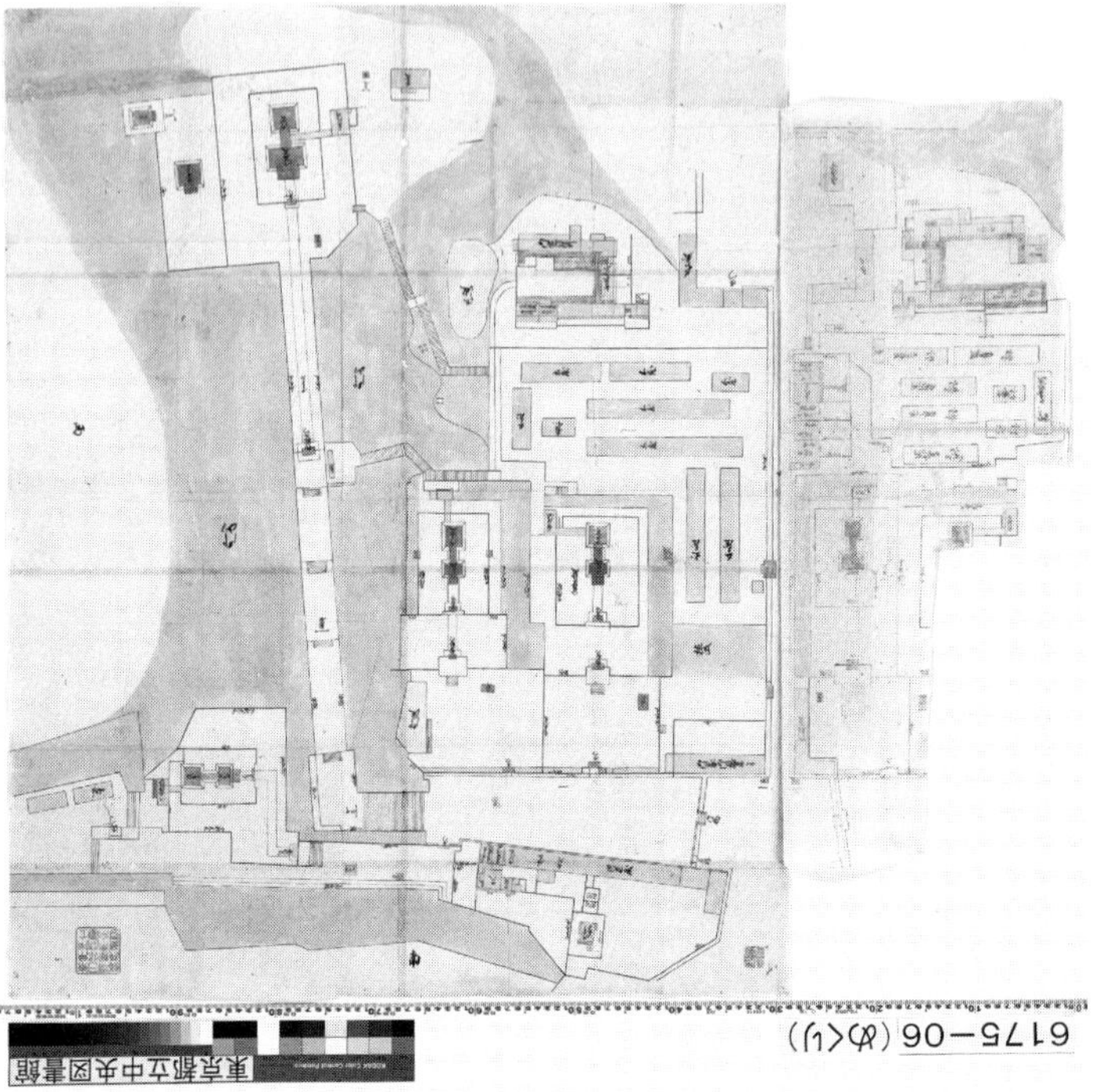

図31－1　東京都立中央図書館特別文庫室所蔵「紅葉山御宮四ヶ所御仏殿絵図」a（請求記号　6175－6／東6175-006）

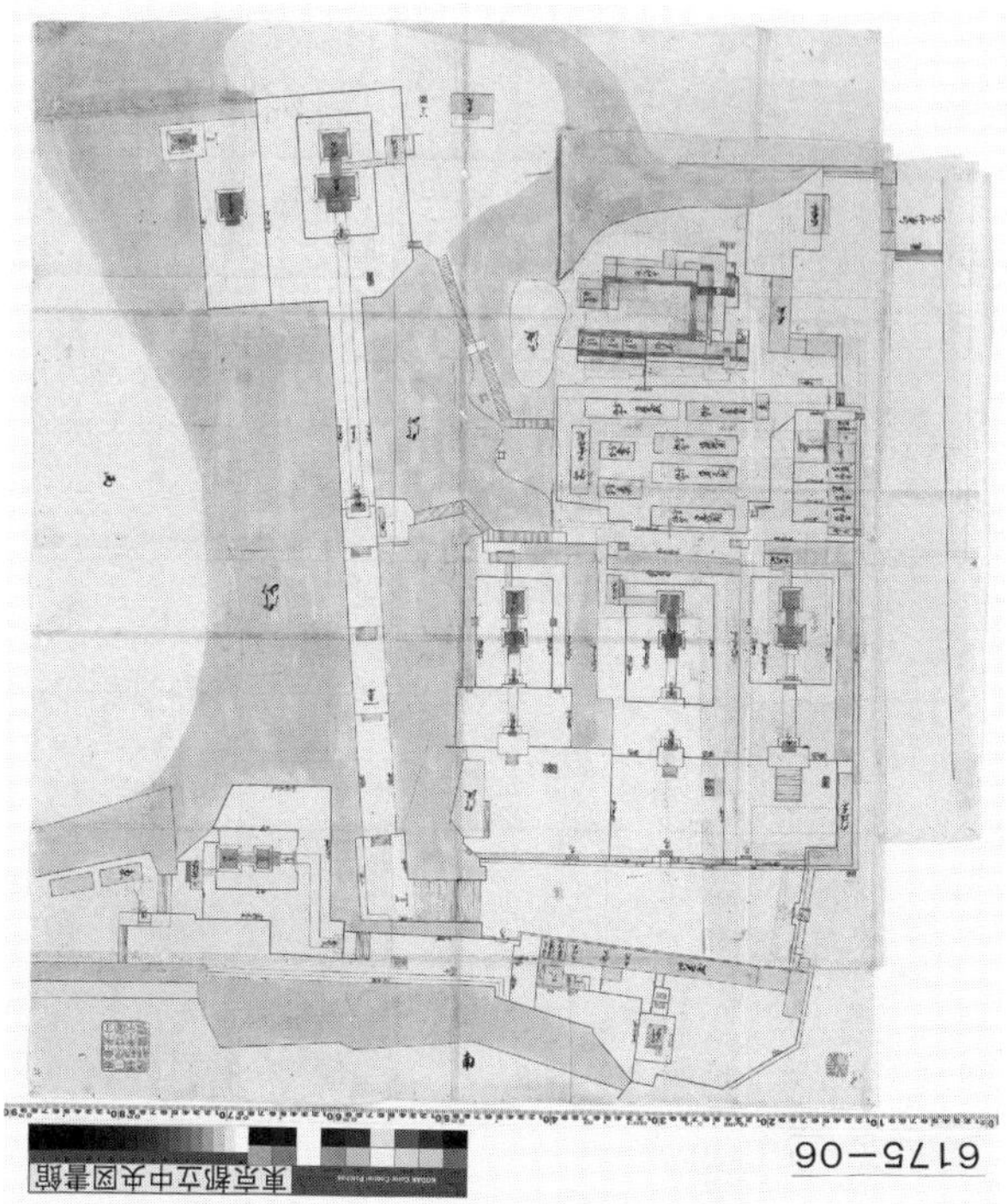

図31-２　東京都立中央図書館特別文庫室所蔵「紅葉山御宮四ヶ所御仏殿絵図」b（請求記号　6175-６／東6175-006）

れない（実際には実現しなかったようである）。図31は図30とオリジナル画面は九十度回転しているが、本書ではあえて南を下に統一した。宝蔵区には土蔵と書かれているが、建物の数とレイアウトは同じである。図31—2と比較していただきたい。厳有院の隣に新しい霊廟が計画され、それに伴い、蔵の数が少なくなり、宝蔵区が劇的に変化していることがわかる。新規に作られた霊廟には「十日様御仏殿」と記入されている。忌日で呼ぶようになったようで、秀忠は二十四日様、家光は二十日様、家綱は八日様、綱吉は十日様（常憲院）である。宝蔵区は、十五間三間の建物が一棟、十三間三間の建物が三棟、十間三間の建物が二棟、七間三間の建物が一棟、五間三間の建物が一棟と大きさが記入されていない建物が一棟が描かれている。十三間三間の屏風蔵、御具足蔵、御鉄炮蔵と十五間三間の御具足蔵、十間三間の御書物蔵が二棟、七間三間の番所と五間三間の会所が描かれている。

図32では、家宣（文昭院、十四日様）の霊廟が描かれ、番所は上番所と呼称が変わり、門の近くに新たに番所が描かれている。

四代将軍家綱は延宝八年（一六八〇）五月八日に、五代将軍綱吉は宝永六年（一七〇九）一月十日に、六代将軍家宣は正徳二年（一七一二）十月十四日に薨去しているので、それぞれの地図の成立年代も図30は延宝八年以降宝永五年頃まで、図31は宝永六年、図32は正徳二年十月十四日以降正徳三年閏五月四日以前と考えられる。

御書物蔵の建物二棟を確認したが、紅葉山寄りの建物を西御蔵、他の建物と平行に並んでいる建物を東御蔵と呼んだ。第二部第一章で正徳三年六月十一日に家宣の蔵書を長持にして三十箱受け入れたこと

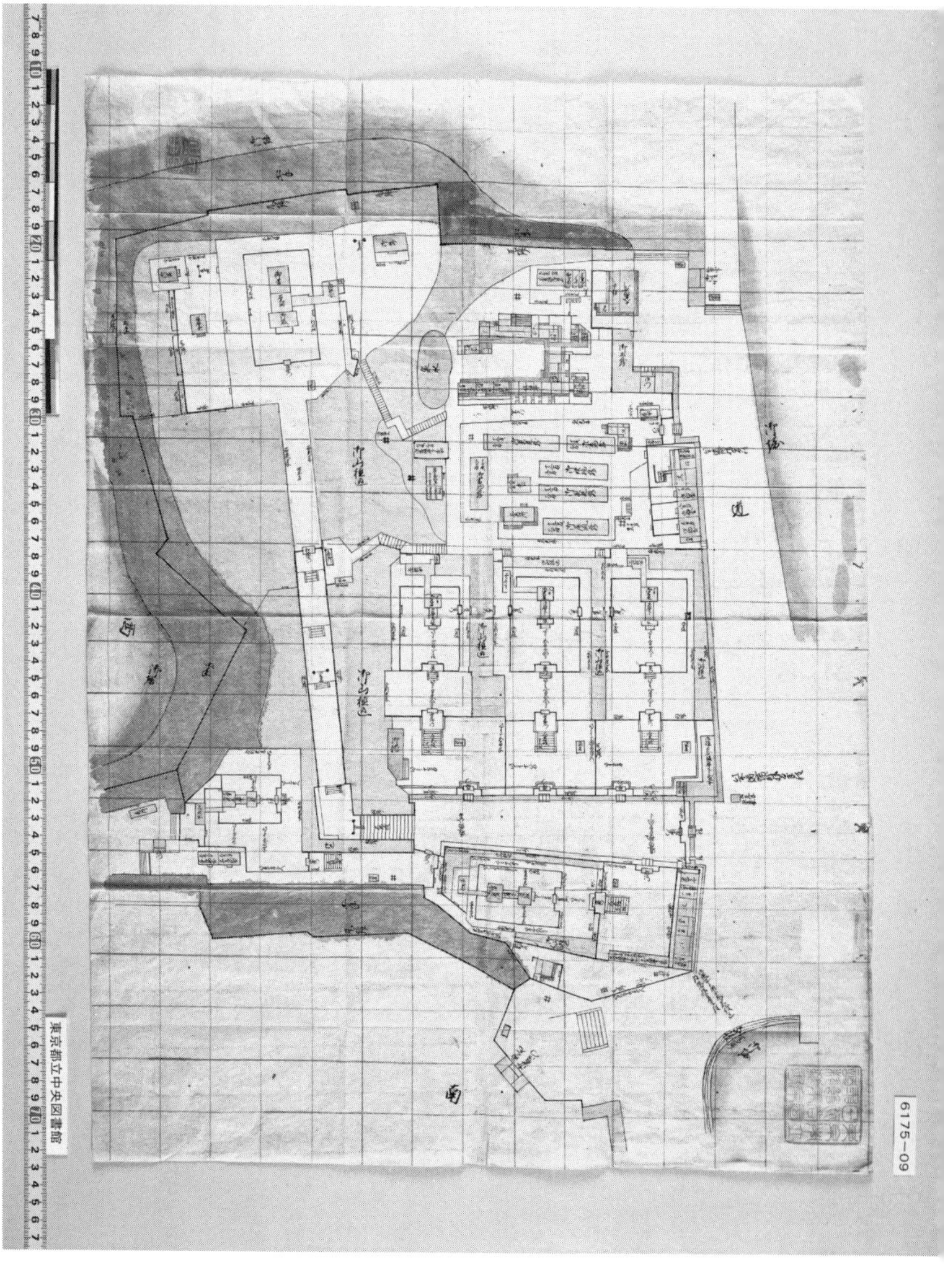

図32　東京都立中央図書館特別文庫室所蔵「紅葉山惣指図」（請求記号　6175—9／東6175—009）

に触れたが、御屏風蔵を改修し、正徳三年閏五月四日に御書物蔵として運用すべく引渡しがなされた。この蔵を「新御蔵」と呼んでいた。この新御蔵は十三間三間の大きさの建物で、半分はのちに納戸に転用される。図32は御屏風蔵が確認できるので、正徳三年閏五月四日以前に成立したものと考える所以である。

宝蔵区の蔵ではないが、山里御庭の蔵の図面を見つけたので参考のために図33、34として掲載しておく。図33では、十間三間の蔵には入口が二箇所設けられていることがわかる。図34では、二階建ての蔵の構造や入口の部分及び扉の構造を知ることができる。

その後、文政十一年八月に毛利家献上本（漢籍一万四千二百冊、道蔵経四千五百帖）を収容するため御蔵の建設が開始され、天保元年十二月に引渡しを受けたようである。天保二年正月十三日の条にこの新しくできた御蔵に風入れをしている記録が残っている。建物内の湿気をとる作業が行われている。天保二年四月十七日の条に御蔵名目が伺いの通り変更された記録があり、新規御蔵は一ノ御蔵に、西御蔵は二ノ御蔵、東御蔵は三ノ御蔵、新御蔵は四ノ御蔵と呼ばれるようになったことがわかる。天保十三年五月二十一日の条には、早くも坊主衆阿弥を介して摂津守へ「一御　蔵御修復願」が出されている。「紅葉山下御宝蔵構御書物蔵四棟之内壱之　御蔵、二間に四間半一棟、天保元寅年新規御取立に相成候処、近年雨漏仕候に付」と度々雨漏りがして、この節いよいよ雨漏り箇所が数カ所になったと訴えている。この一ノ御蔵は二間に四間半の大きさだったことがわかる。この一ノ御蔵がどのあたりに建設されたのか位置関係を知りたいのだが、未だ図面を見つけられていない。西から順に番号が振り当てられた可能性があること、大木の影にあって湿気が多いとのことから、紅葉山に近い奥の方に建てられたと考えるのだが、未確認事項である。嘉永四年九月に一ノ御蔵と四ノ御蔵の蔵書が入れ替えられ、名称が入れ替えられたとのことである。

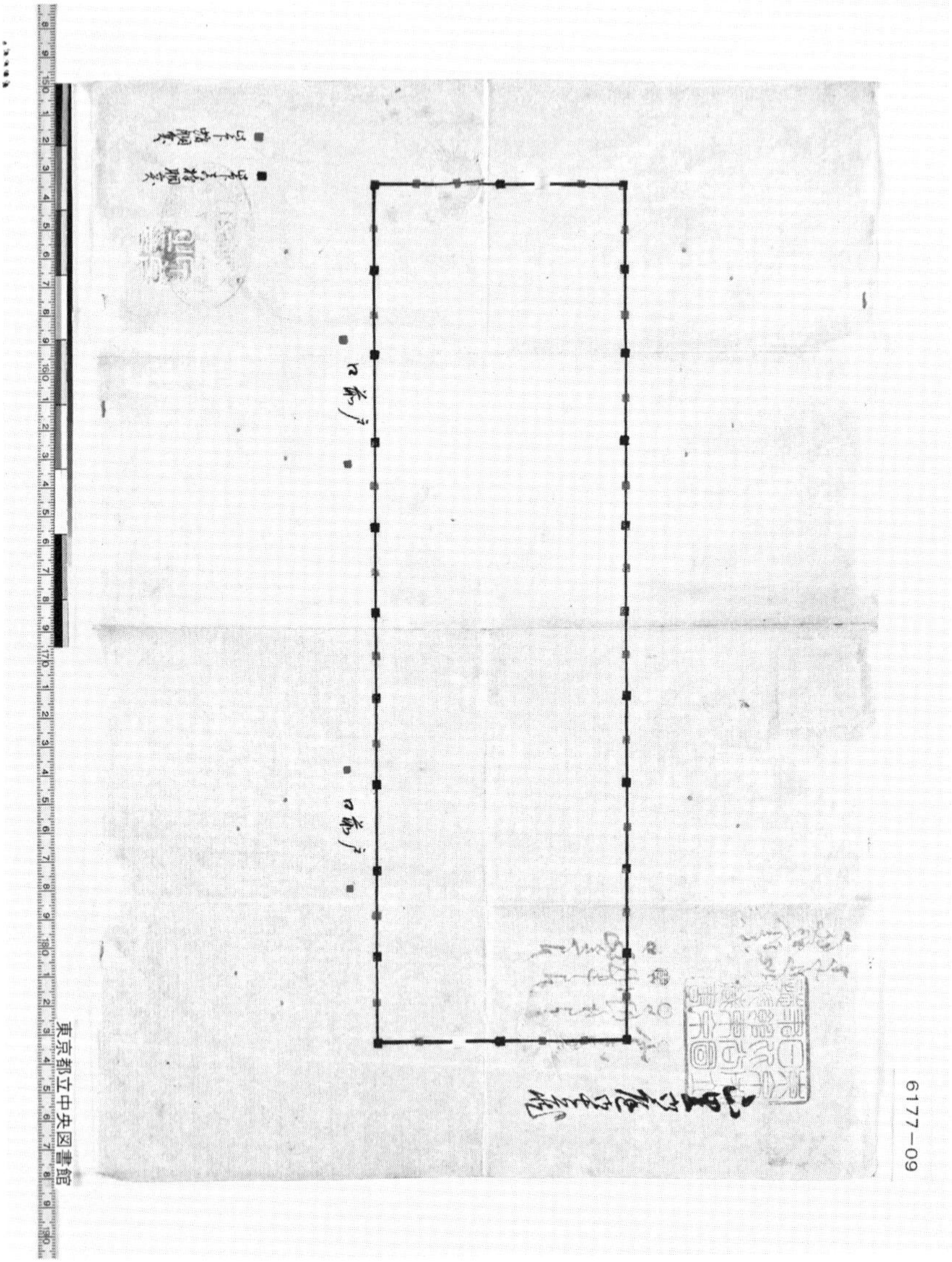

図33　東京都立中央図書館特別文庫室所蔵「山里御庭御土蔵」（請求記号　6177−9／東6177−009）

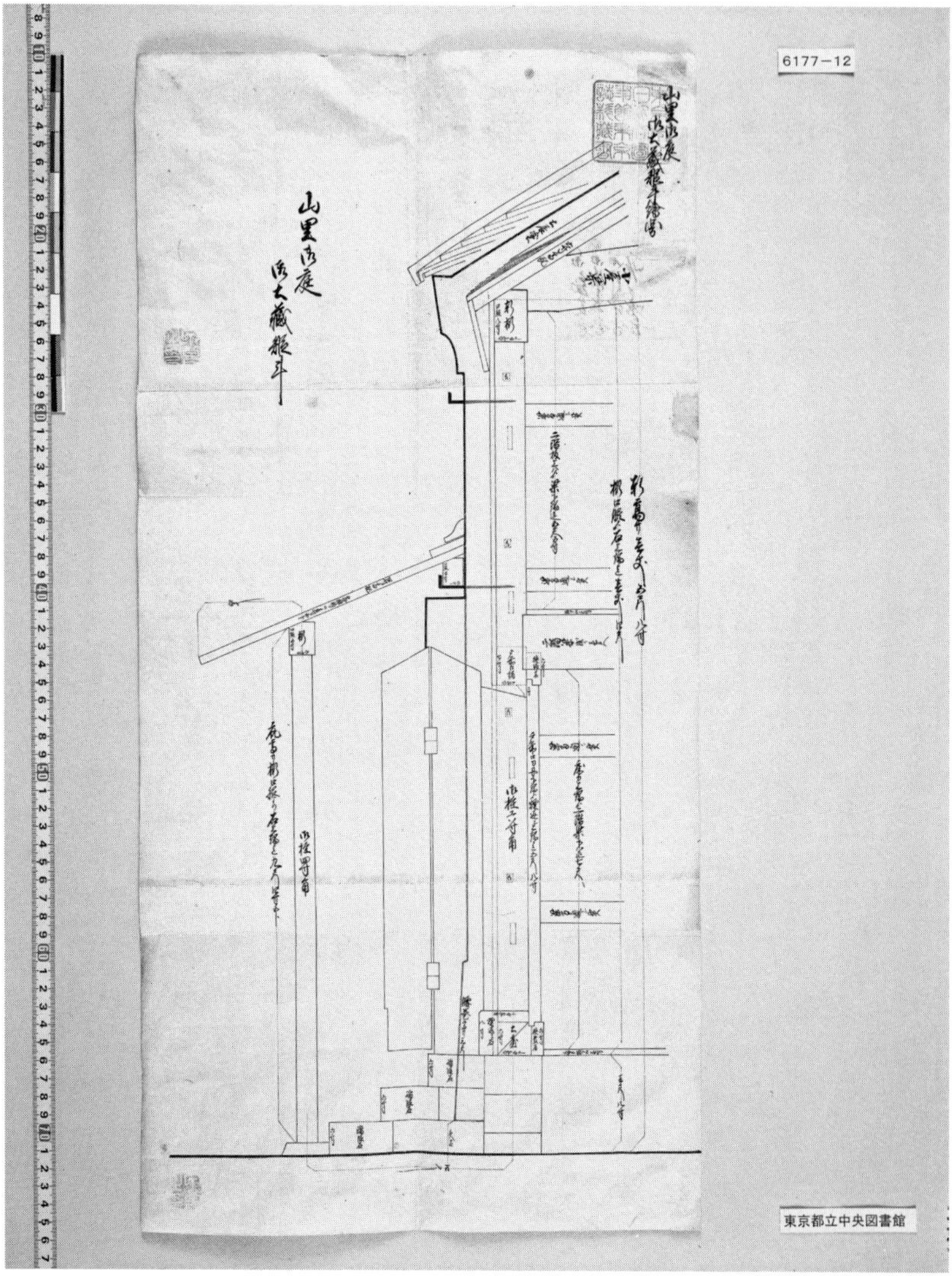

図34　東京都立中央図書館特別文庫室所蔵「山里御庭御土蔵矩斗」（請求記号　6177-12／東6177-012）

参考図書

＊ただし、第一部で取り上げた文献は除く。

石井良介編　一九五九『近世法制史料叢書2』創文社
岩猿敏生著　二〇〇七『日本図書館史概説』日外アソシエーツ
小野則秋著　一九四四『日本文庫史研究』大雅堂
小野則秋著　一九四二『日本文庫史』教育図書
小野則秋著　不明『昌平坂学問所文庫の研究』出版社不明
笠谷和比古著　二〇一一『武家政治の源流と展開』清文堂出版
笠谷和比古著　二〇一五『歴史の虚像を衝く』教育出版
笠谷和比古著　二〇一六『徳川家康』ミネルヴァ書房
黒板勝美編　一九八一～一九八二『徳川実紀』一～十（新訂増補　国史大系）吉川弘文館
［近藤守重著］　一九〇五～一九〇六『近藤正斎全集』国書刊行会
シルヴェストル著　一九八九『国立国会図書館のガイドライン』日本図書館協会
高柳眞三ほか編　一九五八『御触書寛保集成』岩波書店
東京都編　一九八八『東京市史稿』産業編三二　東京都
徳富猪一郎著　一九一八～一九六二『近世日本国民史』民友社、明治書院
中江克己著　二〇〇五『お江戸の武士の意外な生活事情』ＰＨＰ研究所
根崎光男著　二〇〇五「生類哀れみ政策の成立に関する一考察」法政大学人間環境学会『人間環境論集』5（1）
林由紀子著　一九九八『近世服忌令の研究』清文堂
速水融著　二〇〇一『歴史人口学で見た日本』文藝春秋
速水融著　二〇一〇『歴史学との出会い』慶応義塾大学出版会
藤實久美子著　一九九九『武鑑出版と近世社会』東洋書林
藤實久美子著　二〇〇六『近世書籍文化論』吉川弘文館

あとがき

立派な先行研究が多く、引きずられて真似にならないよう、できるだけオリジナリティを出そうとしたら、図書館業務からかけ離れたところばかり論述することになってしまい、期待して手にとってくださった方をがっかりさせたのではないかと心配している。機会があれば、リベンジしたいと思う。レファレンス内容も単なる所蔵調査から本格的な事項調査まで、日記を読んでいると本当に楽しい。蔵書管理も現在と何も変わらない、むしろより丁寧になされている。本の校訂を行うなどより専門的で高度かもしれない。

二〇一五年秋に目次の提出を求められ、提出したものは次のようなものである。全く跡形もない。もちろん経験深い編集者からは分量が多すぎるので減らしてくださいとの的確なアドバイスもいただいていた。大量のラフスケッチばかりが手元に残っている。

『徳川日本のナショナル・ライブラリー』

第一部　はじめに

一　御文庫について

日記で読むという視点で描くということに軸を変えて、再構成しなおしたのがこの本である。そのため、書名と本文に乖離があり、原文の引用が多くなり、力不足のため、翻刻や読み下し文では多くの間違いをおかしていることを、お詫び申し上げる。翻刻・校閲に関しては、古文書を学び始めた二〇〇七年からお世話になっている横山輝樹さんにご協力いただいた。お礼申し上げる。笠谷和比古先生にお誘いいただき始めた古文書研究であるが、当時も仕事の合間、年に数回参加する程度で、途中仕事の関係で七年ぐらい空白期間もあり、最近ようやく、月に一回のペースで開催される研究会に参加し、勉強を再開したところである。このような状況なので、全くの実力不足で誤った読みや解釈をしてしまっているのではないかと心配する。本書の間違いを正し、ご教示いただけたら幸いである。

日記は読み返すたびに発見があり、まだまだ読み倒す必要がある。中間成果として受容していただけたら幸いである。また、日記を読む面白さが伝わり『幕府書物方日記』に興味を持って読む人が増えたら幸いである。そして、『幕府書物方日記』の翻刻が再開されたらこの上ない幸せである。また願わくば、図書館で借りるしか読むことのできない福井保『紅葉山文庫』が再刊されたらうれしいかぎりである。私は同志社大学の地下書庫で長い間読んでいたのだが（借用できるが本が傷みそうで怖いため）、ご縁があって小川徹先生からこの貴重な本をご恵与いただいた。修理製本しないといけない状態まで読み込むことができ、この場を借りて厚くお礼申し上げる。多くの人々が手軽に触れられるよう復刻されることを祈るばかりである。

国立公文書館、東京都立図書館、京都大学附属図書館、京都大学教育学部図書室、京都大学文学部図

書室、京都大学東アジア人文情報研究センター図書室、同志社大学図書館、佛教大学図書館、歴彩館等の多くの図書館でお世話になった。また、最後の一冊という『幕府書物方日記』第一巻を頒布してくださった東京大学出版会の方々、なによりも全く筆が進まないにもかかわらず、辛抱強く御付き合いくださった編集者の西之原一貴氏、このような貴重な機会を与えてくださった倉本一宏先生にお礼申し上げる。

最後に、中学時代の担任で、後に大学教授になられてからも数々の学問的指導をして下さった恩師鈴木良先生の御霊前にお礼申し上げる。「やすよや、この問題は難しいのや」と和暦と西暦の問題を教えていただいたのを思いだす。常々歴史についてのご教授を下さっている笠谷和比古先生、著作について多くのアドバイスを下さった白幡洋三郎先生に重々お礼申し上げる。

『幕府書物方日記』第一巻の奥付には誕生日と同じ出版日が印刷されており、不思議なご縁を感じている。まだまだ、私の研究は始まったばかりで、今後も引き続きこのテーマに取り組んでいきたい。

二〇一八年一月吉日　洛北にて

松田泰代

松田泰代（まつだ　やすよ）

1964年、奈良県に生まれる。
1987年、同志社大学商学部卒業
2010年、京都大学大学院人間・環境学研究科博士後期課程修了（研究指導認定）
京都大学附属図書館、京都大学工学部材料工学図書室、国際日本文化研究センター情報管理施設、京都大学経済研究所図書室などを経て、山口大学人文学部准教授。
著書に、「文をつなぐ人」（『日本「文」学史』第二冊、勉誠出版、2017）、「近世出版文化の統計学的研究」（『シリーズ本の文化史』四巻、平凡社、2016）「姉崎正治の図書館員啓蒙活動」（『図書館情報学教育論叢：岩猿敏生先生卒寿記念論文集』、京都図書館学研究会、2012）がある。

日記で読む日本史 16
徳川日本のナショナル・ライブラリー

二〇一八年三月三十日　初版発行

著　者　松田泰代
発行者　片岡　敦
印刷・製本　亜細亜印刷株式会社

発行所　株式会社 臨川書店
606-8204 京都市左京区田中下柳町八番地
電話（〇七五）七二一―七一一一
郵便振替　〇一〇七〇―二―八〇〇

落丁本・乱丁本はお取替えいたします
定価はカバーに表示してあります

ISBN 978-4-653-04356-0　C0321

〔ISBN 978-4-653-04340-9　C0321　セット〕